龍馬の世界認識

岩下哲典・
小美濃清明編
黒鉄ヒロシ
中田宏
桐原健真
佐野真由子
塚越俊志
冨成博
宮川禎一
小田倉仁志
岩川拓夫
濱口裕介

藤原書店

龍馬の世界認識

目次

〔附　系図・年譜〕

装丁・作間順子

龍馬の世界認識

岩下哲典・小美濃清明編

序

二〇〇九年は、日本でも世界でも、歴史的な事件が起こった年として人々に長く記憶される年になるであろう。

世界では、「変革」を掲げたバラク・オバマが黒人初のアメリカ合衆国大統領に就任した。

日本でも、半世紀以上政権を担ってきた自民党が、衆議院議員選挙で大敗し、「友愛」を信条とする民主党党首鳩山由紀夫が内閣総理大臣に就任した。選挙では政権交代・脱官僚依存が叫ばれ、磐石と思われた、自民党・官僚・財界の支配が、もろくも崩れ去った。

しかし、考えてみると、政権交代によるタイムラグはほとんどない。日常生活にそれほどの支障はでていない。それは、日本国憲法によって政権交代が想定されていて、その準備がある程度できているからだ。

しかしながら、振り返ってみると近世から近代への移行期の日本には、そのようなものは全く存在しなかった。第一、近世社会は全人民を同一の法律の下にコントロールするという発想がまったくなく、身分別に法体系があって、さらに全国を幕府が武力でコントロールしていると見せかけていたに過ぎない。外国からの脅威がなければ、それはそれで暮らしやすかったかもしれない。しかし近世後期以降、度重なる異国船の出没や漂流民の漂着など異国や異国人との望まざる交流や開国要求がひんぴんと生じるに至った。またもっと直接的にはアヘン戦争情報などによって、日本は好むと好まざるとにかかわらず、西洋列強とのスタンスを考えざるを得なくなっていた。そしてペリーの来航を迎え、もはや、いわゆる「鎖国」を続けていくことはできないと幕府自身が感得したとき、幕藩体制自体が矛盾を露呈した。「征夷大将軍」は、あくまでも「征夷」であって、「和親」などという選択肢は実はなかったのである。幕府が全国を支配していたと考えられていた力の源泉、武威が、何の意味もないことが、一般庶民にまでわかってしまったのだ。

ようするに、このとき国の形がなくなった。というか、ないことが明らかとなった。ペリー来航から大政奉還までの道筋は、まさに「この国のかたち」を模索する道筋だった。そして大政奉還から大日本帝国憲法発布までは「この国のかたち」を確定するプロセスだった。

坂本龍馬は、明らかに「この国のかたち」を模索し、確定への青写真を描いた人物だ。どちらかというと最後は徳川慶喜に同調的な青写真だったのでそれが命取りになった可能性が高いが、大政奉還後の政権の受け皿を必死で考えた男の一人だった。一介の土佐の郷士がよくこうした発想をもてたものだと感心する。その発想の源にあったものは何か。まずはその世界観にヒントがあるのではないか。

かくして、「この国のかたち」を模索した龍馬の世界観をさぐろうというのが、本書である。できるだけ若い研究者に龍馬と知的格闘をしていただいた。そのときお願いしたのは、ただ一点。できるだけ史料に基づいて龍馬の世界認識に迫ってほしいということだった。世にある龍馬本とは一線を画したかったからである。

その結果、龍馬との知的格闘のプロセスが結実した五つの論文が収録できた。それを、時宜を得た座談会と龍馬に影響を与えた人物群にフォーカスした文章でより深く味わっていただきたい。

これから、変革の世界へ乗り出そうとするすべての方々に読んでいただきたい。

岩下哲典

「縁台の龍馬」（今井義和氏蔵　岸本家寄託・東京龍馬会管理）

I 〈座談会〉今、なぜ龍馬か

黒鉄ヒロシ（漫画家）
中田宏（元横浜市長）
岩下哲典（明海大学教授）
小美濃清明（幕末史研究家）
（司会）藤原良雄

I 龍馬との出会い、その魅力

司会　坂本龍馬が何らかの形で明治以降の日本の形をつくったことは、まぎれもない事実だろうと思います。では、一体どういう世界観を持ってこの日本の形をつくっていこうとしたのか。龍馬をたどり、その生き方を参考にしながら、これからの日本の新しい方向性を出していただければと思っております。

史料の面から龍馬を見直す
岩下哲典

岩下　私は、中田さんと同じ青山学院大学の卒業でございます。文学部の史学科を出ました。そのときの卒業論文は、蛮社の獄で、渡辺崋山、高野長英は有名ですが、第三の男で小関三英《こせきさんえい》という男をとりあげました。三英は現在の山形県鶴岡出身の蘭学者で、いわゆる「鎖国」時代に唯一、詳細なナポレオンの伝記を翻訳した人間です。青山学院のすぐそばの龍巌寺《りゅうかんじ》に、私の指導教授でありました片桐一男先生に連れていってもらって三英のお墓の碑文を読んでもらったところ、江戸時代にナポレオンの伝記を翻訳した人だということがわかり、ちょっと驚きました。それで三英のナポレオン伝を卒論に取り上げました。それを地方史研究協議会の卒論発表会でも発表させていただいて、そこから歴史学の研究が忘れがたくなりました。

卒業してから長野で予備校の教員をやっておりましたが、その後、大学院に入り直しまして、幕末の政治過程の研究をやりました。その中で龍馬は気にはなっていたんですけれども、メジャーな人間を取り上げると失敗するだろうというのがありまして、基本的には避けていたんです。ところが、その後、非常勤で大学の教員をさせていただいた時、船橋の公民館で龍馬の講演をやってほしいと言われました。

正直、これは困ったなと思ったんですけれども、宮地佐一郎先生の『坂本龍馬全集』をなけなしの金で買いまして、それで読んでみたら非常に面白い人物だなと思った次第です。今から一〇年以上前なんですけれども。そこで、龍馬の手紙を読みながら話をつなげて、その場はしのぎました。

しかし、その後は薩摩藩の情報について研究したり、それから尾張藩主の側近の日記を読みまして、うつの家臣がいたりとか、また「捨足軽」という太平の世に存在した自爆戦闘員などを知り、史料に基づいて論を展開する、ということをずっとやってまいりました。今回も龍馬の事にかかわることは、正直、迷ったんですけれども、やはりもう一度、龍馬を見直してみたいという思いで、若手の研究者に龍馬に関する論文を書いてもらいながら、自分も彼らから刺激を受けながら研究をしてきました。その中で、小美濃さんにも大変お世話になったということになると思います。

岩下哲典（いわした・てつのり）
1962年長野県生まれ。1994年青山学院大学大学院博士後期課程単位取得。2001年歴史学博士。明海大学教授。日本近世・近代史。

「刀」から龍馬研究へ

小美濃清明

小美濃 私は全く違う角度から龍馬に入ったという感じです。まず私の父が刀の研師でして、どうも龍馬ファンだったらしく、戦前から龍馬の立っている有名な写真を額に入れて、研場という、日本刀を研ぐ部屋に飾ってありました。太平洋戦争に負けまして、そういった侍の写真なんかは飾ってはいかんという時代に入りましたもんですから、新聞紙にくるんで押し入れの中に隠しておりました。それが昭和二十五―二十六年ごろでしょうか、赤茶けた新聞紙にくるまれた龍馬が突然現れまして、それでまた飾られました。それを私は小学校低学年ぐらいのときからじっと見ていまして、何でこの人はこういう短刀の差し方をするんだろうと思いました。あれは、普通でない差し方なんです。

小美濃清明（おみの・きよはる）
1943年東京都生まれ。早稲田大学卒業。歴史研究家、刀剣研究家。幕末史研究会会長、全国龍馬社中副会長。

それがずっと気になってまして、成人になってから、ちょっと研究してみようということになりました。

それで『龍馬の手紙』の出版社に、刀に関してですが、いろいろ間違いのあるところもあるので訂正した方がいいと手紙を出しました。そうしましたら、それが宮地佐一郎先生のお宅へ回送されまして、宮地先生が私の家へ訪ねていらっしゃるという形になりました。偶然ですが宮地先生が東京の三鷹市にお住まいで、私は武蔵野市なものですから、すぐ近くなんです。それ以来二〇数年にわたって、宮地先生から坂本龍馬のお話を聞くような形になって。長いおつき合いでしたけど、平成十七年に先生が亡くなられました。それまでに土佐史談会に入るとかいろいろなことがございました。それから私は幕末史研究会という会を民間でつくっておりまして、月に一回講師をお迎えして講演をし、それは一七年続いておりまして、いま一七二回目になります。宮地先生にも顧問をやっていただくという形で、おつき合いはずっと続いておりました。先生は「龍馬を刀の方面から研究するという研究はないから、あなた独特のものだからやってみたら」ということでした。

龍馬には一三九通の手紙が残っているんですが、こういう手紙があります。ここに『刀剣図考』という本の絵がかいてあるんです。これをじっと見ていましたら、どこかで見た本だなと思いましたら、父の遺した刀剣の江戸時代の本の中にちゃんとこれがあったんですね。龍馬はこれを読んでいたのかということでますます興味を持ちました。当時の文庫本でしょう、懐へ入る。これを持って歩いているということが分って、何か非常に縁を感じました。龍馬が残した手紙で一番最後のものは、慶応三年の十一月十三日に、陸奥宗光に宛てた手紙です。それは全部が刀のことでした、鑑定をしているんですけれども。そういうことで、龍馬はプロに近い鑑定知識を持っていると思っております。なかなか武士階級の中でもこれだけやる人は少ない。なぜなんだろうというところから、研究が進んでおります。

時代を超えた人間的魅力

黒鉄ヒロシ

黒鉄　私は土佐の生まれでして、実家の前が龍馬さんの脱藩の道でした。土佐は最後まで斬捨御免が行われていたぐらいで、私が子供のころ、昭和の二十年代なんですけれども、明治、江戸末期の時代が、まだ漂っていた気配があるんです。明治がそこにあるような感じ。子孫の方々もいろんな方がいまして、卑近なところでうちのひいひいばあちゃんが、龍馬さんに会っている。これはうそか本当かよくわからないんですが、当時は例えると、今で言う過激派のような扱いだった気がします。

子供たちが遊んでいると龍馬さんがやってきて、うちの高祖母ですけれども、頭をつかまえて「いずれならしの世が来るぜよ」と言ったという。これもちょっとでき過ぎなんですけど。後追い、後づけかもしれませんけれども。中岡慎太郎も板垣退助も、そこいらにいるわけですね。

そんな空気に浸って育ったものですから、自然と当然新選組にも興味が湧く。まず幕末から入りまして、当然日本史が好きになって、どんどん逆上って、下って、今日に至った。絵が元より好きだったんです。文章もいいんですけれど。絵を描く場合、例えば「薩摩下駄を履いていた」と書かれた場合に、薩摩下駄を調べにゃいかんわけです。文章は、嫉妬ですけど随分楽だなと。「薩摩下駄を履いていた」だけでいいわけで。

司馬遼太郎さんの面白さというのは、そこを閑話休題とかという形で資料的な文をお書きになったんです。これはちょっと目からうろこというか、こういうやり方があるんだと思いました。ビジュアル面も歴史をやる上では面白いなと気づいたのです。それで、方便として漫画を選んだという。ですから漫画家になっちゃったというのは、龍馬さんとか新選組の影響です。

それで美術大学に進みまして、これをかきたいがためにいろいろと史料を集めました。画力というのは、いきなりうまくはならないんです。今でもうまくないと思っていますけれども。いわゆる絵物語のラインと違うラインを、司馬さんが編み出したような線でやってみたいと考えました。そういうのでまず描いたのが新選組、次に龍馬さん、それから暗殺事件を取り上げて、今は織田信長に入っているんですけど。本当は世界史をやりたいんですけど、それは寿

黒鉄ヒロシ（くろがね・ひろし）
1945年高知県生まれ。特に歴史漫画が高い評価を受け、1997年『新選組』で文化庁メディア芸術祭マンガ部門大賞、1998年『坂本龍馬』で第2回文化庁メディア芸術祭マンガ部門で大賞受賞など。2004年紫綬褒章受章。

命が許しませんので。

歴史に拘泥していると、時間が引き締まって素敵だなと。この間岩下さんと御一緒させていただいたＮＨＫの徳川慶勝を取り上げた番組も、視座を変えるだけで幕末の景色が違います。さて龍馬さんの特性とは何だろうと思うと、人の価値観というのは、どうやら六つぐらいあって、権力、経済、社会、理論、宗教、芸術ですか、このバランスが極めてよくて。ですから郷士であろうが、辺境の土佐に生まれても、このバランス感覚によって人の懐にやすやすと入っていたのではないか。使いとはいえ、一介の素浪人が松平春嶽公にまで会っているわけです。僕らの時代では想像を絶しますけど、当時の身分制度がきっちりしていた時代においては奇跡的です。長州の高杉晋作なんかは、やっぱり上士ですから。西郷さんも大久保さんもひとかどの人物です。この中でひとかどころか、何だろうと疑われても全然不思議ではない龍馬さんという人物が大活躍をした。時代背景も含めて、この人間的魅力というんですか。現代、未来においてサンプリングとしては非常にためになる人物だなと。見てみるとあんなに格好いい、いまだに若い女性にも人気がありましょう。軸として、僕は興味が湧いた幕末期の真ん中に龍馬さんが立っているということですね。

解き放たれた精神を活かしたい

中田　宏

中田　私は御一緒させていただいている皆様に比べれば、歴史をさかのぼってひも解いて、詳しく検証しようなどということをしたことはないのであります。私はそうして出来上がった書物を見る側という立場です。私は中学、高校のときに歴史を学校で学んで、あまり面白くなかったんで

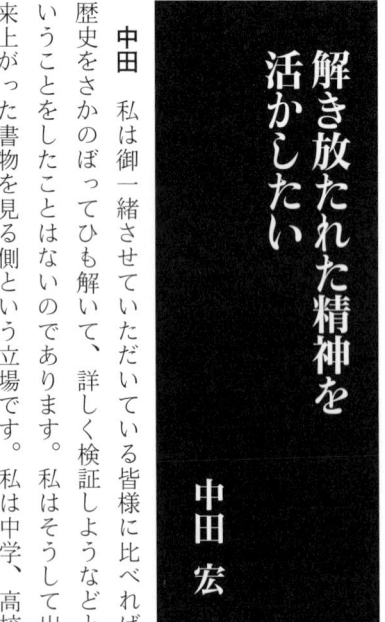

す。要は年号と人物名、そして事件の暗記なんです。試験に出るがためにそれらを暗記するというような、こういう繰り返しをやっていて、全く歴史は面白くないなと思っていたわけです。

　ところがその後大人になってから、例えば大河ドラマを見たり、今度は人物伝を読んだりして、人物から歴史を見る。ある一人の生き方にどんな時代背景があったのかということで年号が出てくる。そしてその人に降りかかってきた、あるいはその人が起こした事件がそこで出てくる。こういう見方をしたときに、歴史というのは非常に面白くなった。人間が構成して歴史というのはできているんだと知ったときに、人間味を感じたわけです。それまでは、人間味が全くなかったわけです。それが大学から松下政経塾にかけての頃でした。

中田宏（なかだ・ひろし）
1964年生まれ、横浜市出身。青山学院大学経済学部卒業後、松下政経塾入塾。衆議院議員、横浜市長を経て、現在、よい国をつくろう！　日本志民会議幹事長。

　そしてその中で、最も魅力的だったのが坂本龍馬だったということになります。一つの理想を持って、自らが目指す社会をつくりたい、と思って衆議院議員になりました。二十八歳のときですが、それこそ郷士の出と同じでしてね、サラリーマンの息子が国会議員になったと。昨今の二世とは全く違ったものですから。衆議院議員になって、国会活動をやっていても、理想と現実のギャップなどはあまり感じませんでした。というのは、現実はそんなものだろうと、あまり理想をふくらませていなかったからです。目指すことはありながら、決して何か私が楽しめる構造ではないだろうと覚悟していたからです。しかし、自社さ政権ができたとき、政治家は権力をとるためにそこまで魂を売るのか、と私の不信は極まりました。もうそのような政治家と一緒の空気を吸っていること自体が嫌になりました。

　そのときに、当時既に面識を得て時々かわいがってもらっていた橋本邦健（坂本龍馬倶楽部会長）さんに会いに高知に行きました。橋本さんに案内してもらって、高知の龍馬の足跡を訪ねていったんです。例えば和霊神社に行って脱藩のときの思いみたいなものを語り合ったり。そんな橋本さんとの出会いもあり、そこから今度あいつは龍馬が好きだぞと伝わったわけです。

私はほかにも好きな歴史上の人物はおります。そしてある意味では、好きなところしか見ておりません。この人のここが好きというだけの話でありまして、「あなたは歴史上の人物でだれを尊敬していますか」と言われたときに、全人格まですべてを知った上でこの人なんですなどと確かめようがありません。むしろこの人のこれが好きという一面を、自分にどう当てはめてものを考えるか、自分の職責や人生につなげるかというだけです。そういう意味では、坂本龍馬という人のやはり解き放たれた心、その精神というもの、そこに私自身は思いを持って、自分の中で活かしてきたということになります。

II 龍馬暗殺をめぐって

背後に薩摩藩の説

岩下　龍馬の暗殺というのは、龍馬ファンならずとも大いに気になるところですね。この問題に関しては、私は『徳川慶喜　その人と時代』（岩田書院）を書いたときに、やはり慶喜の事蹟のアウトラインの中でどうしても必要だと思っておりました。といいますのも、慶喜が大政奉還をした後、そこから王政復古の大号令が出る。大政奉還が十月ですけれども、王政復古の大号令が十二月で、その間の十一月に龍馬が暗殺されているというのは、歴史的に見ると非常に興味深い。しかし、歴史家は結構その部分を、それほど重要視していない。やはり龍馬暗殺にはどんな意味があるのかを考えていかないといけないだろうと、『徳川慶喜　その人と時代』を書きました。

それを書いているうちに、恐らく下手人というか、実行犯は京都見廻組だろうと思ったんですけれども、その裏にはやはり、時の政治を主導していた薩摩藩がいるのではないかというのが、私の考え方です。なぜ薩摩藩が怪しいかというと、その前の孝明天皇の暗殺一件を見ておりましたら、どうも孝明帝の暗殺にも薩摩藩がからんでいるのではないか、とちょっと思い始めたわけなんです。薩摩藩は自分達の考える政治的な状況を実現するために、今の状況をとにかく変えようとする、ものすごい力を持っているような気がしました。

なぜ孝明天皇が薩摩藩によって暗殺されたと思うかといいますと、孝明天皇は天然痘で亡くなっているんですね。ところが当時宮中で、天然痘がはやっていたわけではないんです。私は、これは本当に証拠がないんですけれども、おそらく人痘という形で人の天然痘のかさぶたを鼻から入れられたんじゃないかと思いました。

どうしてかといいますと、薩摩藩というのは密貿易を相当やっております。琉球を介して、あるいは介さずして中国と密貿易をやるんです。中国が一番欲しいものは、やはり中華料理の高級食材です。今もそうですけれども、干しアワビですとかフカヒレ、イリコとか、そういった「俵物三品」と呼ばれている海産物です。それらの海産物は、薩摩藩には実はダイレクトに行かないのです。長崎貿易で幕府が押さえていますから。そうしますと薩摩藩は、その俵物三品を富山の薬売りの背後にいる富山藩に依頼します。富山藩はバーターとして、薩摩藩の領内に薬売りを入れることを許されるんです。御承知のように、薩摩藩は「外城制」といって国境を閉鎖していますから、よそ者をやたら入れない体制なんです。ですからそういう中でわざわざ富山の薬売りを入れるのは、これは俵物三品を薩摩藩にきちんと卸すという約束が裏でできていたからで、これは実際ある程度の研究もあるんです。

今もそうですけど、薬屋さんというのは医者の情報に非常に精通しています。薬の営業ですから。これもちょっと想像になってしまいますけれども、宮中の出入りの医者と、それから富山の薬売り、そのバックに富山藩、そしてさらに薩摩藩がいる。それで、そのルートの中で孝明天皇が暗殺されていくということも、考えてもいいのではないのかなと思ったわけです。

龍馬の暗殺を考えますと、大政奉還直後の龍馬の思いとしては、大政奉還したことで慶喜を非常に評価しておりますね。龍馬の思想で行けば、そのままの形で、慶喜の政治的地位が温存されてしまうということについて、薩摩藩は非常に危惧していたのではないかと思います。また、龍馬は、いろいろなところに出入りして、いろいろな秘密も知っていますので、「そろそろ坂本はどうか」というようなことが薩摩藩のサイドからあって、それが見廻組の下手人たちに何らかの形で龍馬の居場所の情報がリークされて、龍馬暗殺に実際見廻組が動いていった。そんな想像をしています。見廻組や幕府サイドにとっては、龍馬はお尋ね者ですから。いずれにしても皆さんいろいろ龍馬について考え方があると思いますので、ぜひそれをお話しいただいてということで、ちょっといささか想像的な口火を切らせていただきました。

暗殺現場の検証――刀剣考証の立場から

小美濃　ちょうど、「龍馬暗殺の瞬間」というものを、書いていて、まず龍馬が暗殺されたときの現場検証をやってみようということになりました。警察の捜査に近いのですが、八畳間で二人の男が斬られて屏風《びょうぶ》はなぜ破れなかったのかとか、そういうようなことを考えまして、かなり詳しく検証してみました。一つは、唯一物証として残っている龍馬の差していた吉行の鞘です。それが、写真で残っておりました。ちょうど鞘の真ん中が大きく削られています。これは今は現存いたしません。坂本家が北海道に移ったときに、大正時代だったと思いますけれども、火災にあって焼けております。吉行という刀が二尺二寸であったというところから、この写真をもとに全く同じ形状の傷口をつくってみました。

近江屋の二階で刺客が襲ってきたときに、まず額を切られる。龍馬は床の間を背に座っておりましたから、後ろに刀掛けがあって、吉行はそこに掛けていたと思います。林謙三の証言にあります。刀を掛けるのは、普通は柄《つか》を左にして**（写真A）**掛けますけれども、そうするとすぐに抜けないんです。ですから実際は柄を右にして掛ける。龍馬の吉行は柄を右にして**（写真B）**こう掛かっているはずです。そうすると、これをとりに行ったときに背中を袈裟がけに斬られて、二太刀が来たとき彼は吉行の鞘を左手で持ったんですけれども、二太刀目がもう迫っているものですから、抜けないのでこう受けたと**（写真C）**想像される。龍馬は中岡慎太郎と話をしていましたから、正座かあぐらをかいていた。低い位置に頭があります。刺客は立っていますから、上から切り込んでくる。それで受けて、瞬間止まって立ち上がる。そうすると、鐺《こじり》が天井へ当たる。それで、天

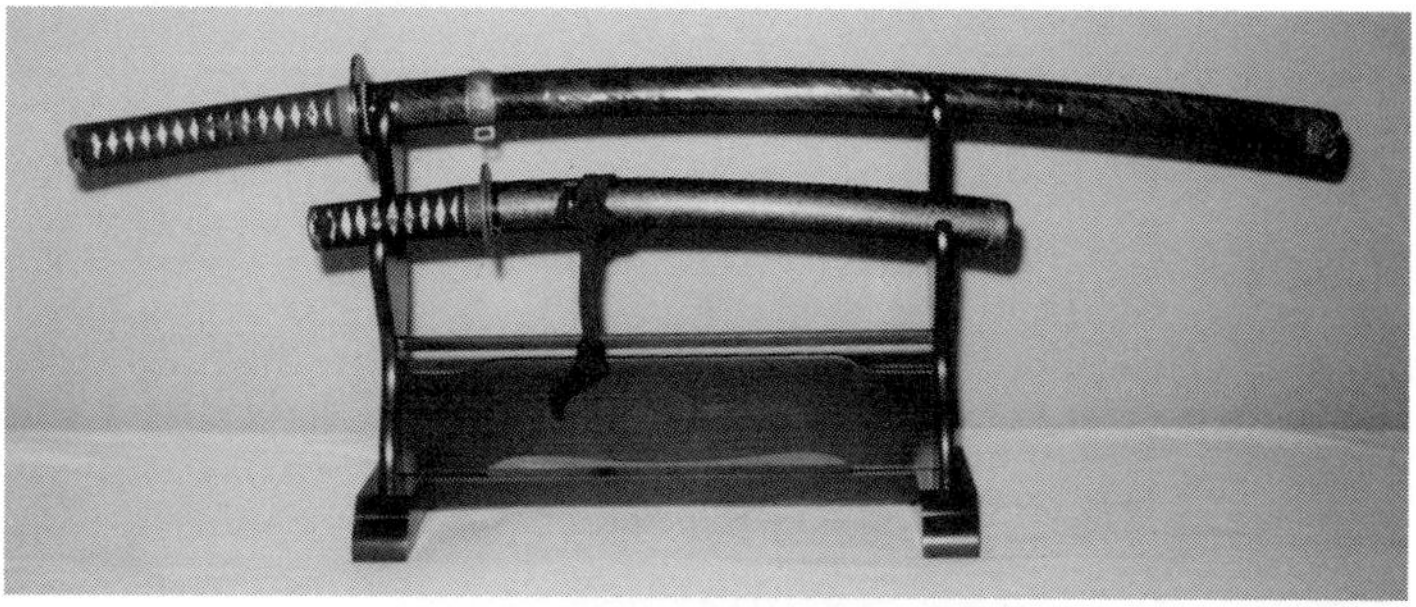

写真A（小美濃撮影）

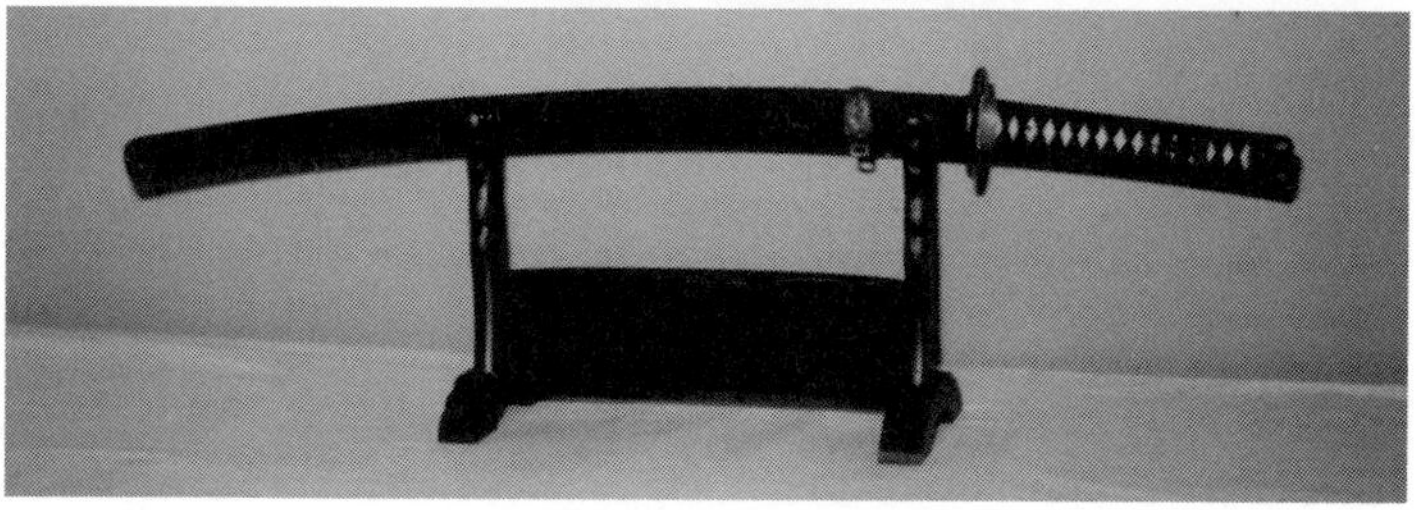

写真B（小美濃撮影）

井が破れる。そうすると斬ってきた刺客の剣が、龍馬の額へ下りてくる。

現場に入った谷干城《たにたてき》の証言では、鞘が六寸、一八センチ削れている。刀身が三寸、九センチ、鉛のように削れているると言っております。実際これは復元してみますと、**（写真D）**刃が出るわけです。ですから、吉行も刀を削られたはずなんです。日本刀というのは、大変よく切れます。鋼《はがね》まで切れます。「鉄砲切り兼光」という刀があります、鉄砲を切るというぐらいに切れます。ですから、龍馬がこれ

写真C（交通タイムス社制作）

を受けて立ち上がると鞘で天井を破る。逆に刺客の剣が下りてきて、龍馬の頭がい骨を切るという感じになります。これで、天井が破れるという理由もわかります。

龍馬は刺客がいなくなった後、行灯を持って次の部屋へ行って「医者を呼べ」と叫びます。その声で、気絶していた中岡慎太郎が、目が覚める。そばを見ると龍馬がいない。隣の部屋で「行灯で、刀を抜いて見ていた」と中岡が証言しています。なぜそんなことをやっているのか。要するに吉行を抜きますと、傷があるわけで、大分削られたと分ります。それと同時に日本刀というのは非常によく光って、鏡のようですので、ここに自分の顔が映るんです。ですから「脳をやられた。命は助からない」というのが最後の言葉になるわけです。

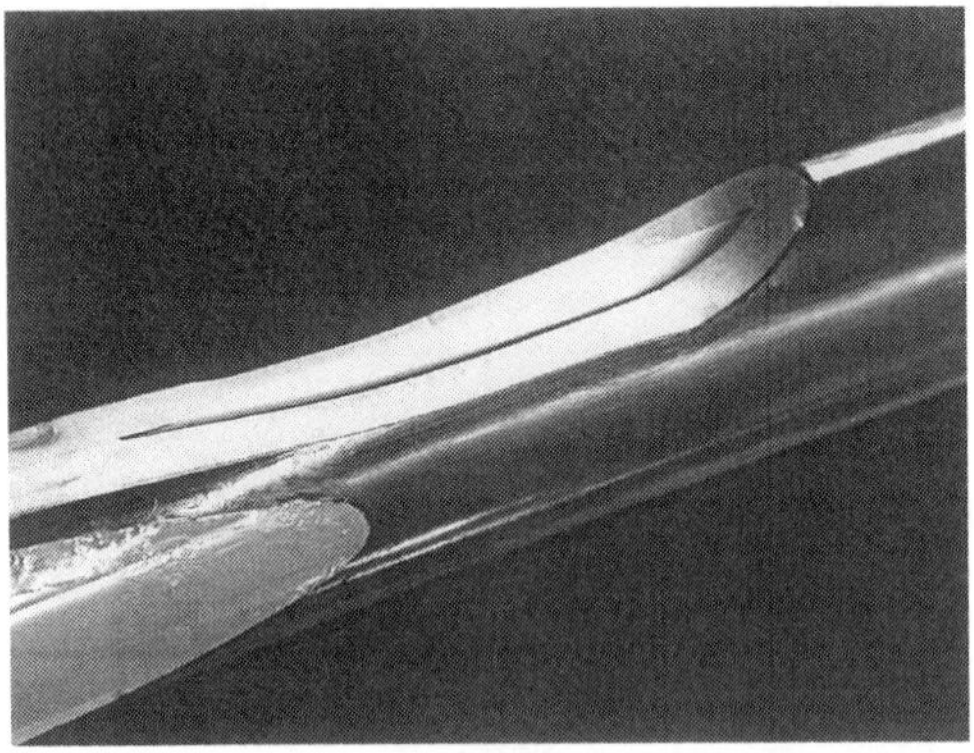

写真D

それともう一つ、渡辺篤という人が斬ったと言っているんですが、彼は行灯が消えたと言っております。行灯は消えておりません、龍馬はその光で刀を見ているわけですから。火打ち石でもう一回火をつけるような時間はありません。この証言で、ああ、この人は二階に上がっていないというのがわかります。今井信郎も上がっていないけれども、この二人は結局は売名行為で斬ったと言っているのでしょう。

私も、実行犯は見廻組だと思っております。ただ、見廻組は龍馬があそこにいるという情報をもらえば動きますので、その情報をリークした人間が真犯人だろうと思います。その場合は、幕府側でなくともリークする人間はたくさんおります。ですからそれが薩摩か、公家か、あるいは幕府側か、すべて可能性はあるんではないかなと思っております。一応私は、現場検証と見廻組のところまでは検証したと思っています。あとはリークした人物を探すことになるのかなと思っております。

不思議な土佐藩の動き

黒鉄　犯人説で一番ふざけているのは、行きがかりの強盗だという説です。岩下さんのおっしゃった薩摩が、形としては一番スケールが大きくなるんです。とはいうものの、例えば菊屋峰吉が現場の屏風を「三曲一隻風」と言っている。事実は二曲一隻です。現場にいたであろう人間ですら記憶間違いがあるわけです。

小美濃さんの御指摘の、渡辺篤なる人物は、あとずっと剣道の師範なんかしています。彼の足跡からそんなにうそつくやつじゃないような気がするんです。今井の場合は突如としてキリスト教に帰依したり、割と動きが軽薄なんですね。ところが渡辺さんは、筋が通っていて信用していいんじゃなかろうか。

もう一つ疑問があります。脳しょうが出る程の傷を負って、行灯を持ち刀を下げて、果たしてどのぐらいもつでしょうか。医学的にはどうなんでしょう、恐らく目が見えないだろうと思うんですがね。事件後、みんな脚色をしまして、近江屋の主人新助は「体部に負傷はなし」と言っています。ところが土佐藩が見たのはもうずたぼろ、三十四カ所ですか、傷口だけでも、これだけ違うわけです。そうすると武士の情けというか、当時においてはますます死者に鞭打つようなことをしない。この脚色を外しながらも、真実というのは当然見えにくいと思うんです。我々もひが目というか、ロマンティシズムの目を取り払うというのは、なかなか難しいです。中岡慎太郎が切ったという説まであります。参っちゃうなと思うけど。

岩下さんが御指摘の薩摩説ですが、直接に手を下したのは一〇〇％近く京都見廻組だろうと思うんですが、そうしますと二者のつながりですよね。実は後藤象二郎と近藤勇は、交際があるんです。手紙のやりとり、物品のやりとり、「土佐の後藤には手を出すな」と近藤が隊士に言い聞かせたらしい。新選組と後藤が結びついているということは、京都見廻組と結びついてもおかしくはないんです。狭い範囲で動いていますから。京都見廻組といろんな説を結びつけるのはた易いんです。強盗だけはいけませんけど。

それから今一つ、『龍馬を斬る』に詳解しましたけど、その後の土佐藩の動きが変なんです。みんな知らぬ存ぜぬのような形をとっている、あの不思議さ。

不思議説の親玉は、岩崎弥太郎の日記をどういう訳か見せないんです。岩崎家も、三菱も。犯行の前後、十一月のものは二冊あります。公用日記と、崎陽日暦です。そこの部分だけがなくて。弥太郎も後藤象二郎も、事件後龍馬さんのことほとんどしゃべらなくなるんです。これも奇妙だなと。

大きな疑問のひとつとして、龍馬さんはピストルを持っています。なぜあのときに、懐中していなかったのか。懐中していれば、撃ったでしょう。当然、鉢金を切られて後ろ見せるという、この動きよりもピストル方を出した方がいいわけです。それから中岡慎太郎の刀は屏風の後ろに、刀の柄を抜けないように下げ緒で、ぐるぐる巻いて置いていたというのは、二人の間で揉め事があったのか。慎太郎は御承知のように、過激なタイプです。でもね、慎太郎は切らないだろうと思うんです。大目付の永井尚志が龍馬捕縛命令を取り消さなかったがために、末端が以前の指令のままにやっちゃったのではないか。

どちらの陣営にも属さない

中田　私はいまの皆さんのお話のようなことを考えたことがないんです。だれが殺したか、どんな殺され方だったのかは、皆さんの研究にお任せしたい。ただ、龍馬という人は間違いなく、ねらわれている存在だったんだろうな、というところに思いが行くわけです。私たちは今の時代から龍馬の勇姿を見ているわけですけれども、当時の人たちからは好かれていたのかなと。好かれていなかった存在だったのではないだろうかとも思うんです。

黒鉄　途中でちょっとごめんなさい。陸奥宗光の龍馬評に、西郷さんなんかが小さく見えたという。だから、評判はそんなに悪くなかったと思うんです。

中田　何というんですか、扱いづらい人間。こう、すべて心を許して、我が陣営の一員というところに数えられる人物ではなかったのではないだろうかと思うんです。裏を返せば龍馬自身も、自分がどこかの一員として、それを代弁するような思考の中にいなかったと思うわけです。そういう意味では好かれていなかったのではないのかな。黒鉄さんの今のお話もありながら、私はいずれにしても扱いづらくて、こいつは何考えているんだかな、という存在のように思います。そういう状態の、延長線上に暗殺事件はあったのではないかと思うんです。

すなわち、時代の端境期《はざかいき》において、新旧の勢力があれば、新旧どちらからもそんなに好かれない存在です。それぞれをどうやって融合させるかを考え、無駄なけんかをするのもばかばかしいという考え。実はこれ、私自身もつくづく思うんです。社会を変えようと言っているときに、無駄なけんかをいちいちやっていると、こっちは身がもたない。けんかするならなるべく本質的な、意味のあるけんかをしようじゃないかと思うわけです。

私自身もいろいろと今の社会の矛盾を解いていこうと思って、政治家をこれまで一六年やってきました。社会の不条理を解いていこうと思うと、そこに寝転がっている課題というのは、簡単に言うと右も左もない、両方あるんですねという話になるわけです。例えば「もっともっと情報をしっかり開示して、透明度を高めよう」と私が言うと、いわゆる左の人たちが喜んでいるわけです。また、「社会的弱者に対する公的扶助の制度は必要だとしても、自立をきちんと求めていかなければいけないじゃないか」と言うと、今度は右の陣営が喜び、今までそれをとかく擁護する立場にあった人たちは、あいつはけしからん、強者の論理だと、私をなじるわけです。そういうことは、もう気にしてもしょうがない。右、左、どちらの側にも連なる一つの政策課題みたいなものがあるとすると、おおむね政治家というものは自分たちのプラスのことだけを主張して、自らのマイナスの部分を正すことに手をつけない。片方の目をつぶりながら自分たちが進めたい政策案件だけをやっていく方がやりやすいし、どちらかの陣営に身をおいている限り安全なんです。ですから、そうしなかった私は、両方から反感を買い、両方から好かれなかったのです。

龍馬もどちらかの陣営の中に身を置いて、自分の身の安全を守ってきた人ではないだろうと私は思うのです。その意味においては、いつねらわれてもしょうがないなと。龍馬の時代は本当に殺されますからね。このころの為政者はもう常に死と背中合わせにしながら、覚悟してやっていたはずです。今の我々は、どんな嫌がらせをされても、死にまでは至らん、生きてはいけると。このことをむしろ背中合わせにした強さに変えていく必要があるなということを、私は龍馬の暗殺から見る。私なりの勝手な見方です。

暗殺をめぐるさまざまな疑問

黒鉄 ただ、将来的な展望として、龍馬さんは新政府に入る気がなかったですね。これはもう、歴然と。だからあの時点で薩摩が犯人だとすると、どうしても殺さなきゃいかん理由が欲しいわけです。しかし当時の龍馬さんの立場というのはさほどじゃないんです。高杉晋作の如くに、長州にこの人ありというような。当時は殺してもすごいアドバルーンが上がるほどの立ち位置ではないんです。それをわざわざ殺さないといけないのか。

中田 実はそれは僕みたいなちっぽけな存在の方が、よくわかるところなんです。中田などというちっぽけな政治家を政治の世界から抹殺したところで、大した意味はないんです。それでも、そう考える人たちはいます。すなわち「格好つけやがってこのやろう」という、その種の話はむしろ大義のあるなしじゃなくて、腹立たしい存在としての目障りなのです。

黒鉄 中岡慎太郎が一緒に殺されている。薩摩が切ったとするならば、これは、ひとつの鍵で。慎太郎は西郷さんと同意見です。その慎太郎を、側杖というわけにいかんでしょう。そうすると薩摩説というのが希薄になる。そこで、先述の無茶な中岡慎太郎犯人説が出てくるわけです。薩摩とつるんでやったんじゃないかという。

岩下 中岡慎太郎は薩摩寄りというか倒幕ですけれども、土佐藩の山内容堂あたりがちょっと逡巡しているところがあります。だから土佐一国を薩摩藩の側にぐっと引き寄せるには、やはり幕府側が龍馬や慎太郎を切ったという事件が公になることが必要だったのではないしょうか。

黒鉄 ところがその後、土佐藩は海援隊を「何の関係もない」と言っています。脱藩をしたやつだからと。山内容堂に許されているのに、重役がそういうことを言うわけです。不思議なのは福岡孝悌が、近所でありながら葬儀にも参列していないでしょう。土佐藩の動きが変なんです。

龍馬さんが今日的になるのは、龍馬が皇太后の夢枕に立って海軍の守護を誓ったという逸話からです。これは、楠正成と後醍醐天皇の逸話の二番煎じなんですが、そこから火が点いて海軍の祖に祭り上げられる。例えば、今日僕らは、レオナルド・ダ・ヴィンチの「モナリザ」を見る眼を失った。既に評判と評価ありきで、あの素晴らしい微笑みを見ろとか何とか言われて、実際にそれを見るときには、目が曇ってしまっている。つまり評判で塗り固められてしまって、何の偏見も持たない子供がふっと見てうわっと思うような感動は、僕らは永遠に失ったわけです。同様に精神のタイムマシンに乗って、龍馬さんも疑ってかかるべきです。龍馬さんとはどんな人だったかなと。暗殺される約一ヶ月前福井の三岡八郎（由利公正）と面会の後、酒宴になりますが龍馬さんは怪鳥のような音痴で、それでも歌いまくるわけです。これは、好かれますよね。

無手勝みたいなセンスというか、ヤンチャな子供の笑顔のままに大人になったような愛敬。意外と持ち物もおしゃ

れです。おしゃれなやって、周りから見られる自分を意識しています。三徳にしても、刀剣にしても、靴もそうですし、進取の気性があります。女にもモテる。これはちょっとやわな解釈だというのは覚悟の上です。殺すとなったらいいやつだろうが好きなやつだろうが殺しますから。高杉晋作なら、僕は殺されてもよかった立場だと思うんです。幕末の牽《けん》引車ですから。その点龍馬さんは、足元にも及ばない。晋作と比較して龍馬さんは、殺さないといけないぐらいの存在だったのかなと思うんです。

岩下　中岡慎太郎のついでに殺された感じですか。

黒鉄　その説もありますね。

小美濃　迅衝隊の隊員の日記というのがありまして、龍馬が殺されたという情報を大坂で聞いているんです。読んでみると、一年間の日記です。会津までずっと書いてあるんですけれど。土佐から来て、神戸に上陸して徒歩で大坂へ向かう。ちょうど暗殺から一〇日ぐらいたっているところで、龍馬が殺されたという情報が普通の兵隊の日記に出てくるんです。しかし、中岡慎太郎の名前は出てこない。龍馬だけなんですよね、やっぱり。だから、当初中岡が殺されたこともわかっていないんじゃないかなという感じがしました。中岡は陸援隊の隊長だし、知っている人は知っている感じなんでしょうけれども。土佐藩の中でも、龍馬が殺された情報は流れても、中岡は全然名前も出てこない状況だというのがわかりました。

　それに先ほど黒鉄さんが言われていたように岩崎弥太郎の日記で、そのところが本当にないんです。あれは、人為的なものだろうと思っています。実は私の『坂本龍馬と竹島開拓』（新人物往来社、二〇〇九年）という本にも書きましたが、龍馬は竹島へいろは丸で行こうと思っているんですけど、沈没して行けなかった。そのかわりに岩崎が行って、上陸しているんです。けれども岩崎が竹島へ行った五日間は、やっぱり空白になっているんです。だからこれは、人為的に抜いてあるんだろうなと思っています。原本を、見たいと思うんですけど。

黒鉄　あれは、どうして見せないいんですかね。

小美濃　あるんだと思うんです。ただ、公開できないんだろうと。『岩崎弥太郎日記』が刊行されたのは昭和五十年なんです。かなり後になってから活字になっている。

黒鉄　三菱にとって都合が悪いわけですかね。いろは丸の賠償金と後藤象二郎と交換した土佐藩の大塚蔵屋敷が創業資金の元になっていることが判ったら、大三菱もちょっと頭かくしかない。

グラバーが役員に、三菱二代目の岩崎弥之助が日本人株主となって「キリンビール」を出すんですが、あの麒麟のマークは、どう見ても〝竜と馬〟にしか見えない。竜と馬をくっつけて、それでグラバーのヨーロッパ的センスでデザインしている。あれは鎮魂というか、悪かったみたいな。殺してはいないとは思いますけども、何かのうしろめたさの証しではないか。

憎めない魅力

岩下　先ほど黒鉄さんがおっしゃったように、龍馬という人間は、人づき合いは結構上手だったと思うんです。やはり情報は、ギブアンドテイクだと思うんです。龍馬は、いろんなところでつかんだ情報を、今度は別のところで話しているんじゃないですかね。だから龍馬とつき合う人たちは、龍馬が何か面白い情報を持ってくるとか、何か面白いことを言うというところを、つき合う一つのきっかけにしているのかもしれませんね。その龍馬の魅力で、こういう情報が出てきた、ではそれとギブアンドテイクでこっちの情報も、どんどん出していってしまう。龍馬が帰った後、あれ、こんなことをしゃべってよかったんだろうかと思う。龍馬はまた別のところで、こっちの話もしてんじゃないかなと。だけどちょっと憎めないなというような魅力が、手紙などを読んでいると感じたんですけど、いかがでしょうか。

黒鉄　同感です。姉さんに、「風呂より出でんとしてきんたまをつめわりて死ぬる者あり」と書いている。女性に「きんたま」なんて、普通書かないですよ。いかに仲のいい女友達でも。これは「ばんから」というか「ばれ」というか、偽悪的にして自己犠牲的側面もあって。酒場でモテるタイプにいますね。自慢してモテるタイプと「参った、参った、競馬で外れちゃって」と、負け自慢、マイナス自慢をしてもてるタイプ。これはかわいいになるわけです。龍馬さんの手紙を見ていたら、これはまず人たらし、女たらしだなと。長州戦争のときの、龍馬さんのスケッチの絵はうまい。逆鉾抜いた絵も。それでこう、自由にあちこちに線引きしてかいてありましょう。あの自由さに女は惚れるし、男も参ったなと思うんでしょう。

余談ですけれども、田中光顕の日記に龍馬さんとお龍さんと三人でふろに入ったというのがあるんです。これもかなりなものでね、お龍さん連れて風呂屋に行って。田中光顕も入れと。「目のやり場に困り候」というのがあるんです。かなりの発展家というか。今日の僕らが「お風呂入ろうよ」と言われても、こっちも誘わないし、誘われた方も困る。それをあの時代にぬけぬけとやっていた龍馬さんのセンス。びっくりさせるという。何かそこに、気配があって。坂本龍馬というのを扇子にたとえると、僕は現代の解釈は要を間違えているんじゃないかと思う。龍馬さんというのは要がいっぱいあったか、あるいは要が全くなかったか。あるときにはきゅっと閉めたり、開いたり。

ですから三岡（由利公正）に新政府つくってもお金がないというと、三岡が「兌換紙幣という手がある」と言う。龍馬さんも、兌換紙幣でいいだろうと同意する。これは、悪人の発想、アウトローですよ。インテリやくざ的発想が、あったんじゃないかと。

小美濃　龍馬が絵がうまいというのは、私も感じました。この『刀剣図考』の絵**（写真E）**、これ持ってきてくれと、描いているんです。ちょっとしたスケッチなんですが、この縦横の比率がぴったりなんです。これは、なかなか描けない。僕も自分で描いてみたら、比率が違うんです。表紙の右に三本糸がありますが、ちゃんと三本描いています。一瞬でこれが描けるというのは、すごい感覚だなと私は思いました。この絵だけ見ても、龍馬の絵のセンスがわかります。

黒鉄　違う意味で信長と似ていて、学問をしまくって頭がよくなった人じゃない。生来頭が、センスがいい。土方歳三や近藤勇の字と比べてみても、彼らはちょっと、字に品がない。龍馬さんは、草書体もでたらめですけど、この筆の自由さがたまらないのです。

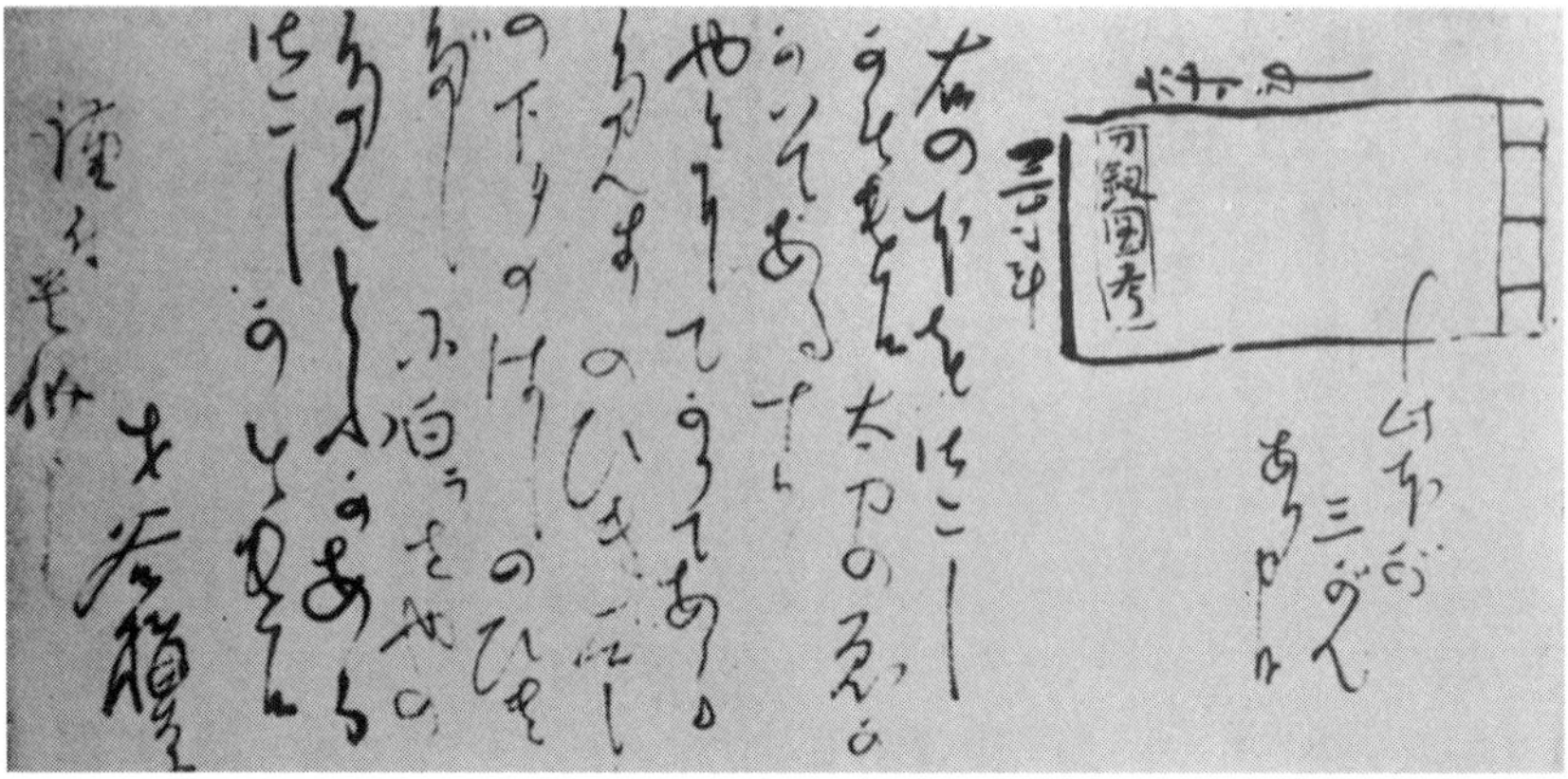

写真E

龍馬の育った町

小美濃　暗殺される二日前ですか、陸奥宗光に宛てた手紙で、刀の鑑定をやっている。それが、書いていることがプロだなというぐらいに的確なんです。何でこの人はそれができるのかなと思って、ずっと不思議に思っていたんです。高知県安芸市の図書館に『上町《かみまち》分町《ぶんちょう》家名《かな》付牒《つけちょう》』という、要するに龍馬の生まれた上町の町人の名前が羅列されているものを見つけました。郷士が抜けているので、本町通一丁目で空白が三つあるんです。このうち龍馬の家はどれだと。実は坂本家は久村屋と相良屋の間のところにあるんですけれども、この南側の水通町《すいどうちょう》に職人の名前とか、町人の名前が入っているんです。これを見て初めてわかったんです。研師、仕立屋、樽屋、金具をつくる白銀師《しろがねし》……こういう職人がずらっといます。この名付牒は今まであまり龍馬研究に使われていなかった。

水通町って本当に今でも狭い通りです。片側はちょっと広くしていますけど、真ん中に水道が流れている。この両側の、職人たちの職業がみんなわかる。鉄砲鍛冶なんかもいる。こういう中で育っていった龍馬は本当に階級を超えて、職人とか商人と同じ目線で話ができる人物なんです。

黒鉄 それと、質屋もやっていました。質草として刀剣類が必ず入ってきて。ですから脱藩のときに、姉さんが刀を渡します。後で自害したと。あれは時代が合わないのでうそですけど。刀剣好きだったという点で近藤もそうです。龍馬さんは郷士でありながら武士よりも武士らしくという、そこはコンプレックスまで行きませんけれども、ワンステップ上がるための装置として刀を使っていた。当時の旗本や御家人は、もう刀なんか詳しくないです。にもかかわらず龍馬さんのスタンスで刀剣に一家言あるということにおいて、武士の社会では保守的な格を上げることができる。下品なものの見方ですけれども。方法論として龍馬さんが知識を身につけたとしても、本人も好きだったんでしょうけれどね。吉行の刀、白柄のものなんかは、大変におしゃれです。

小美濃 本当に侍の中で鑑定できる人というのは、非常にごく限られている人です。だから逆に大名家に行っても、刀を見たいと言うといいものを見せてくれる。龍馬が死んだ後に、正宗が一振あったんです。正宗なんていうのは大名道具で、龍馬なんかが買えるものじゃないですから、どこかの大名からもらったんだろうと思うんですが。それが、死んだときに三吉慎蔵のところにちゃんと届けるように遺言で指示が出ているんです。やはりお龍を何とか面倒見てもらおうということで、一番いい正宗を。

黒鉄 刀というのは、当時は財産ですものね。動く金塊みたいなもので。

小美濃 ですから脱藩して大坂に現れたとき、刀の柄に手ぬぐいを巻いていたという証言があります。これはパーツで、売ったんです。これは柄の部分にある部品で縁と頭、これは目貫《めぬき》というんです。目貫だけでも、今だってちょっといいものだと一〇万、二〇万するんです。ですから、それをよく心得ていて、パーツを売りながら龍馬は歩いているんだろうと思うんです。だからお金がなくても、乙女姉やんが「これ持っていけ」と言って渡すわけです。

黒鉄 それに比べて近藤勇は、鴻池の用心棒みたいなことをして、鴻池が刀を選んでくれるんです。虎徹がいいと、ところが偽物ですね。鴻池、近藤ともに見る目がない。その点、龍馬さんは、マニアでしょうね。

小美濃 そうでしょうね。この水通町に左行秀《さのゆきひで》という刀鍛冶がいます。その刀工が、龍馬の兄・権平の注文で製作した刀が実在いたします。こういったものを通して、職人たちとのつき合いが出てきて、だから、人を見下す目線というのは龍馬にはないんです。そして、龍馬は高位高官に会っても気おくれしない、位負けしないんです。大名に会おうと、公家に会おうと、外国人に会おうと普通にしゃべっちゃう。龍馬の非常にいいところです。

黒鉄 僕は土佐のなまりを直すのに、えらく苦労したんです。明治時代に多くの日本人が英語をやりますね。このときに、日本全国の英語教師の八割か九割は土佐人だったというんです。東北はフランス語がうまいでしょう。生まれつきリエゾンしているような。土佐人は、発音が、四国アルプスで区切られていますから、「じ」と「ぢ」の言い分けができるんです。僕ごときでも、「じ」と「ぢ」と言える。だからジョン万次郎が向こうへ行ってすぐに英語の発音に耳なれたというのは、そこじゃないかと思うんですけど。ただし、当時はなまりが僕らよりももっときついですから。龍馬さんが気おくれしないでしゃべれたというのは、どうなんですかね。今の方が、気おくれしますかしら。

岩下 今の方がするかもしれませんね。今は標準語というスタンダードが、きちんと決まっていますから。あのころは、江戸言葉とか、江戸でも山手言葉とか、下町弁とか、多様な言葉があるのが普通でしたから。それでなくてはいけないという考え方は全くないので、自分の言葉でどんどんとしゃべったのでしょう。

黒鉄 それこそ西郷さんと大久保と龍馬さんが話したとき、通訳が要るんじゃないかというぐらい聞き取れないと思いますが。

大胆にして繊細な人

中田 龍馬は、大胆な人だったのか、それとも繊細な人だったのか、そう考えてみたいですね。やった結果は大胆なことばかりです。でも、大胆なことって、やるには繊細に詰めていかないとできない。情報を集めて情報の接点となりながら、その情報にまた新たな価値をつけて人に出していく。そういうことで情報をどんどん自分のところで大きくしていくような、その組み立てがあって初めて大胆な舞台は回っていくと思うんです。坂本龍馬は、理詰めではなくて、直感とセンスで生きている人に見える。恐らく本質を見抜く能力は高かった人だったのではないかなと私は思うんです。とはいえ、そっちにスポットが当たりながら、実はすごく繊細に詰めなければあんなことはできない。研究されておられる皆さんは、そのあたりをどんなふうに見ておられますか。

小美濃　これは慶応元年九月九日に乙女さんとおやべさんに宛てた手紙なんです。「自分のいた部屋の廊下の突き当たりのところに竹を渡してあって、そこにいろんなものがのせてある。短冊が箱に入っている、父上、母上、おばあさん、それから権平兄さんの歌というのがあるから、それを送ってほしい」と。そのうしろに、死に失せたまいし時と日をみんな書いてくれと書いていて。ちょうど薩長同盟を画策している忙しい時期に、菩提を弔っているわけです。彼には、菩提心というものがある。

「面影の見えつる君が言の葉をかしくに祭る今日の尊さ」。この和歌は楢崎将作、お龍さんのお父さんを夢に見て、何か言葉をかけられて、それで招魂祭をやっているんです。それから父親、母親の霊を「かぞいろの魂やきませと古里の雲井の空を仰ぐ今日哉」と詠っています。要するに自分の両親の魂を呼び寄せている歌です。こういうことを幕末動乱で、斬るか、斬られるかというときにやっているという、この繊細さ。

黒鉄　人が死に対して恐怖を持つ原因は四つあって、財産権の放棄と近親者との別れ、痛覚への不安、不条理感です。龍馬さんぐらい頭のいい、センスのある人が、よもや宗教とか魂論では行かないはずなんです。最近『万葉集』がいいなと思い始めたんです。これまでは墓参りなんか、どうでもよかったんです。年齢のせいですかね。最近墓参り行きたいなと思うのは、自分の為に行きたい。不条理感を埋めるためですね。龍馬さんも過激な運動をしながら、死期というか、いつ事故に遭ってもいいというときに、よって立つところはこういう宗教的美、心の美です。何回転もしてそこに至ったんじゃないかと思います。いきなりなったら、単なる田舎者ですから。屈託、屈折を経て、ああ、と思う。

小美濃　『新葉集』が好きだというようなことは、書いています。あれは南朝系の和歌集です。南朝の皇子が土佐に流されているので、それを子供のころから読んでいるみたいなんです。だから、『新葉集』の歌の本を送ってくれみたいなことを言っていますけど。

岩下　繊細だという部分もあります。結構長い手紙を書くときは、自分の気持ちが相当落ち込んだりしているときに、ストレス発散で書いているとの見方をしている人も、中にはいます。それは、心の繊細さを表しているということなんですが。

黒鉄　ただ、あがってはいないですね。手紙を書くときって立派に書こうという気持ちがあるでしょう。人間というのは、必ず自慢をしたがるから。龍馬さんには、それが感じられない。こいつあほかと思うような書き出しやら、ばっと行くところに、ものすごく繊細な計算高い部分も垣間見える。ミステリーが好きなものですから、全て疑ってかかってみるのです。

中田 父上、母上、お母さんの命日書けって、そんなの覚えていないですかね。この時代、ものすごく、父母とのつながり、家族のつながりは大きいですよね。それを書いてよこせというのは、わざわざ聞くという心は何なんですかね。僕からすると、わざわざ聞いているんじゃないのかなと。

黒鉄 そう、そう。ダンディズムというのは、三島由起夫さんの定義だと、人を驚かせても自分は驚かないということでしょう。これを書いて受け取ったほうはどう思うかということぐらいまでは、龍馬さんは計算できた人でしょうね。

岩下 この命日の話ですけど。覚える、覚えないって、やっぱり人によって違うじゃないですか。たまたま僕はそういう菩提心が芽生えてきて、いつだったたっけ、正確にどうだったっけみたいな感じでわざわざ書いてもらう。自分はこれを知らなかったということではなくて、書いてもらって確認したいという気持ちでこういう手紙を書いたと解釈したい。

中田 それを仮に忘れているということを言えずに聞くんだったら、命日の、どの刻に死んだのか。要するに正確なことを知りたいんだという表現をするのではないのかな。絶対はあり得ないけど、忘れているということは、この時代ではないだろうな、と思うんですけど。

黒鉄 どっちにしても内面の葛藤があって、淡泊に言えば気弱になっているというんですかね。生き死にへすぐ行くような状態になって、整頓期ですよね。そういう気配もある。

岩下 それからこの手紙は見せてもいいとか、この手紙は人に見せるなとか、この手紙は姉さんのところで保存しておいてくれと手紙の中で指示している。龍馬は自分の書いたものがどう見られるかというのはちゃんとわかっていますから。その点では繊細で、わかって書いているというところは相当あって。大胆さと繊細さは、龍馬の中で同居しているように思うんです。

III　龍馬がめざしたもの――行動と世界認識

勝海舟との出会い

岩下　龍馬の目を開いたのはやはり勝海舟であろうということは、多分皆さんもご賛同いただけると思います。当時の最高の頭脳というか、最高の蘭学知識、かなりハイレベルな、異国を知り尽くした男に出会って、それで将来どうするべきか。勝海舟が説く経世の議論というものは、多分世界の大勢、日本の現状と行く末に深く関わり、龍馬のような若者がなすべき道ではなかったかと思うわけです。そのあたり、龍馬の手紙の中に具体的には書いていないですけど、「国のため、天下のため力を尽くしおり候」と出ています。その辺がどういうものなのか。

小美濃　一三九通の手紙の中に竹島を目指したというものが実は二通あります。ただし、現在の竹島ではございません。現在の竹島は当時松島と言って、松と竹が入れかわっております。これは、韓国の鬱陵島《うつりょうとう》です。そこへ行く。この竹島について、朝鮮と日本との間で領有でもめたのは元禄時代でして、日本人の渡航を禁止するということで当時は既に決着しております。それで、朝鮮政府は空島にする、つまりだれも住まわせないようにするということで、幕末まで無人島でした。そこをイギリスやフランスが見つけて勝手に名前をつけていくという状態でした。そこが海軍基地になったらば長州は困るということで、吉田松陰がまず開拓を目指した。それでうまくいかなくて、その次に龍馬が目指したのです。

なぜ目指したかというと、若者が動乱の時代に無駄死にしている。こういう連中に夢を持たせ、生きがいのある仕事を見つけさせるにはやはり竹島開拓がいいのではないかというようなことを、手紙に書いています。海舟が明治になってから言っているけれども、海軍操練所を神戸につくる。その後に、対馬、朝鮮、中国につくる。そして三カ国連合をして、西欧列強と対峙するという構想があったみたいです。そういった構想を師・海舟から教わって、東アジアへの進出を目指していたのではないか。特にアヘン戦争の後、日本が次に標的になるのではないかという懸念があった。

あと福岡孝悌の手記の中に、海援隊について「脱藩ノ者、海外開拓ニ志アル者、皆是ノ隊ニ入ル」と書いてある。「運船射利」とか、「海島ヲ拓キ、五州ノ与情ヲ察スル等ノ事ヲ為ス」と、世界五大陸の情勢を調査するというのが目的であると書かれている。海外へ向けた第一歩が竹島であるという位置づけで、開拓を目指していたのではないかなと思っております。その先のことは、私はこれからの研究だろうと思います。

まず一つは、若者たちに生きがいを持たせる仕事です。それと同時に、あそこはアワビがよくとれます。海産物を商売にできるというのも、考えていたみたいです。それと竹島でどういう作物ができるか、稲なのか、麦なのかというような調査をやるから、その専門家を連れていきたいと手紙に書かれていますので、開拓をして農業をやろうということも考えていた。海援隊の仕事、ビジネスであると。

岩下　地政学的には、やはり長州藩に近い。ですから、そこが西洋列強にとられると大変まずいということにもなる。

小美濃　長州の真北になりますので、そこを海軍基地とされたらという危機感が、吉田松陰にはあったみたいです。ただ、龍馬には松陰ほどの危機感はありません。

黒鉄　恐らく、高杉晋作あたりの入れ知恵だろうと思いますね。吉田松陰から高杉晋作が聞いて、上海に行きましたでしょう。アヘン戦争のことを見て、えらいこっちゃ。それを聞いた龍馬さん、センスがいいですから、あっ、そうかと世界情勢を理解した。それで竹島もそうですし、それから北海道開拓にも眼を向ける。最初に土佐で河田小龍と会いますね。次はジョン万次郎の聞きとりをしています。それで議会制民主主義など西欧の政治体制を知る。勝海舟も、大久保一翁もそうです。龍馬さんというのは、実はクリエイターじゃない。ものすごく才能のある人に会ったときに、ふっと換骨奪胎する、このセンスは天下一品、信長もそうですけれども。

自由な発想と世界的な視点

黒鉄　ただ、その中で射利云々と出てくるでしょう。金儲けをばかにしていない。武士はやはりそうはいかんです

けれども、龍馬さんの場合非常に自由な発想で。地球儀を国単位で、俯瞰で見ています。それで目的はというと、村上ナニガシとかが、金をもうけて何が悪いと言いましたが。龍馬さんの場合は給金を同額にします。このセンスは、リーダーの条件。お金だけじゃなくてみんなで平均してという。共産主義でありながら資本主義みたいな、エエトコどり。

中田　忙しい中で毎日金勘定をやっていたり。本当に規律厳しい武士の社会の中でいたりしたら、多分出てこない発想ですよね。目の前に太平洋が広がるという地ももちろんあったと思う。武士の階級が厳しく二階級あった土佐藩の閉鎖性の中で、腐って生きている者が多い。そういう中で全く自分自身の心を解き放って、あえてその環境をどんどん自分でつくっていく。そういうことをやっていった人です。そこにいま黒鉄さんがおっしゃったように、河田小龍がいて、横井小楠がいて、勝海舟と出会って。それらの人の話を聞くと、ぱっとつかんだ。ほかの人だって話を聞けばそうかなとまでは思うと思うんです。ところが、現代日本でもそうだけれども、いま目の前に差し迫った課題じゃないと行動に移さない人の方が圧倒的に多いんです。どんどん日本人が知らない現実が世界の中に広がっていくけど、それは確かに我々と今すぐ直結する話ではないと。

例えば日本人は今でもパナソニック、ソニー、シャープ、日立、東芝と聞けば、すべて一流メーカーで疑いないんだけれども、世界に行ったら今、通用しなくなっているわけです。ところが、大方の日本人はそんなこと知らないです。新聞に書いてあっても、数字的に、客観的に言われてもまだわからない。かつて海外旅行に行ったら、空港に着いた瞬間から押されているカートに東芝とかパナソニックの広告が出ていて、町じゅうの至るところに日本企業の看板があり、日本製品が売られていたけれど、今はもうめっきり見ないわけです。世界における日本の存在感はどんどん弱まってきている。このような出来事をみて、これからの世界を考えることができる人と、目の前の出来事をそのましか見ることができず、それを自分たちの問題として捉えることができない人に分かれます。

龍馬の場合はそのことに対して、回り回った後の想像が働いている。そして、その想像は直感に訴え、危機感を呼び起こす。そういう感性のスルドい人だと僕は思います。

想像力を現実に落とし込む力

岩下　それは、やはり植民地化の危機ということでしょう。海舟もそれを共有していると思います。

中田　人は目の前の現実を、当たり前のことと思い込むわけです。議会制民主主義がアメリカにあると、ジョン万次郎が河田小龍に話し、それを龍馬が聞く。そこでは一人一票ずつ持っていると。そう聞いたところで、まず当時の日本人は想像ができないと思う。意味がわからない。仮に意味がわかったとすると、今度それは無理だという結論に行くと思うんです。はっきりとした身分の区別があるので、それは無理だという結論ですね。龍馬はそこを完全に超えているわけです。日本がこのままでいた場合、やがてどういう立場に日本がなってしまうのか。想像力がぐっと自分の中で一回転し、すぐにできると考えるのだと思うんです。

岩下　そこにはまってきたのが、海軍の創設ということになると思うんですけれど。

中田　そこからは、極めて現実です。それを現実の仕組に落とし込むんです。海軍の創設もそうだし、亀山社中という会社をつくったのもそうでしょう。

小美濃　龍馬の実母が亡くなった後、伊与という二番目のお母さんが川島という家から嫁に来るんですけれども、その川島の家に世界地図がある。箕作省吾の『新製《しんせい》輿地《よち》全《ぜん》図《ず》』です。龍馬はこれを子供のころから見ていたのではないかということが、最近わかってきている。山田一郎先生がそのあたりを研究されているんです。これは五大陸をきちんと描き、ほとんど今の世界地図と変わらない。なおかつこれは全部カタカナで、ロシアはロという字で、どこを支配しているかというのが全部入っている地図です。

岩下　ペリーが来て、その本国がアメリカということがわかれば、アメリカはどこだということがわかるわけです。それが全く結びつかない人と、地球の中であそこだとわかるのとでは、大きく違うんじゃないでしょうか。

小美濃　子供のころから洋行したいと言っていたという話が、『土佐史談』に書かれています。相良屋という、隣の人が証人で。それは、今までの研究でちょっと抜けていたんです。

黒鉄　いや、土佐に育てばその気持は理解できます。前は太平洋、後ろは四国アルプス。出られないです。それで海産物、農産物の食物は豊潤にあるけれど、差別がすごい。郷士は武士のようで武士でない、コウモリというか、ヌエ的な存在です。そうすると自分は何者だと思ったときに、外に開けた太平洋です。長州の海を見て驚いたんですが、女波というか、足元にちゃぱっと来ますね。土佐だと、バーンと来るんです。東映の映画のオープニングみたいに。太平洋に出なきゃしょうがないという。この意識と、厳しい身分制度からの脱却。それからお金と武士。そのときにちょっとさっき申し上げた、当時でもアナクロ的であろう刀とか美術、和歌も含めて、引きずりながら出て行く。これがもう、人としても限界だろうと思う。切り捨てるんじゃなくて、これもあわせ持ちながら、自己矛盾を抱えながら行く。金もうけではないわけです。ですから、今日的にも龍馬さんというのは何か魅力がある、というのは共通の分母が今に通用するわけです。

龍馬の行動力に学べ

中田　高知ご出身の黒鉄さんはよくわかることかもしれませんが、土佐の土地柄からそういう思考回路になったんでしょうね。だから坂本龍馬ってどこに魅力があるんだろうというと、一つは物事を考えるときに心が解き放たれた開放性です。それから世の中の複雑で難しく、当時だって決して単純ではないものを、いかにシンプルに考えるかという明瞭さです。それから今度は考えたことに対して、それを実行に移す能動性です。ここら辺が坂本龍馬という人を、とにかく魅力的に映し出しているところだと思います。

すべてに単純ではないです。相当に本人は悩んで、迷いながら、物事に対する思考を繰り返したと思う。だけど我々からすれば、そこの明瞭さであったり、開放性であったり、能動性であったりを学べばいいわけです。僕はつくづく思うんですけれども、坂本龍馬というのはやっぱり歴史上の人物の中で、男も女も非常に好きな人物ですよね。ところが坂本龍馬を好きだと言っているのに、動かない人があまりにも多過ぎます。龍馬を拝んでいるだけ、動かない人が多いところに、今の日本の精神荒廃が見られるのではないだろうか。手足をばたつかせて、動いてみろと思うんだけど。

岩下 客観視しちゃうというか、のめり込まないところがありますね。今の若い人たちを見ていると。その場では、ああ、面白いなとか何とかということになるんですけれども、それを自分のものとして、何かお手本としてそのように動いてみることまでは行かないです。行けないというか。なぜ行けないのか、私はよくわかりませんけど。

中田 リアルな社会の中で動かないんです。すなわち歴史上の人物であったり、架空の人物、それこそ漫画から出てきたキャラクターであったり、こういうところにはえらく傾倒して、それの〝ごっこ〟はやっています。ところが、リアルな社会の中でどうやってその思考を具体的に行動に移すかということについては、本当にできていない社会になっていて。そのことを一番訴えかけているのは、僕は坂本龍馬なんだろうと思います。

龍馬の世界認識

司会 もう一歩進めて龍馬は世界をどう認識していたのか。一八五三年にペリーが来たとき、龍馬は十八歳です。そこから世界を見て、世界の情勢をつかんでいくわけでしょう。

黒鉄 初期は攘夷でしたよね。出世魚を見るがごとし。どんどん変わっていく。人よりも早く変わっていく。

岩下 関税自主権とか治外法権については、これは明治政府になってから、幕府が結んだ条約が不平等条約だという、その宣伝のためにかなり使われまして、幕府自体がなるべくそれを隠しているんです。初期の日米和親条約の段階では条約そのものを隠します。とにかくアメリカは一〇港の港を開けと言ったのを二港にしたわけですから、幕府の役人たちは結構頑張ったんです。しかしそれは永久あるいは不朽の親睦という条約なので、征夷大将軍が親睦や和親じゃまずいわけです。だから、これはもう絶対隠したんです。しかし吉田松陰は一年後にはその条約をちゃんと筆写しているんです。その影響力がどうだったか、検証をこれからしていかなければいけないけれども。ただ、二度目の修好通商条約は、幕府がこういう条約を結んだから、とにかくみんな横浜に来てくれと出版しました。横浜に全国からいろんな人たちがやってきて、そこで海千山千いろんな商人が暗躍するような、そういうところをつくりました。ただ、それがなぜ攘夷になっていくのか、政治問題になったかといえば、当然日本が「神国」である、という考えも一因ですけれども、それとともに庶民生活が相当困窮するんです。五品江戸廻送令を出してもかなり横浜に物が行ってしまうので、江戸が物価高になってしまいます。それは要するに横浜が開港したからだ、異人が悪いんだということになっていくわけです。それも経済問題などで。だから多分細かい治外法権とか関税自主権というのは、あまりその当時は喧伝されていなかった、問題にならなかったと思うのです。

ともかく、龍馬がどれだけの異国認識をしていたかというのは、はっきりとはなかなか出てこないです。世界認識については、今回の本で、すごく難しかったところですけれども。しかし、例えば、フランスに滞在している薩摩藩士が、いいようにフランス政府を動かしたり、それからイギリスと結びついていったりというようなことが当時あった。そしてそれを龍馬は知っていた。要するにフランスやイギリスも恐るるに足らず、言ってみれば政治的な権謀術数というか、そういうもので動かし得る国々だという認識はあったと、私は思います。

小美濃 龍馬が考えたとされる「新政府綱領八策」というのがありますけれども、その第八番目に、為替レートのことが書いてあるんです。「金銀物価ヲ、外国ト平均ス」と、為替レートをちゃんとしなければいかんと書かれている。この辺に、彼のスタンスがわかるのではないかなと思います。

黒鉄 だれに聞いたんでしょうね。

小美濃 横井小楠でしょう。でもさっとそれを取り入れるというところが彼のセンスです。

岩下 それから、幕府の持っていた貨幣鋳造権を朝廷に吸い上げなきゃいけないとも提案している。経済感覚は鋭いものがあるなと思いますね。

小美濃 江戸の銀座を京都へ移すという話ですよね。

黒鉄 両方持っていますね。いろは丸事件の交渉で「今海上ニ蹤跡《しょうせき》ナシ」というでしょう。あのヤクザみたいなや

りとりは凄い。武士階級が全ていいとは言いませんが、幕府に対する忠誠心、今の日本のカタチはその残滓で成り立っている。日清、日露の戦いもそうでした。これを、全面的にオーケーにする気はないけれども、龍馬さんの中にも体液としてそれがあったと思うんです。ところが一方で、武士のようで武士でないその視座から武士社会を見たときに、矛盾を感じ取ったわけです。それで、経済にも明るくならなければいけない。ヒトの価値観をバランスよく彼が俯瞰して見たときに、方向はこれだという。大久保一翁にしても横井小楠にしても、河田小龍にしても、ちょっと視野狭窄なところがある。ですから借物であっても、まとめ上げた龍馬さんは、後から来て全部改革する。これはみんな、おれのアイデアをパクっただろうという集まりですね。多面体、ミラーボールみたいな人ですから。中世の賢人が「メメント・モリ（死を思いながら生きよ）」と言いましたが日本はとっくにやっているんです。特に武士階級は死を思いながら生きるということですから。この残滓も、龍馬さんは持っていて。凛として美しい。美しいというのは、今どうでもいいみたいですけど。だけどヒトの根幹を成すのは、美しく生きるということじゃないですかね。

　これは余談ですが、龍馬さんは人気があるけれども、高杉晋作はもうひとつ人気が出ないでしょう。あれは長崎で女郎を身受けして、上海に行くときに金に困ってまた売ってる。これをやっちゃいかん。龍馬さんは、婚約不履行みたいなものはあるけれども、売り渡すような酷薄なことはやっていない。

中田　今パクったとおっしゃったんですけど、僕もある意味ではそれが一番正解だと思っています。八策に書いてあることは、受け売りです。だから我々が坂本龍馬に見える斬新性に対して本当に評価すべきは、その中身以上に、あの時代の中でそれを言い切った覚悟でしょう。すなわちそれまでの日本社会で彼が疑問に思って、ほかの人たちが不満に思ってきたことに対する答を言った。今の日本社会でも同じことが繰り返されているわけですけれども、その仕組みがあるからこそ成り立っている人たちが、いっぱいいる。この人たちは、これを壊したくない。それに対して、それを変える具体的なシステムの提示ははばかられるというのは、今の日本社会もそうで、当時はなおさらだと思うんです。そうなったときに、ある意味の受け売りをする。軍隊、通貨、議会制民主主義、法による支配にせよ、それはもう外国でこうやっていますと。理論上は自分のオリジナリティではない、一番楽なところです。ただしそれを言うことの覚悟は、大変なわけであって、そのことを広く公言し、それを実現するためにまた動く。そこの勇気に何よりも敬意を表するわけです。中身そのものは決して新しく自分の頭で考え抜いたことを言っているわけではないと思います。

岩下 その辺は、僕も同感です。例えば大政奉還論にしても、これはオリジナリティは大久保一翁ですから。話を聞いての受け売りだろうと思います。でも、今それをやるべきだというタイミングはやっぱりよくわかっていたんじゃないですか。機を見るに敏という部分は、やはりあります。

黒鉄 逆に言えば、リーダーの条件ですよね。優先順位に過ちがなく、予測性に富んで、実行力がある。鳩山さんなんかはリーダーの条件に欠落がある。吸い上げないし、何かじたばたする。龍馬さんに首相になってもらいたい。じっと最後まで聞いといて、まとめてこれだとやったときには実行力がある。アイデアはパクってもいいし、パクるものです。言語自体がパクりの歴史ですものね。

中田 彼はプロデューサーですね。人を配置したり、つなぎ合わせたり。あっちで聞いた、こっちで聞いたものを一つの脈絡、全体像の中に落とし込む。そして、それをやるんだというためのキャスティングをやる。だからいま龍馬に首相をやってもらいたいと。でも、彼は絶対引き受けないと思うんです。

岩下 だから、世界の海援隊をやりますかという話になるわけで。但し、確かに龍馬がそう言ったかは、十分検討しないといけませんが。

黒鉄 惜しむらくはそのとき、世界の海援隊の今少しの説明をしてほしかったです。海援隊の意味。経済獲得なのか、そこを通して世界平和なのか。平和の概念があったかどうか。でも、とりあえずアイデアに非の打ちどころはないですね。

龍馬の危機意識を共有する

中田　三十三歳で死んだ坂本龍馬が仮に生きていたらと考えれば、果たして鳥羽伏見の戦い、戊辰戦争はどうだっただろうか、西南戦争は起きただろうかと考えるんです。つい最近まで会津の人たちからすれば、長州と聞いただけで虫唾が走る対象であったそうで、その爪あとというのは、やはり大きいわけです。もしも彼がそこにいれば、そうした、無駄な争いを止めさせながら、より社会へ効果的な影響を増していく努力をしていただろうと思います。僕は、歴史というか社会というのは行くところまで行ったら元の方に戻ってくる振り子のようなものだと思うんです。しかし、その振り子が本当に行くところまで行ったら社会には大きな混乱が起き国民生活には痛みを伴う影響が出る。そうなる前に振り子の振り幅を小さい中にとどめることが、政治の役割だと私は思うのです。龍馬が政治家であったなら、それができたと思います。

今の日本社会を見たときに、龍馬のような大局的な視点がない。目の前の好き嫌いと損得だけを語っている日本の政治があり、その損得を自分に照らして考えているだけの国民が存在している。この政治家にしてこの国民ありなのか、この国民にしてこの政治家ありなのか。結論は、僕は両方だと思っていますけれども。しかし大局を見ることが使命として求められている政治家の側が、先に提示しなければいけないと思うわけです。我々はこのまま行ったら日本はどうなるということに対して、割と単純に課題は共有できると思うんです。目の前に巨大な中国があり、日本は人口が減っているという社会があり、そういう一つ一つの事象を捉えたときに起こり得ること、想定できることはそんなに複雑なことではない。そこにどれだけ龍馬と同じく我々が危機感を持てるかどうか、また行動に移していけるかどうかが問われていると思います。

小美濃　私は江戸の龍馬を研究していて、品川にあった土佐藩邸の調査をいたしました。たまたま町の人と知り合いになりまして、それがきっかけで、五年かかりましたけど品川龍馬会というのが立ち上がりました。現在品川下屋敷跡のど真ん中に、品川区立浜川中学校があります。そこの校長先生が龍馬の話を生徒たちにしてやって欲しいということで、体育館で一年生から三年生まで集めてやりました。その次からは一年生だけに毎年、講演が続いております。それで子供たちが龍馬を知るきっかけになるということで、今度は品川区の中学校の社会科の先生にまた話をすることになっております。

龍馬はやはり勝海舟というすばらしい師がいたことが、彼をつくっていく上で重要なポイントだったと思っています。人づくりというのがこれからの社会の一番基本になるだろうと思っております。私は偶然ですが品川とおつき合いができましたんで、私なりに龍馬について子供たちに教えるところから、一つ一つ人づくりをやっていこうと思っております。

岩下 私は龍馬が手紙をたくさん書いて、これが今に残っていることがすごくいいことだなと思っているんです。龍馬は自分のしたこと、考えたことが、後世、きちんと伝わるように乙女姉さんに自分の手紙を託したと思います。他の人にも同じように期待してせっせと手紙を書いたのではないでしょうか。手紙を残すことはとても重要です。肉声ですから。重みがあります。それで政治家の方々にお願いしたいことは、自らがやった仕事をきちんと残す方法を考えてほしいということです。史料の保存ということに関して言えば、これは情報公開と軌を一にする話だと思いますけれども、日本はあまりにも公的な文書の保存と公開がお粗末過ぎます。それは税金を使ってやる仕事であればなおのこと、今の人間にも公開すべきだし、将来に影響を受ける人間に対しても公開すべきです。卑近な例を出せば、日本の戦後史が日本の外務省から公開される史料ではなくて、アメリカの国立公文書館の史料によってしかわからないというのは、あまりにもひどいのではないか。こんなことをずっと続けていていいんだろうかと思います。例えば五年後、一〇年後、二〇年後、三〇年後とかという形で、その後に文書を公開するというルールづくりをきちんとこの辺でやらない限り、一部の役人の不正は絶対に止まらないと思います。これは、民主主義を担保する最低のルールだと思います。鳩山政権に情報公開を多少は期待したんですけれども、内閣機密費のことを全く公開しないということで、これはもうだめだなと。自分のやったことが、五年後なり一〇年後なりのルールづくりできちんと公開されるということになれば、悪行ができないわけですから、出さないとか隠すということは悪行をやっているんだと思っていいくらいだと思うんです。そのぐらいの気持ちで、とにかく情報公開、公文書の公開のルールづくりを今やらないと、永遠にこの国は民主主義が根づかないのではないかというところまで、僕は思い詰めています。アメリカの場合は、大統領のライブラリーもできています。日本はなぜできないんでしょうか。先ほどの岩崎の話ともリンクしますけれども、あまりにもやっていることがなさけなさ過ぎて……。とにかく情報公開を選挙公約にしても票にはならない。それ故にそういうことをやろうとする人がまずいないというのが大きな問題ですね。いろいろな「公共」ということがいま言われていますけど、その公共性を担保することも、情報公開によってなされるような気もします。ちょっと龍馬と離れてしまいましたが、龍馬の手紙からこんなことも考えられるのでは、そんな思いでいます。

潔い覚悟を学びたし

黒鉄 理想的な社会にするために龍馬さんから学ぶべきものは何かというと、足跡を見ますと固定観念をことごとく疑っています。あと、潔い。これは思想、哲学にもかかわるけど、人は生まれてどこに行くのかと。凛として生きなかったら意味がない。美しい物語をつくって死んでいくということです。それで龍馬さんにいまだに感動するというのは、水清ければ魚棲まずみたいなところもあって、結構やんちゃもやってくれていながら、果たして全体像を見たら潔い。これは武士のようで武士でない客観的な立場から武士社会を見たし、辺境の土佐生まれで、いろんな要素が重なって奇跡的な眼力の持ち主が生まれたとしか思えないわけです。しかも幕末動乱という時代に。あの才能をそのままそっくりこの現代に移せるかどうかはまた別問題ですけど、後の世に生きる我々はそれをヒントにして生きてみたい。龍馬さんを総理大臣にというのは冗談ではありますけど、イメージとしてそういう人間が育つような世の中にするためにはどうすればいいかということを考えながら、さっきも申し上げたようにすべての価値観を疑ってかかるところからスタートする。

例えば「アジア」という言葉は、西洋が考えた言葉ですね。我々はそれを、いまだに使っています。めでたいというが、本当にめでたいか、お金はそんなにいいものかと言葉の一つ一つも疑ってかかる。家庭平和も結局、宗教的だろうとか。全部を疑ってかかってみて、初めて何か光明が見えたときに凛として生きる。唐突ですが、僕は、電車にはできるだけ乗らないようにしています。といいますのは、線路に人がおっこちた場合には助けると決めているんです。逡巡しないで、飛び込む。だから、飛び込みたくないんで電車に近付かない（笑）。池で誰かがおぼれていたら必ず助けると、子供のときに決めたんです。だから龍馬さんのスタイルから感じるのは、逡巡しない覚悟。今は逡巡文化です、みんな。一本筋通して、だめだったら、アナクロですけど腹を切る。この覚悟です。お金の価値観を疑って、より良きモノを探す、人生のエロティシズムとでもいうんですかね。これを龍馬さんから学ばなければ、意味がないと思います。格好いいとか、そういう次元の問題じゃない。

中田 おっしゃるとおりです。覚悟を決めていなければ、行動できないんです。そのときになったらやるとかというのは、あり得ない話であって。行動する人間というのは、覚悟を決めているからやれる。覚悟を決めるまでは悩むし、学ぶし、本当に逡巡する。そのかわり、決めたらやる。もちろん、覚悟をしているからこそ、途中で違う情報が入ってきたらそれを方向転換することもあり得るんです。すなわち、一つの軸を持っているから。ところが軸を持たずに、そのときになったらやりますという人は、まずそれは決断できないですから。

黒鉄 ○・○一秒遅れたら、死にますから。暗やみで暴漢に襲われたら、話せばわかるじゃ手遅れになるから、すかさず殴り返さなきゃだめなんです。だから僕、暗やみは歩かない（笑）。

中田 余談ですが今の話につけ加えると、ホームで人が落ちたらどうするか、僕も決めているんです。僕も助けに入りますけど、「あなたは非常ベルを押して」と、「そっちの人はここで手伝ってくれ」というのをやってから行こうと、自分の頭の中で決めています。

黒鉄 幕末では、役割を決めなくてもぱっぱっとやったでしょう。中田さんが飛び込んだら、自分が非常ベルを押しに行くという。二人飛び込んだらしょうがないんです。

中田 「あなたはベルを押して」と言うのは、一秒ですから。

岩下 あうんの呼吸というか、役割分担ができていたと。

黒鉄 死の恐怖とか、共通分母を彼らは持っていたでしょう。我々の時代に友情が育ちにくい理由はそこかもしれない。多くは飛び込まないですものね。いろっぽい男が少なくなったということですね。

司会 一五〇年たって、覚悟というものがない、判断が出来ない、責任をとらない、こんなぶざまな日本になっている。いまこそ龍馬の精神を生かすべき時ではないかと思います。本日はありがとうございました。

（二〇〇九年一二月一一日　於・藤原書店　催合庵）

「ペリー提督、横浜上陸の図」（横浜開港資料館蔵）

II

龍馬の世界認識

岩下哲典
小美濃清明
桐原健真
佐野真由子
塚越俊志

土佐一国にて学問を致し候得バ、
一国だけの論（に）いで
（世界を）横行すれバ、
又夫だけの目を開き、
自ら天よりうけ得たる知を開かずバならぬ
（文久三年八月一九日　龍馬より川原茂太郎宛ての手紙）

坂本龍馬、その天下・国家・異国観

〔書簡に見る龍馬の思想〕

岩下哲典
Iwashita Tetsunori

はじめに

有名な上野彦馬撮影と伝えられる「坂本龍馬肖像写真」がある(次頁)。紋付の単衣に袴姿の龍馬が、台に寄りかかっている。その目は遠くを見つめ、懐手にして、腰には脇差を差し、西洋的なブーツを履いている。ブーツというのがいかにも龍馬らしい。活動的な龍馬にとって、ブーツは実用的であったろうし、見た目にも活発な印象をあたえる。彦馬の撮影所がある長崎の石畳の町中《まちなか》を龍馬は、ブーツを鳴らしながら歩いていたのかもしれない。

文久三(一八六三)年の八月一八日政変(クーデタ)で京都を追われた攘夷派公家東久世通禧は、元治二(慶応元、一八六五)年五月二五日大宰府で龍馬と面会後、日記に一言、「土州藩坂本竜馬面会、偉人ナリ、奇説家ナリ」と書いている(霞会館華族資料調査委員会編『東久世通禧日記』別巻、霞会館、一九九五)。龍馬が、薩長同盟を説き、その後の展開や来るべき国家構想をぶち上げたことをこのように評したと考えたい。

このように、一介の土佐の郷士出身の龍馬が抱いていた、その天下・国家観が、京都の貴族に評価されるまでの軌跡を、龍馬の書簡によって検証するのが、本稿の目的である。天下・国家観には、その対極として異国観(対外観)、世界観が投影されている。そこから最終的には龍馬の世界観を探ろうと考えている。つまり天下・国家観は、異国観(対外観)、世界観と密接に関係があり、鏡に映った逆像と鏡の前の正像、銀板写真の陰像と、もとの陽像の関係である。

坂本龍馬肖像

ところで、龍馬は、土佐の郷士の家に生まれ、脱藩して勝海舟の食客となり、海舟失脚後は薩摩・長州の便利屋として活動、諸国の有志を糾合して亀山社中ついで海援隊を結成、みずから隊長となり、さらに新政府の構想を描いて、ついには非業の死を遂げた。その間、多数の書簡を家族や友人・知人に送っていた。十九歳の江戸遊学での書簡からはじまって三十三歳で暗殺される直前まで、現在一四〇通ほどの書簡が残っている（もちろん実際に書いたのはこれ以上であろう）。それらが、宮地佐一郎氏の努力で全集に収録され[1]、近年は宮川禎一氏によって読み解かれている[2]。本稿は、それらの成果に学びながら、龍馬の書簡から天下・国家観の変遷をみて、最終的には龍馬の異国観・世界観を眺めることとしたい。

ペリー来航から脱藩直前まで

龍馬の異国観の出発点は、当時の一般的な青年と同じく攘夷である。剣術修行を目的とした最初の江戸遊学（嘉永六（一八五三）年三月高知発―安政元（一八五四）年六月高知着）では、ちょうどペリーの初回の渡来事件に遭遇した。龍馬らも土佐藩江戸屋敷の防備に臨時動員された。臨時動員が解除された後、嘉永六年九月二三日付の父坂本八平宛ての、自分の無事を告げるとともに金子送金への礼を書いた書簡には、

> 異国船処々に来り候へば、軍《いくさ》も近き内と奉存候。其節は異国の首を打取り、帰国可仕候

とあって、異国人の首を取って手柄を立てて故郷に凱旋したいと述べている。当時十九歳の龍馬にとって異国や異国人は成敗して手柄をたてる対象にすぎなかった。しかし、

同じ書簡のなかで、兄の手元には「アメリカ沙汰」、すなわち、アメリカに関する情報収集記録（ペリー来航の情報やアメリカに関する情報などが収録されていたと推測される）を送ったので見てもらいたいとも書いている。つまり、単純に「異国」を十把一絡げにしていたわけではなく、きちんと、ペリーを送り込んできたのはアメリカであることを認識している。龍馬が送った「アメリカ沙汰」にはより詳しい、龍馬の異国認識、アメリカ認識が読み取れる文言があると思われ、その写本の発見が望まれる。いずれにしてもこの時期、龍馬は確かに攘夷青年ではあったが、異国情報、特にアメリカ情報を収集して家族に送ることによって、異国の有り様、アメリカなるものをも学んだのである。これ以後広く世界に目を開くきっかけになったことは指摘しておきたい。単純な攘夷青年ではなかったのである。すなわち敵を知るという、情報の重要性に目覚めていたと考えられる。

その龍馬が、安政三（一八五六）年九月から同五年八月の二度目の江戸遊学を終えて帰国し、武市瑞山の土佐勤王党の活動に加わっていたころのことである。京都の三条家（土佐前藩主山内容堂の正室の実家で、かつ容堂の妹の嫁ぎ先）で働いていた幼馴染平井かほに宛てた文久元（一八六一）年九月一三日書簡には「先づ先づ御無事と存じ上候。天下の時勢切迫致し候に付」、「高マチ袴」「ブッサキ羽織」「宗十郎頭巾」「外に細き大小一腰各々一ツ、御用意あり度存上候」とある。龍馬の認識では、文久元年九月は「天下の時勢」が切迫していること、そのためにいずれ京都に行くかも知れないので袴や羽織、頭巾、大小刀を用意しておいて欲しいというわけである。

文久元年は、二月に対馬でのロシア軍艦不法占拠および島民殺害事件[3]が起き、五月には水戸浪人による高輪東禅寺イギリス公使館襲撃事件、八月には生麦事件などが起きている。すなわち攘夷活動が最も活発となった時期で、かつ前年から和宮降嫁も問題となっており、尊王攘夷運動が最も高揚していた時期だ。土佐勤王党も時流に遅れまいとこの年の八月に結成され、龍馬の手紙はその直後のものである。用意を依頼された品は馬上で使用するのに便利な品ばかりなので、龍馬としては京大路をかほの用意したこの品々で闊歩することを夢見ていたのではないかと思われる。龍馬の言う「天下の時勢切迫」は具体的に何を指すのか今ひとつ明らかではないが、この書簡だけからすると、この時期の龍馬は、単純な尊王攘夷にうなされた二十七歳の青年のようである。おそらく、土佐で暮らすうちに交友関係が狭まり、世界が狭くなって思考が単純な尊王攘夷に陥ったと思われる。

ただ、意見してくれる人もいた。時代は下る書簡だが、文久三（一八六三）年八月一日付、川原塚茂太郎宛てには、「又兼而雅兄が御論にも土佐一国にて学問致し候得バ一国だけの論いで（ず世界を——破損部分）横行すれバ又夫だけの目を開き、自ら天よりうけ得たる知を開かすハならぬと今に耳に残居候」[4]とある。すなわち、兄権平の妻の弟川原塚が以前に「土佐一国で学問するのは一国だけの学問で、広く世界を横行すればそれだけ大きな目を開かれる。自分から天から与えられた知を開かねばならぬ」といってくれたことが今も耳に残っていると書いている。

ここからすると、文久元年の龍馬は、土佐勤王党の単純な尊王攘夷思想に目が覆われて、広く世界を見る眼はまだ十分には開いていなかった。本当にそれがわかったのは文久三年になってから、すなわち文久元（一八六一）年、長州に向かい、さらに脱藩して長州や江戸に出て、そして勝海舟に出会わなければ、こうした忠告を思い出さなかったに違いない。

このころの龍馬の世界観は、土佐勤王党の仲間とほとんど変わらない、単純な攘夷的世界観ではなかったかと思われる。もしかしたら、ペリー来航のころよりもいく分後退した異国認識だったかもしれない。

勝海舟の食客となって

『海舟日記』の文久二（一八六二）年一二月九日に「此夜、有志、両三輩来訪。形勢の議論あり。」と記された、「両三輩」のうちのひとりが龍馬ということになっている。[5] 海舟を切りに来たというのは海舟自身の創作に近いというのが最近の解釈である。海舟への紹介状は松平春嶽が書いたというから、春嶽の紹介状を持ってきた人間が殺害を胸に秘めていたとも考えにくい。しかし、文久元年の龍馬は単純な尊王攘夷に凝り固まり、その後長州にも行っていわゆる激派とも接触しているので、さらに過激になっていたのかもしれない。だからといって海舟を切れば「天下の形勢」が変わると龍馬が考えていたとも思えない。そこまで単純ではない。蘭学者にして、長崎海軍伝習を体験し、さらにアメリカまで赴いて、当時としては異国を知り尽くした最高の頭脳に会って確かめたいことがあったのではないか？それは、世界がどうなっていて、日本はどうすべきなのか、そのなかで、自分はどう生きたらいいのか、それを龍馬なりに日々考え、模索していたのだと思われる。

海舟が書く「形勢の議論」とは、世界の大勢、日本の現状と行く末、若者のなすべき道ではなかったか？ 海舟は二九日にも「千葉十太郎来る。同時、坂下龍馬子来る。京師の事を聞く」と書いている。今度は龍馬が京都情報を伝えている。しかし海舟は一七日順動丸で品川を出帆、兵庫に向かっているので、二九日の記事は日付を誤っている可能性が高い。ただ、龍馬は海舟の欲しがる京都の情報を持っていた。単に海舟から教えを乞うのみならず、龍馬は海舟の必要とする情報も持ち、提供していた。海舟・龍馬の間で、情報の等価交換、ギヴアンドテイクが成立していたとみるべきであろう。

ところで、海舟の弟子のようなものになった龍馬は海舟を追って上方に向かい、兵庫で海舟の軍艦操練所開設を手伝う。その最中の文久三（一八六三）年三月二〇日付、姉坂本乙女宛て書簡を引用する。

> 今にては日本第一の人物勝憐太郎殿という人に弟子になり、日々兼而思付所をせいといたしおり申候。（中略）国のため天下のためちからおつくしおり申候。

海舟に世界・日本・自分の進むべき道を諭され、海舟の手伝い（幕府・諸藩や士民の別なき日本海軍――「天下の海軍」「一大共有の海局」の建設）をすることが、日本のため今なすべき道だと自信と希望に溢れた書簡である。龍馬のなかで、世界と日本と自分がつながった実感を率直に綴ったものだ。それを故郷の多くの人に知らせたいと龍馬は思い、追伸で「極御心安き人ニハ内々御見せ、かしこ」と付加えた。わかってもらえる人にはとにかくわかってほしいのである。さらに、文久三年五月一七日の坂本乙女宛て書簡。

> 此頃は天下無二の軍学者勝麟太郎という大先生に門人となり、ことの外かはいがられ候て、先きやくぶんのようなものになり申候。（中略）いぜんももふし候とふり軍《いくさ》でもはじまり候時ハ夫までの命。（中略）すこしエヘンがをしてひそかにおり申候。達人の見るまなこハおそろしきものとや、つれづれニもこれあり。猶エヘンエヘン、

ここにも海舟の弟子となって活動している喜びがあふれ出ている。「達人の見るまなこハおそろしきものとや、つれづれニもこれあり。猶エヘンエヘン」は、海舟が自分を見込んでくれていることへの、いささかのてらいをもって

なお自慢している部分であろう。しかし、以前の三月二〇日付けの龍馬書簡に対する乙女の返事によれば、おそらく乙女が、「極御心安き人ニハ内々」に龍馬の手紙を「御見せ」た結果が芳しくなかったとみえて、今回の追伸では「右の事ハ、まづまづあいだがらへも、すこしもいうては、見込みのちがう人あるからは、をひとりニて御聞おき、かしこ」（右のことは、親しい間柄の家族でも少し言っただけでも、見込みの違う人もいるから、この手紙の内容は乙女姉さんひとりだけで聞いておいてほしい）とあって、乙女だけが聞いておいてほしいとしている。それでも龍馬は、海舟の仕事を手伝うことがよほど嬉しく、それこそが天下のために自分のなすべきことだという信念が書簡から読み取れる。

　海舟の下で天下国家を論じるようになった龍馬は、海舟以外のすべての権威を相対化していった。文久三（一八六三）年六月一六日の、龍馬が弟のようにかわいがっていた池内蔵太の母宛て書簡。

土佐のとの様を初、江戸でも京でも唯へらへらと国家をうれへるの、すべったのとやかましくいいひろいき、当今に至りていよいよむつかしく相成てハ国本を見つくろふとか、なんとか名をつけにげて行、このごろ将軍さへ江戸へかへり候よふのつがふとなり（中略）御案内の通り朝廷といふものハ国よりも父母よろも大事にせんならんというハきまりものなり。（中略）それはそれは実当時のヘボクレ役人や、あるいハムチャクチャをやぢの我国ヒイキ我家ヒイキにて、男子とし（て）の咄にあらず。

ここには、土佐前藩主容堂をはじめとする諸侯が「唯へらへらと国家をうれへるの、すべったのとやかましく」言っているにすぎないと評される。今になって困難な状況になると国の根本を見繕うとかなんとか言って逃げていく、将軍も江戸に帰るというような状況でどうしようもない。「ヘボクレ役人や、あるいハムチャクチャをやぢの我国ヒイキ我家ヒイキにて、男子とし（て）の咄」ではないと、幕府や藩の官僚や藩主等の利己的、恣意的な天下・国家・家の運営への激烈な批判を行っている。こうした批判は、おそらく海舟塾の構成員の共通認識だっただろう。当時の幕府も藩も龍馬の目には全くどうしようもないものに映じたであろう。世界に冠たる海軍の創設に燃える龍馬には既に藩も日本も超越した感覚がそなわっていたのである。

　それは感覚だけでなく実力も伴っていた。文久三年六月二九日、坂本乙女宛て書簡に「私事も、此のせつハよほどめをいだし、一大藩に（ひとつのおおきな大名）よくよく心中を見込てたのみにせられ、今何事かでき候得バ、二三百斗ハ私し預候得バ、人数きままにつかひ申候よふ相成」と記している。要するに松平春嶽に見込まれて越前藩の二、三〇〇人の軍勢を指揮するまでになっていたことを報じているのだ。

そして「然ニ誠になげくべき事はながとの国に軍初り、（中略）あきれはてたる事ハ、其長州でたたかいたる船を江戸でしふくしたし又長州でたたかい申候。是皆姦吏の夷人と内通いたし候ものニて候」と幕府の内実、幕府が外国勢力と結託して長州を追い込もうとしている状況を報告している。すなわち、文久三年五月一〇日の攘夷決行日にただひとり下関を通過する外国船を砲撃したのは長州藩であった。そこで打撃を受けた外国船を江戸や横浜で修復し、また長州へ向かわせるなど「あきれはてたる事」だとする。江戸の幕府役人は異国人と結託していると大いに批判しているのだ。この考えはやはり海舟からの情報と考えにかなり影響されていると思われる。

その上で、「朝廷より先ヅ神州をたもつの大本をたて、夫より江戸の同志（はたもと大名其余段々）と心を合セ、右申所の姦吏を一事に軍いたし打殺、日本を今一度せんたくいたし申候事ニいたすべくとの神願にて候」として、それら「姦吏」を軍で一気に征伐して、「日本を今一度せんたく」する「神願」だと述べる。実効部隊を率いていることからくる自信が漲る。しかし、龍馬は、しっかり予防線を張る。

然ニ土佐のいもほりともなんともいわれぬ、いそふろふに生て、一人の力で天下をうごかすべきハ、是又天よりする事なり。かふ申てもけしてけしてつけあがりハせず、ますますすみかふて、どろの中のすずめがいのよふに、常につちをはなのさきゑつけ、すなをあたまへかぶりおり申候。御安心なされかし。

自分を「土佐のいもほり」「いそふろふ」と卑下してみせ、「一人の力で天下をうごかすべきハ、是又天よりする事なり」と天の命ずるところ、と天命を持ち出し、そうは言っても「けしてけしてつけあがりハ」しない、泥の中の蜆のように「常につちをはなのさきゑつけ、すなをあたまへかぶ」っている、十分注意していることを記し、乙女を安心させようとしている。ここには、天下を動かしている、それまで考えていた幕府や諸藩に取って代わり、すでに自分たちが天下を動かすことができるという自信が垣間見られる。

その源泉は何か。確たる証拠はないが、傍証はある。当時以下の三つの点が龍馬周辺では明らかになってきた。一つには徳川家も、もとは三河の小大名に過ぎないということ、二つには西洋の英雄ナポレオンが一書生からヨーロッパを併呑して皇帝になったということ、三つ目に自分たちにも海軍と資金があれば、ナポレオンのように天下の主人公になれること、そして、これらを龍馬が学んだからではないかと思われる。

第一の点は、既に文久元(一八六一)年ころ大久保忠寛(一翁)が、幕府評議の席上で老中・若年寄を前に「徳川家はもはや天下の大権を取るのは困難だから、朝廷に返上してもとの一大名に戻るのがよいのではないか」と主張したことを、春嶽は聞いていた。[6] 海舟も龍馬も大久保とは旧知の仲である。おそらくよく聞いていたのであろう。

第二の点は、佐久間象山、吉田松陰がその行動原理としたことがわかっている。[7] 海舟は佐久間象山の義兄にあたり、龍馬は、第一回目の江戸遊学で象山塾に入門してもいる。海舟の著作には、しばしばナポレオンが登場し、新政府軍の江戸総攻撃前に海舟が考案した、江戸の町民を房総に逃がした後、江戸を火の海にして新政府軍の進軍を防ぐという作戦は、ナポレオンを撃退したロシア軍のモスクワ焦土作戦からヒントを得ているもの。[8]

第三の点は、龍馬と海舟のあいだでは何度も話されたであろうことであり、神戸海軍操練所開設の資金繰りのため、龍馬は越前藩に赴いて、五〇〇〇両を貰い受けているので実感としてよく理解していたことだろう。

ところで、龍馬にこうした目をもたせたのは、もちろん海舟であるが、龍馬の中にもその気持ちがなければこうしたことにはならない。以前にも引用した、文久三年八月一九日付の川原塚茂太郎宛て書簡にある「又兼而雅兄が御論にも土佐一国にて学問致し候得バ一国だけの論いで(ず世界を——破損部分推定)横行すれバ又夫だけの目を開き、自ら天よりうけ得たる知を開かすハならぬと今に耳に残居候」と「耳に残」っていたからこそ目が開かれたのである。このころ龍馬は「其文ニも勢ニよりてハ海外ニも渡り候事もこれ可有故、猶さら生命も定兼候と」と海外に渡って見聞を広めたいと考えてもいた。[7] 当時、渡航は命がけであったから、「生命も定兼候」と書くわけだが、しかし十九歳の頃の「異国船処々に来り候へば、軍も近き内と奉存候。其節は異国の首を打取り、帰国可仕候」と単純に、誇らしげに書く龍馬の姿はすでにない。ペリー来航から一〇年の月日がたって、良師のもとで世界に目を開かれ、日本の行く末を案じ、自らの歩む道を確信した男の姿をこの書簡からは読み取ることができる。

元治元（一八六四）年六月二八日、坂本乙女宛て書簡にも「天下に事なすものハ、ねぶともよくよくはれずては、はりへうみをつけもふさず候」とあって、機が熟するのを待っていることを書いている。この手紙の前月、神戸海軍操練所開設が公布され、いよいよ「天下の海軍」「一大共有の海局」が始動することになった。それを使って「日本を今一度せんたく」する、そのことを伝えようとしたのであろう。つまり、幕府の海軍を日本の海軍とし、それを使って幕府内部の敵対勢力を殲滅し、さらに蝦夷地開発にも乗り出すという一大構想である。蝦夷地開発は、この手紙が書かれる一一日前の六月一七日付海舟日記に「京都周辺の激徒数一〇人から、二〇〇人を国家のため蝦夷地開発に動員したい。神戸から出発する。このことは将軍・老中も承知で三—四〇〇〇両の資金も有志から集めた。速やかに行うべしと（龍馬らの）意気盛んであった」と記されている。[9] 想像をたくましくすれば、蝦夷地開発の前に江戸の「姦吏」を征伐して、さらに蝦夷地にも赴くということではないだろうか。龍馬の構想はその辺にあったように思われる。したがって「此の手がみ人にハけしてけして見せられんぞよ」と念を押すのであろう。

以上をまとめれば、よく言われているように龍馬は海舟に出会って世界が大きく開けた。海舟という、いささか大風呂敷ではあるが、当代一流の知識人の背中に乗って世界を見ることが出来た。世界の強国は、日本にとって危険なものではあるが、唾棄すべき、嫌悪すべきものではない。世界には学ぶべきものがあるし、その世界に向かって海軍をつくって乗り出すことによって日本の政治も経済も一洗できる。そうした大志をもつことが出来た。狭い土佐一国の世界観から抜け出して、文字通り、広い世界観に立つことが出来た。海舟という巨人の背中にひょいと乗ることができたのだ。

海舟と別れてから

ところが、世の中は海舟や龍馬の思い通りには進まない。蝦夷地開発はおろか、海舟の失脚によって神戸海軍操練所も閉鎖され、龍馬たち脱藩浪人たちの行き場が全く失われた。海舟は龍馬らの身柄を薩摩藩の西郷隆盛に預ける。その後、龍馬は、西郷の庇護の下で、特に西日本を中心に、京都、大坂、鹿児島、肥後、大宰府、下関、京都とめまぐるしく活動する。冒頭の東久世通禧の日記はこの時期のものである。師のもとを離れざるを得なくなり、しかしかえって自己を見つめ、日本のためになんらかのことをなそうとする。そんな龍馬の姿が、京都から追われた公家の目には「偉人ナリ、奇説家ナリ」と映ったのであろう。龍馬が説いた奇説とは何か。天下と朝廷の安寧のためには、薩摩・長州の連携、そのための長州の寛典（朝廷から罪を許されること）、そのための軍、そうしたことだったと思われる。下関から京都に入りそこから兄坂本権平、姉乙女、おやべに宛てた慶応元（一八六五）年九月七日付書簡（龍馬自身による「七月七日」は本人の思い違いによる誤記）。

此頃、長ハ兵を練候事甚盛。（中略）郷々村々朝々大隊の練兵す。日本中ニハ外ニあるべからず。（中略）西洋火術は長州と申すべく、（中略）同志を引て見物甚おもしろし。

ここには、軍事調練に目を輝かす龍馬の姿が読み取れる。ほとんどの村々で大隊調練が行われていたこと、西洋流砲術の最強は長州であると報じている。ここでは、一般農民が戦闘員となることの意義を見出だしたと考えたい。国土防衛にかける長州臣民に思いを致している。まさに農民の国土防衛の意識が国家そのものであると実感したのだろう。ところが幕府はといえば、オランダの讒言によって長州を再征するという。龍馬はタイミングよく長州の桂小五郎や伊藤俊輔らによる下関でのオランダ総領事への談判に同行した。龍馬によれば、オランダ総領事ポルスブルックは、「赤面し義セし」ていささかも長州を讒言したことはないとした。龍馬はその結果を以下のように記した。

此上の事許ハ先、幕か蘭か小倉か其罪をうけずしてハすまず。

つまり、この一件は幕府か、オランダか、小倉藩にその責任があり、いずれかがその罪を負うべきで、長州には責任がないとする。龍馬は長州人にも世話になっているから、長州の肩を持つのは当然だが、長州と外国とが堂々と談判している様子を生き生きと描写している。龍馬にとってすでに外国は対等な交渉の相手であり、「義」がどちらにあるのか、そのことが大事なことであったのだ。すなわち、西欧列強は恐るるに足らず、義がいずこにあるかが重要だった。このころ西欧列強におけるわが国の外交活動についても言及した書簡がある。それは薩摩の小松帯刀や西郷隆盛から聞いた話として、慶応二（一八六六）年八月一六日の三吉慎蔵（長州藩支藩長府藩士）宛てのものである。

　幕ハ此頃英国のたすけを受候事ハ、毛頭出来不申相成候（これハ小松帯刀が見ツモリ）よし。兼而《かねて》仏蘭西の「ミニストル」ハ幕府の周旋斗致セしなれども、此頃薩より日本の情実を仏蘭西の方へ申遣し、彼仏国ニて薩生両人周旋仕候ニ付て、江戸ニ来レル仏の「ミニストル」ハ近日国に帰り候よし（是ハ西郷の咄也）此頃薩ハ兵ハ動しながら戦を未だせざるハ大ニ故あり。先ヅ難ズベカラず。幕のたをれ候ハ近ニあるべく奉存候

すなわち、薩摩藩家老小松が言うには、幕府は英国の援助は受けられない。また、西郷が言うにはフランス公使レオン・ロッシュが、幕府の親フランス派と結託して画策していたが、薩摩が日本の実情をフランスに伝達し、さらに薩摩の留学生がフランスでさまざまに工作したことで、いよいよロッシュは近日中に本国に帰ることとなったという。薩摩は、兵員を動員しつつ軍をしないのは理由がある。長州はそれを非難してはよくない。幕府が倒れるのは時間の問題だ、と。

これらは、今で言えば、すぐれて高度な政治・外交上の機密情報である。よくこれだけの情報を小松も西郷も龍馬に語ったものである。ここでは、外国勢力はもはや幕府を倒すための道具でしかない。このときの龍馬の世界観は、世界にも義が存在すること、すなわち義のあり所で分別が可能であること、倒幕のための道具として世界の強国を利用することも可能であること、こうしたところまで、その世界観は深みを増していたと考えられるのである。

しかしながら、龍馬の身辺にはある危険が迫っていた。その危険は、むしろ心の中に存在した。すなわち、慶応二年一〇月五日の薩摩藩士吉井友実宛て書簡には「吾ガ為メニ尽候所、則、国家ニ尽ス所タルヤ明カナリ。」とあって、自分のために尽くしてくれることは、国家、おそらく藩ではなく日本のために尽くすことだと言っている。吉井とは寝食をともにした仲なので、多少の冗談めかしたところもあったのだろうが、自分と日本を同一視し始めたのは危険である。こんなことを言い出すとすれば、周囲が反発し始めたのではないか。その空気を敏感に感じた龍馬は、故郷土佐に気持ちが向く。旧友溝淵広之丞宛て慶応二年一一

月の書簡に「数年間東西に奔走し、ルル故人に遇て路人の如くす。人誰か父母の国を思ハざらんや。」と述べたのは、所詮脱藩浪人は脱藩浪人という悲哀が聞こえてこなくはない。世界観は深化しても、いやだからこそ余計に故郷への思いは断ちがたく存在した。それは、数多くの土佐の親族宛て書簡が残っていることからもいえるのであるが。

薩摩藩の庇護下に

内省的記述が幾分見られるのも、慶応二（一八六六）年という、この時期の特徴であろう。自らが襲われた寺田屋事件は、龍馬にとって最大の危機であっただろうし、その後の療養生活や妻お龍との鹿児島旅行は忘れられないよき思い出となったであろう。龍馬は比較的ゆったりとした時間のなかで多くの時間を書簡の執筆に費やした。次は、慶応二年一二月四日坂本権平・一同宛て書簡。寺田屋事件の詳報を書いた後で、

坂本龍馬なるものハ決而《けして》ぬすみかたりハ致さぬ者なれど、此者がありてハ徳川家の御為にならぬと申て是非殺す様との事のよし。此故ハ幕府の敵たる長州薩州の間に往来して居との事なり。其事を聞たる薩州の小松帯刀、西郷吉之助なども皆、大笑にてかへりて私が幕府のあわて者に出逢てはからぬ幸と申あひ候。此時うれしきハ、西郷吉之助（薩州政府第一之人、当時国中に而ハ鬼神と云ハれる人なり）ハ伏見の屋敷よりの早使より大気遣にて、自ら短銃を玉込し立出んとせし

「薩州政府第一之人」で「当時国中に而ハ鬼神と云ハれる人」である西郷が自分のために幕府と戦う準備をしてくれたことが、よほどうれしかったようだ。自分はそこまで大事にされているから安心されたいということだろう。また第二次長州戦争での下関海戦において、長州藩の軍艦を率いて実戦に参加したことを次のように語る。

無拠長州の軍艦を引て戦争セしに是ハ何之心配もなく、誠ニ面白き事にてありし。一、惣而咄しと実ハ相違すれ共、軍ハ別而然り。是紙筆ニ指上ゲ候而も、実と不被成かも不知、一度やつて見たる人なれば咄しが出来る。（中略）昔咄しの宮本武蔵の試合など申時ハ、至極宜候得ども、当時の戦場にてハ悪く候。人数を指引き致す人などハ銃をも持たぬもの故に、随分きらひやが

おる。(中略)手に銃を取る丈の人ハ実ハ刀もなくて可
　宜候得ども

実戦は筆舌に尽くしがたく「一度やつて見たる人なれば咄しが出来る」として、その面白さを絶賛している。龍馬は、刀剣から大砲、軍艦など武器に異様な関心を有していたが、それらが実際に使われた戦争には相当興奮したさまが見て取れる。このころは国家観・世界観というよりも戦闘観や戦争観が書簡からは垣間見れる。

なお、西郷に関しては、慶応二年一二月四日の乙女宛て書簡では「西郷と云人ハ七年の間、島ながしニあふた人にて候。(中略)近頃鹿児島にイギリスが来て戦いがありてより国中一同、彼、西郷吉之助を恋しがり候て、とふとふ引出し今ハ政をあづかり、国の進退此人にあらざれバ一日もならぬようなりたり」と記し、西郷が薩摩で大変人気があり、政治的権力を有したことを記している。龍馬の西郷観はすこぶる良い。現代の感覚からすると怖いくらいに信頼している。

ところで、先に引用した同日の権平宛ての書簡の追伸には手紙を親戚などに見せる場合には必ず誰かに書き取らせて見せてほしいこと、義兄高松順蔵にも書き写したものを見せてほしいことを依頼している。原本は「乙女姉さんの元に御納」めてほしいこと、原本は「乙女姉さんの元に御納」めてほしいことを依頼している。龍馬の手紙は、書き写されてニューズレターとして多くの人間の目にとまったことが理解できる。また、原本は乙女のところで保管し自分が日本のために果たした役割を後世に残しておきたかったこともわかる。龍馬にとって乙女が一番の理解者であったこと、自分の行動の記録の保管者としてもっとも信頼していたことが理解される。

ところで土佐では、龍馬は恐れられていたとも言われているが[10]、龍馬のニューズレターを読んだ人間が、日本の大きな歴史の流れの中に身を置き、時には歴史をつくらんと粉骨砕身する姿に、自分たちには及びもつかない、想像を絶する姿に怖いという思いをよせた、あるいは形容したのではないか。また、海舟が「沈着いていて何となく冒しがたい、威厳があって」という部分は、比較的真実とも考えられ、こうした部分もあって、土佐では恐ろしいという表現になったのではないかとも思われる。人々の龍馬観もまた多様なのである。

龍馬最後の一年

前年に龍馬自身が「幕のたをれ候ハ近ニあるべく奉存候」との予言通り、慶応三（一八六七）年一〇月一四日には徳川慶喜[11]によって大政奉還がなされ、幕府は自壊した。そして翌月一五日、龍馬は京都河原町蛸薬師下ル近江屋で兇刃に倒れた。そこに至るまでの書簡から天下・国家観および異国観を見ていく。

慶応三年三月六日、長府藩士印藤肇宛て書簡。有名な「竹島行」きを裨益した書簡である。[12]

> 小弟ハエゾに渡らんとせし頃より、新国を開き候ハ積年の思ひ一世の思ひ出ニ候間、何卒一人でなりともやり付申べくと存居申候。其中助太夫事、別ニ小弟の志を憐ミ、且積年の思ひも在之、不届してひそかニ志を振ひ居申候。（後略）

龍馬は、大洲藩のいろは丸を借用・運用して長崎から大坂に物品を販売し、また大坂で物資を購入して下関に戻り、そこから当時の「竹島」（現在の鬱陵島）に渡海し調査をしようとしていた。そして、行く行くは入植して開拓を目指していた。と同時に蝦夷地開拓も目指していたと考えられる。竹島は対朝鮮王国との国境問題、蝦夷地は対ロシアとの国境問題としてとらえられ、龍馬の書簡から察するに、「新国」すなわち、新国家を開くとあるのは、日本を盟主とした日本圏のなかの新国家を形成したいと考えていたと思われる。そして、それを実現するのが亀山社中改め海援隊だった。つまり、龍馬は竹島と蝦夷地開拓のために船と資金と組織を必要としていたのである。

一方、天下の行方はまだ混沌としていた。同じく三月二〇日の三吉慎蔵宛て書簡では、「先日州の大本を立候との事、西郷も此度ハ必死覚ごのよし」と西郷の土佐行きとその成果を報じている。天下の大勢が大きく動こうとしているのを龍馬はひしひしと感じている。一方、自分自身のことではいささか弱気なことも吐露している。慶応三年四月、坂本乙女宛て書簡。

> 私事かの浮木の亀と申ハ何やらはなのさきにまいさがりて、日のかげお見る事ができぬげな。此頃、みよふな岩に行かなぐり上りしが、ふと四方を見渡たして思ふニ、さてさて世の中と云ものハかきがら斗である。

人間と云ものハ世の中のかきがらの中ニすんでおるものであるわい。おかしおかし。

自分を盲亀浮木に例える。故事来歴は、大海の底に住んで一〇〇年に一度だけ海面に上がってくる目の不自由な亀が、たまたま波間に漂う一本の木の穴にはまってしまうとで、出会うことが非常に難しい、めったにないめぐり合わせに使う言葉である。文面からはむしろ龍馬は木の穴にはまってしまって何も見えない亀に自分を重ね合わせているようにも思える。そして妙な岩の上に上がって四方を見渡してみると、だれもかれもが牡蠣の殻に閉じこもっているようで、みんなそうだ、おかしいことだ、と言っている。竹島や蝦夷地で新国家建設を夢見る龍馬にとって、薩摩だ、長州だ、土佐だといっていること自体が馬鹿らしくなってくる、そんな思いが文面に垣間見られる。ここには、すでに藩や日本をも超越して、新国家建設というあらたな目標を見つけてしまった男の、周囲から理解されずに戸惑う姿が読み取れる。既に獲得した国家観・異国観・世界観をもってあらたな国家建設に挑もうとしている人間の孤独をみるのである。

しかし、現実はそんな感傷を許さなかった。四月二三日夜半、亀山社中改め海援隊が借用・運用していたいろは丸が、紀州藩明光丸と備後鞆の浦沖合いで衝突・沈没してしまったのである。しかも、まだ販売していない積荷も瀬戸内海に没してしまった。交渉は長崎で行われることになった。このまま交渉に負ければ、借用船弁償費、積荷分の負債、明光丸賠償金など大変な額の借財を背負う。その交渉の最中に海援隊士菅野覚兵衛・高松太郎に宛てた四月二八日付書簡。

其後の応接書は西郷まで送りしなれば、早々御覧可被成候。(中略) 西郷に送りし応接書は早々天下の耳に入候得ば、自然一戦争致候時、他人以て我も尤と存くれ候。

明光丸との交渉記録を西郷まで送ったので、見ておいてほしい。また西郷に送ったものは、早晩多くの人々に見てもらえるので、紀州藩と戦争になっても当方に正当性があると思ってくれるだろうと言っている。戦争には大義名分が必要でそれを天下の人々に知ってもらわなくてはならぬと認識している。第二次長州戦争で長州藩が、戦争の大義名分を明らかにすることを目的に三六万部印刷して配布した「長防臣民議定書」を念頭においていたかもしれない。龍馬は、戦争は単なる殺し合いではなく政治的な交渉であることを理解していたと思われる。さらに追記で以下のように記している。

別紙ハ航海日記、応接一冊を西郷ニ送らんと記せしが、猶思ふに諸君御覧の後、早々西、小松などの本ニ御廻、付てハ、石川清の助などにも御見せ奉願候。又だきにて御一見の後、御とどめおき被成候てハ、不安候間、御らん後、西郷あたりニ早々御見せ可被下候。実ハ一戦仕りと存候間、天下の人ニよく為知て置度存候

すなわち、航海日記と応接書各一冊を西郷に送ろうと記した。しかし、なお思うに、海援隊諸君の閲覧の後に、早々西郷や小松などに廻したい。ついては、石川清之助（中岡慎太郎）などにも見せてもらいたい。又一見の後、ちゃんと送らないで、そこにとどめおきになっては、不安なので、閲覧の後、西郷あたりに早々見せるように。実は紀州藩と一戦仕りたくと考えているので、天下の人によく知らせておきたいのだ、としている。つまり、世論を味方につける戦略である。龍馬にとって戦争とは、世間、世の中、天下の人士、人心をいかに味方につけるかであって、まさに戦争は政治の延長なのであった。龍馬はそうした事に早くから気付いていたのである。

さらに五月五日付、三吉慎蔵宛て書簡。

此度の紀土の論がどふかた付申かも不被計、故に小弟が命も又不被計、されども国を開らくの道ハ、戦するものハ戦ひ、修行するものは修行し、商法ハ商法で名名かへり見ずやらねば相不成事故（中略）梶山鼎介兄是ハ去年頃よりも御出崎の御事（中略）此人の論ハ兼而通常人の形斗西洋を学ぶ所でハこれなく、ほんとふに彼が学文にいり、其上是非を論じ中度との御論、いやしくも論ぜざる所、小弟ニハおもしろく奉存候。

龍馬は、交渉の行方によっては戦争も覚悟している。しかし、新国家建設では、戦争するものは戦争をせねばならないし、学問するものは学問しなくてはならない、商業をするものは商業するべきで、めいめいその役割を果たさなければならないとする。なお、後段で述べている梶山は形ばかりの西洋学問習得ではなく本当の学問であると絶賛している。どのような学問であったのか気になるところである。

その後、龍馬には困った事態が出来した。乙女が土佐を出たいと言い出したのである。六月二四日の乙女・おやべ宛て書簡では、以下のように述べて思いとどまらせようとしている。

御病気がよくなりたれバ、おまえさんもたこくに出かけ候御つもりのよし。右ハ私が論があります。今出てこられてハ実ニ龍馬の名と云ものハ、もはや諸国の人々しらぬものもなし。そのあねがふじゆうおして出て来たと云てハ、天下の人ニたいしてもはづかしく、龍馬も此三、四年前ニハ、人もしらぬ奴なればよろしく候得ども、今ハどふもそふゆうわけニハまいらず

天下に名の知られた龍馬の姉が、その身が不自由になって出て来たとなると、三、四年前なら知らないが今となっては恥ずかしいことだと言っている。こんな風に迷惑がられたのではさすがの乙女姉さんも土佐出奔は見合わせた。同じ書簡の中で、このころ土佐でも勤王だ、国家だと娘までが暗がりで男たちと話したがるような風潮があるが大坂あたりの路上売春とかわらない、心有る人は嘆かわしいと思っていると言っている。さらにそれにくらべて、わが妻お龍には「龍馬およくいたわりてくれるが国家の為ニて、天下の国家のと云ことハいらぬこと」とよく言って聞かせたが、それをよく聞いて家を守っているとも云っている。女性は、天下、国家よりも夫のために尽くしたほうがよいという考えにたっている。乙女に宛てた手紙を読むと女性にも政治の話をしており、高杉晋作などの妻宛て書簡などとは一線を画すが[13]、しかしそれとても時代の限界があったことは指摘しておきたい。

要するに、龍馬の女性観では、女性は政治をともに語るパートナーではあった。しかし、政治・軍事をともにする、つまりともに戦うパートナーではない。政治・軍事はあくまでも男の仕事であり、女性はそれをする男を支えるものという感覚であった。それは、高杉などの感覚よりは近代的であるが、現代の感覚とはまた異なるものであることはいうまでもない。まさに時代の限界といってよいのではないだろうか。

ところで、すでに後藤象二郎を通して大政奉還を画策していた龍馬に降って沸いたような事件が発生した。イカルス号事件である。イギリス軍艦イカルス号船員二名が長崎遊郭丸山で何者かに殺害されたのである。翌朝、海援隊や土佐藩船が相次いで出航したので、海援隊に嫌疑がかかり、

何度も長崎奉行所に出頭させられた。結局犯人は検挙されないまま、海援隊への嫌疑は晴れた。しかし龍馬はおさまらず、九月一〇日、長崎奉行宛の草案を認めた。以下はその一節。

然ニ此儀ハ英人等道路雑説を聞取、疑念之筋申上候より上件ニ立至リ候得ども、何等の証跡も無之儀ニ御座候（中略）何卒此度之儀を斯迄重大之御取扱ニ相成候上は、御名を初国中人民ニ於《おい》而《て》も一同可奉感服奉存候様、御沙汰被仰付度、奉存候

龍馬は抗議する。「イギリス人は路傍の噂を聞いて、海援隊に嫌疑をかけ、それにより奉行所から呼び出されもしましたが、何の証拠もなかったのでございます。今回、このように重大な取扱をされたのであるならば、土佐藩主をはじめ国中の人民においても一同感服するような『御沙汰』を仰せつけられるようにされるのがよろしかろうと思います」というものだ。要するに謝ってほしいというものだ。結局、従来の幕府の方針よろしく、また当然の如く、さらに明治維新になってもしまい、この件はうやむやのうちに終わってしまったが、龍馬にとっては憤懣やるかたなかったものであった。すでに幕府の権威は龍馬の中では完全に失墜していたのである。結局、長崎奉行所という幕府出先機関は、不満、鬱憤をぶつける対象でしかなくなっていたのである。

そして、大政奉還の直前の一〇月九日には、兄権平への手紙のなかで「日々にごてごてと仕候得ども世の中は乱んとして中々不乱ものにて候と皆々申居候事に御座候」といろいろ手を尽くしているが、中々らちがあかないことにいらだってもいる。そして後藤象二郎への一〇月一〇日の書簡では「先ヅ将軍職云々の御論は兼《かね》而《て》も承り候。（中略）江戸の銀座を京師ニうつし候事なり。此一ケ条さへ被行候得《おこなわれそうらえ》バ、かへりて将軍職は其ままにても、名ありて実なければ恐るるにたらずと奉存候」として、とにかく徳川幕府が持っている貨幣鋳造権を朝廷が吸収すべきことを説いている。すなわち徳川幕府の権力の源泉を貨幣鋳造権とみたのは興味深い。本家が才谷屋という商売を営む郷士出身であったことがこうした発想を呼び起こしたのであろうが、国家権力の源泉たる貨幣鋳造権に言及したことは特筆すべきである。国家とは財政そのものであると龍馬は認識していた。かくして朝廷に政・刑・財の大権を返させることが重要で、翌日に大政奉還を控えた一〇月一三日の後

藤象二郎宛て書簡では「草案中ニ一切政刑を挙て朝廷ニ帰還し云々、(中略)従来上件ハ鎌府巳来武門ニ帰せる大権を解かしむる之重事なれバ」と鎌倉幕府以来武門に移行した大権を朝廷に帰せしむることを強調した。そして、迎えた大政奉還。それ以降、龍馬は急速に徳川家シンパになっていく。

慶応三(一八六七)年一一月一一日、暗殺四日まえの林謙三(薩摩藩士)宛て書簡。

今朝永井玄蕃方ニ参り色々談じ候所、天下の事ハ危共、御気の毒とも言葉に尽くし不被申候。大兄御事も今しばらく命を御大事ニ被成度、実ハ可為《なすべき》の時ハ今ニて御座候。やがて方向を定め、シュラか極楽かに御供可申奉存候。

徳川慶喜が、大政奉還した後の天下は「危共、御気の毒とも言葉に尽くし」がたいという。あなたも命を大事にしてほしい。実はなすべきときは今である。やがて方向を定めて、地獄か極楽かお供したいと思います。龍馬は徳川慶喜を盟主とする雄藩連合に傾いていた。そのことをいち早く感じた薩摩藩が動いたように思えてならない。直接の下手人は旧幕府京都見廻組かもしれないが、裏で情報を操作して見廻組を動かしたのは薩摩藩ではないだろうか。薩摩藩は、イギリスをも、フランスをも動かす大きな力を持っていた。龍馬はそのこともよく知っていたが、まさか薩摩藩が、と最後まで信じられなかったのではないだろうか。少しばかり、筆が走ったようだ。最後に、龍馬の異国観、世界観をまとめて終わりとしたい。

おわりに

年月日未詳ながら、慶応元年から二年のものとされた書簡には、

私ハ近日おふおふ軍致し、将軍家を地下ニ致候事ができず候時ハ、も外国ニ遊び候事を思い立候。二国三国ハそだんニおふじ候

とあって、これから対幕府戦争をはじめ、徳川将軍を倒すことができなかったら、もう外国に亡命して遊学する、二、三国はその援助をしてくれるだろうと述べている。ここには、既にかつての攘夷に燃えた十九歳の龍馬はいない。冷静に天下・国家を考え、自ら行動し、事がならない時

は、外国亡命してまた再起をするという、ねばりの精神が読み取れる。外国はもはや攘夷の対象ではなく、自らを助け、再起をかける希望の橋頭堡だ。龍馬にとっての異国観(対外観)・世界観は、かく変化した。

もう少し細かく述べよう。十九歳の時、初度の江戸遊学では異国及び異国人はひたすら成敗すべき対象であった。土佐勤王党の活動でもそれは変化せず、むしろ強化された観がある。しかし海舟と出会って、世界の大勢を知り、日本海軍を創設して、世界に乗り出し、政治を一洗しようとした。世界と対峙するために「竹島」や蝦夷地開拓を構想するようにもなった。海舟と別れてから、龍馬の活動範囲はもっと拡大した。それは異国も幕府も藩も相対化し、利用すべきもの、学ぶべきものになっていったのである。龍馬の世界観は、このように龍馬の歩みとともに拡大・深化していったといえるのである。

それは、龍馬が、土佐で、江戸で、薩摩で、長州で、京都で、長崎で、歩いた沿道の各地で、さまざまな人と出会い、語り、話を聞き、また語り合った結果であろう。そしてそれは、龍馬が、幕府関係者や一橋、会津など、だれとでも忌憚なく、腹の底から話のできるキャラクターであったからであろう(ただしそれは単純に裏表のない豪快な人物ではなく、人の気持ちを理解し、よく気が利くキャラクターと考えたほうがよいように思われる)。

さらにそれは、相手が思わず本音や秘密までも漏らしてしまうことでもあった。龍馬はその本音や秘密をまた何かに使おうなどとは考えなかったと思う。しかし、後になって、漏らした相手は、心配になる。「あそこまで、ついしゃべってしまったが、坂本は大丈夫だろうか?」と。龍馬暗殺に真犯人が出ても、薩摩謀略説になお惹かれるのは、龍馬本人には恨みがなくても、龍馬がもっている(と薩摩が考えた)薩摩の機密情報を外部に漏らされたくないという事情があったからである。薩摩は多くの秘密を龍馬に見られており、また、自ら話してしまったのではないかと思うのだ。

また、薩摩以外にも、あらゆる情報を持って、知っている龍馬がそのまま存在したら、薩摩の出る幕はなくなるかもしれない。薩摩も長州も越前や幕府さえも龍馬を利用しながら、重宝していたが、いざとなるとそれを切り捨てる、切り捨てたのだ。幕末というか、政治の怖さを龍馬暗殺は教えてくれる。志をもって、現実感をもって、世と切り結ぶことほど大切なことはないが、時には用心深さも備えていたほうがいい。

最後に龍馬が見たのは、鞘からすこし抜いた銘「吉行」

の刀身に映った自分の、かちわられた頭部だったとも言われている。「ああこれでおれは確実に死ぬ。」無念であっただろう。残念であっただろう。しかし、諦めというか、「まあここまで、やるだけのことはやった、後は頼む」と、目の前にはいない多くの仲間たちに語りかけて逝ったと思いたい。海舟らによって、世界に大きく目を開かれ、世界にはばたこうとした龍馬の最後は「残念」ではあったが、その精神は、さまざまな形で現代までも、また未来にも受け継がれているようにも思う。そうしたものすごい精神の固まりのような男、坂本龍馬という精神を日本人が持ちえたこと、そのことを多として本稿を終わりたい。

なお、龍馬最後の日、その傍らの遺品には鏡もあった。その鏡の中に龍馬は何を見ていたのだろうか。その鏡は何を映し出していたのだろうか。

付記

本稿脱稿後、町田明広「坂本龍馬の対外認識」『坂本龍馬伝』新人物往来社、二〇〇九年に接した。江戸幕府の東アジア認識や海舟の東アジア政略、海援隊の東アジア経営戦略、龍馬の攘夷・開国・国境など扱っている。あわせて参照されたい。

注

（1）平尾道雄監修、宮地佐一郎編集・解説『坂本龍馬全集』（増補四訂版）光風社出版、一九八八年。以下引用する龍馬書簡は同書による。また、解説部分も大いに参考にさせていただいた。
（2）宮川禎一『龍馬を読む愉しさ』臨川書店、二〇〇三年。
（3）岩下哲典『江戸の海外情報ネットワーク』吉川弘文館、二〇〇六年。
（4）宮川『龍馬を読む愉しさ』二四—二五頁。
（5）菊池明・山村竜也編『坂本龍馬日記（上）』新人物往来社、一九九六年、七五—七七頁。
（6）松平春嶽全集刊行会編『春嶽全集』原書房。
（7）岩下哲典『江戸のナポレオン伝説』中公新書、一九九九年。
（8）江藤淳他編集『勝海舟全集 一』講談社、三二一—三二三頁。
（9）濱口裕介「師とともに目指したアジア諸国共有海軍への夢」『維新創世 坂本龍馬』学研、二〇〇六年。
（10）黒鉄ヒロシ『坂本龍馬』PHP文庫、二〇〇一年。
（11）徳川慶喜に関しては、岩下哲典編著『徳川慶喜——その人と時代』岩田書院、一九九九年参照。
（12）小美濃清明『坂本龍馬と竹島』新人物往来社、二〇〇九年。
（13）一坂太郎「一三〇余通の手紙を確認 自由奔放で躍動的な『龍馬流』」『維新創世 坂本龍馬』学習研究社、二〇〇六年。

参考文献（注に掲載以外のもの）

平尾道雄『山内容堂』吉川弘文館、一九六一年。

池田敬正『坂本龍馬』中公新書、一九六八年。

石井孝『勝海舟』吉川弘文館、一九七四年。

黒鉄ヒロシ『龍馬を斬る』小池書院、二〇〇八年。

松浦玲『坂本龍馬』岩波新書、二〇〇八年。

新人物往来社編『坂本龍馬幕末歴史検定公式テキストブック』新人物往来社、二〇〇八年。

坂本龍馬と異国

〔『新製輿地全図』から竹島開拓構想まで〕

小美濃清明
Omino Kiyoharu

はじめに

坂本龍馬は思想家であろうか。しかし、まとまった著作はない。唯一の著作とされる『藩論』(1)も龍馬の執筆とするには問題が多い。

龍馬は行動家として思想家の啓蒙を受けて行動し、「船中八策」「新官制擬定書」「新政府綱領八策」などを作成して、幕末維新の日本に大きな影響を与えたことは事実である。しかし、思想家とならずに、大政奉還を実現させ、一カ月後に暗殺されている。

本稿では坂本龍馬三三年の生涯の中で、異国についての認識がどのように変化していったか、具体的事例を中心に五節に分けて考察していくことにする。龍馬関係の引用文献は宮地佐一郎編集・解説『坂本龍馬全集』(光風社出版)四訂版を使用した。

少年時代に抱いた憧れ

坂本龍馬は天保六(一八三五)年、土佐国高知城下の上町《かみまち》に生まれた。父坂本八平《さかもとはちへい》は郷士御用人であった。

土佐藩士の身分階級は上士が三五階級に、下士が一〇階級に序列化されていた。この上士と下士の中間に「白札《しらふだ》」という階級があり、準上士という格式であった。下士の最上位は郷士御用人であり、坂本家は下士の最上位に位置する。武市半平太は白札で準上士である。

上町は高知城を囲む郭中《かちゅう》の外にあり、下級武士、陪臣、武家奉公人、職人、商人、医者などが混然一体となって住む町だった。坂本家の表門は本丁《ほんちょうどお》通りに面しており、大商人が軒を連ねていた。裏門は水通町《すいどうちょう》に面し、多業種の職人が狭い店舗を並べていた。龍馬がこの町に生まれ育ったことが、彼のその後の人生に大きな影響を与えることになる。

豪商といわれる坂本家の本家・才谷屋《さいだにや》は高知経済界の一角を担っていた。

坂本家裏門が開く水通町には刀鍛冶や鉄砲鍛冶の鍛錬場やそれに関連する職人が多く住んでいる。技術者たちの町工場が並ぶ通りだった。〝商業経済〟と〝手工業技術〟の世界が郷士坂本家を取り囲むようにして、その実体を少年龍馬に見せていた。

龍馬は人を見下げる視線を持っていない。この上町に生まれ育ったので、職人、商人たちと同じ目線でものを見て話をしている。平等思考を子供の頃から身に付けたのである。

また龍馬はどんな高位高官に会っても、気後れせずに話をしている。「位負け」しないのである。これは生まれながらに持っている資質である。平等思考と気後れしない性格が階級を超えて活躍できた礎となっている。

土佐史談会の機関誌『土佐史談』(第六八号、昭和十四年九月刊)に松村巌《いわお》の「坂本龍馬」が掲載されている。

坂本龍馬は本丁一丁目南側に生れて、相良屋《さがらや》と相隣《そうりん》して居た。異相《いそう》ありて、満身に黒子九十二ありと称し、其乳母これを隠くし兼《かね》て居た。相良屋は耳垂《たぶ》の大なるを以て、坂本の黒子とならび称せられ、町中の一話柄《わへい》となれり。

坂本は郷士にて、御用人格なり。長男を権平と云い、初《はじめ》の名は佐吉、坂本は次男にて、その弟なり。少時常《しょうじつね》に唐《とう》へ行きたいと申居れり、言ふ意は洋行したきなり。

相良屋は村越元三郎といふて、明治中、菜園場《さえんば》に陶器店を営《いとなん》で居り、余のために語る所なり。

龍馬が少年時代から「洋行したい」と言っていたのを、隣りの相良屋(2)・村越元三郎は聞いていたのである。

松村巌は文久二(一八六二)年、土佐郡小高坂(高知市)に生まれた郷士史家であり、梅梁という筆名で『海南文学集伝』『維新人物考』『土佐先賢叢書』などの著作がある。文久二年は坂本龍馬脱藩の年であり、松村は龍馬と同時代の史家ということになる。

南からの黒潮が直接流れ来る土佐国へは、古来、異国からの漂着船が多い。慶長元（一五九六）年、スペインのサン・フェリーペ号が浦戸湾に漂着して以来、幕末まで一五回、土佐国へ異国船が漂着している。そうした地理的条件が、土佐の人々の異国への思いを強くしていたと思われる。

山田一郎氏は『坂本龍馬――隠された肖像』（新潮社）の中で次のように書いている。

　川島猪三郎は西洋事情に明るく、村の人たちは「ヨーロッパ」と呼んでいたと『村のことども』には書いてある。川島家には猪三郎が持っていた弘化元年製作の万国地図が大事に保存されている。龍馬はこの地図を猪三郎から見せられたはずである。龍馬は、青年期に大きな影響を受けた河田小龍に会う前にすでに世界地図を見ていたのである。

龍馬の継母伊与《いよ》は北代家から川島家へ嫁ぎ、その夫・川島貞次良が死去すると、川島家から坂本八平へ嫁いでいる。種崎の川島家は下田屋という藩の御船倉御用商人で、鉄材、木材などを扱う廻漕業を営んでいた。その当主が猪三郎である。龍馬と姉乙女は舟を漕いでよく川島家を訪れていたという。

龍馬が少年時代に見ていたという「万国地図」は箕作省吾《みつくりしょうご》が弘化元（一八四四）年に刊行した『新製輿地全図』である。この地図は、「青　亜細亜《アジア》洲。赤　歐邏巴《ヨーロッパ》洲。黄　亜弗利加《アフリカ》洲。老虎黄《カバイロ》　豪斯多辣里《アウズタラリ》洲。赤　南亜墨利加《アメリカ》洲。黄　北亜墨利加《アメリカ》洲」と境界線を彩色してある。

また五大洲の中を独立している国、独立していない国に分け、独立していない国はどの国に付属しているのかを記号を付けて分かりやすくしている。例えば「㋕　漢土《カラ》　㋣　都兒格　(井)　意太里亜《井タリヤ》　㋑　伊斯把泥亜《イスパニャ》　㋫　佛蘭《フラン》西《ス》　(ポ)　波爾杜瓦爾《ポルトガル》　㋾　和蘭《ヲランダ》　㋓　暎咭唎《エケレス》　㋢　弟那瑪《デーナマ》爾加《ルカ》　(ド)　獨逸《ドイツ》　㋜　蘓亦齋亜《スウェシヤ》　㋺　魯西亜《ロシア》」と丸の中に国名の頭文字一字をカタカナで入れ、記号としている。

この地図の製作者・箕作省吾は仙台藩水沢領の佐々木佐衛治の次男として生まれた。青年期に江戸へ出て、津山藩主・松平三河守上屋敷に住む箕作《みつくり》阮甫《げんぼ》を訪ねて蘭学の門下生となった。後に阮甫の三女の婿となり、箕作省吾となっている。この地図は好評を博し大量に印刷され、偽物まで出たという。川島家も発行された弘化元年から、あまり時を経ていない時期に購入しているのではないだろうか。

龍馬の実母幸は弘化三（一八四六）年六月に死去している。継母伊与が坂本八平に嫁いだのは、弘化三年末か翌四年と推定されているので、その後龍馬はこの『新製輿地全図』を見ていたことになる。龍馬が見た『新製輿地全図』は現在、高知の川島家に保管されている。

弘化四年、龍馬は十三歳である。翌嘉永元（一八四八）年、十四歳、この頃築屋敷の日根弁治に入門し、剣術修行が始まっている。この頃から龍馬は活発な少年になったと言われている。実母の死を乗り越えた少年龍馬は剣術修行と『新製輿地全図』で、明るい未来と異国へ行くという夢を持つことになったと思われる。

『新製輿地全図』は弘化元（一八四四）年に刊行され、続いて『坤輿図識《こんよずしき》』五巻三冊が弘化二（一八四五）年、『坤輿図識補』四巻四冊が箕作省吾により刊行されている。省吾は『坤輿図識補』の執筆中に喀血し、弘化三年一二月一三日に死去している。この『坤輿図識』『坤輿図識補』は後に坂本龍馬が高知で入門する徳弘孝蔵塾の所蔵本(3)の中にあったことが確認される。

異国の海軍に遭遇

坂本龍馬は嘉永六（一八五三）年三月一七日、剣術修行を目的として江戸へ向かって高知を出発した。江戸到着は四月初旬と思われる。

同年六月三日、アメリカ合衆国のペリー提督率いる東インド艦隊が浦賀に来航した。龍馬は黒船来航の混乱の中、土佐藩鮫洲抱屋敷《かかえやしき》、品川下屋敷付近の警備陣に臨時御用として加えられた。

六月五日、幕府は土佐藩へ次のような「達《たっし》」を送付している。

> この度、浦賀表へ異国船渡来につき、万万一、中洲へ乗入れて来るかもしれない。もしそのような場合は、芝辺りから品川へかけて屋敷を所有している一万石以上の大名は、それぞれ自分の屋敷を警備するよう申し付ける。

幕府・大目付からの「達」によって土佐藩は六月七日に、品川下屋敷へ兵器、人員を送り込んでいる。

箕作省吾作「新製輿地全図」
（筑波大学附属図書館蔵）

凡例

原本係我天保六年（西洋紀元一千八百三十五年）佛蘭西人所鏤刻。但其圖製異様、字畫細小、不便摸勒。因考舊圖、別製兩球略圖、又新畫經緯度線。其間可疑者、質之同社諸老輩、以訂之。

圓球周圍三百六十度。一度二十八里餘。今每十度畫經緯度線。其長短（南北經度）雖有一二少差、於其實則無殊。若其廣狹（東西緯度）則各處不同。

近世西書度數所起、有一二不同。今依舊例、以亞弗利加洲鐵島為初度。

圓球分為五帶。曰熱帶、曰兩中帶、曰兩寒帶。其距赤道南北各二十三度半、為熱帶。其國大約晝夜平等、無有長短。氣候炎熱、終歳八時候。距兩至規線（一名回歸線）南北至六十六度半、為兩中帶。晝夜有差。至春秋二分時、方纔平等。氣候寒暑適宜、可人畜。終歳四時候。自兩極圈至南北極下九十度、是為兩寒帶。太陽之光線稀及、日數亦漸減。氣候酷寒、晝夜長短。兩極下則終歳一晝夜。而人不能至焉。

南北同帶之地、雖各殊域、氣候則同。但有彼夏此冬之異。東西同帶之地、則氣候固同。而有晷刻早晩、彼晝此夜之差耳。

五大洲境界、以彩分之。

青　亞細亞洲　赤　歐邏巴洲　黄　亞《ア》弗《フ》利《リ》加《カ》洲　老虎黄　豪斯多辣里洲

赤　南亞墨利加洲　黄　北亞墨利加洲

各國分界、有分明者、有不分明者。其分明者、黒線外更加色線。其不分明者、姑仍原圖色線。

五大洲中、各國有獨立者、有不獨立者。其不獨立者、以國字符表其所附屬。若其他則宜參考圖識各國條下。

㋕漢土　㋣都兒格　㋑意《イ》太《タ》里《リ》亞《ヤ》　㋑伊斯把泥亞　㋫佛《フ》蘭《ラ》西《ス》

㋭波爾杜瓦爾　㋻和蘭　㋓暎咭唎　㋢弟那瑪爾加　㋣獨逸

㋜蘓亦齊亞　㋺魯西亞

・都府或有名城郭　＼國界或封界　〳大川　●大沙漠其在洋中者砂洲或暗沙　夾海峽　／大山脈

皇弘化元年甲辰季冬　美作　夢霞山人箕作省吾謹識

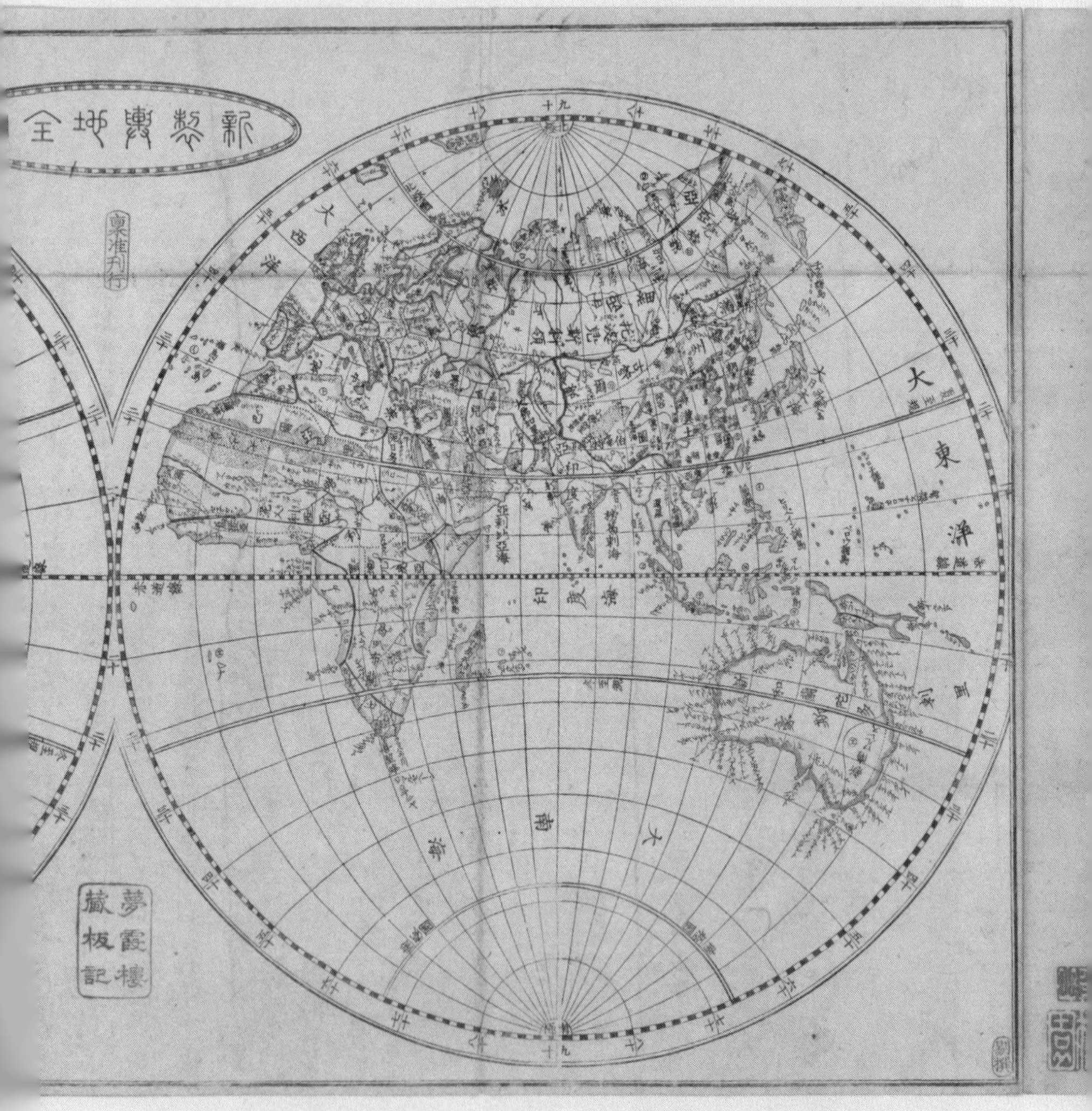
新製輿地全
大西洋
大東洋
夢霞樓藏板記

北太平海
南太平海
南海
北亜墨利加
南亜墨利加
竹口貞齋
杉田梧齋 同鐫

長柄槍　二〇本
二〇〇目玉大筒　一挺
一〇〇目玉大筒　一挺
三匁から一〇匁玉筒　五〇挺
足軽小頭　五人
足軽　五〇人
小人　四〇人

と記録がある。

六月一〇日、一艘の黒船が江戸湾の測量を目的として羽田村から一二丁（約一三〇〇メートル）の所まで進入した。時間は午後四時。『ペリー艦隊日本遠征記』（栄光教育研究所）には次のように記述されている。

その日の午後のうちに、提督は提督旗をサスケハナ号からミシシッピ号に移した。それから江戸に向かってさらに約一〇海里進み、浦賀の停泊地から二〇海里ほど離れていると推測される地点に到達した。江戸の港か船積み場が首都の南側にはっきりと見えたが、首都そのものは見えなかった。日本の首都は中国と同じように家屋が低いので、突き出た岬の背後にすっぽり隠れており、湾は岬の向こうで東に向かっていて、低い沖積地の海岸が湾を取り巻いていた。見えた町はおそらく江戸の郊外の品川であろう。湾の西側には神奈川と川崎という人口の集中した二つの町が見えた。

ミシシッピ号が到達した最終地点からほぼ四海里彼方に、土地が海に突き出して岬になっており、灯台のような白い塔がくっきりと見えた。この塔は江戸の船積み場あるいは港と思われる場所が見えるところから、さらに三、四海里ほど向こうにあった。こうして提督は乗艦を江戸から一〇海里以内まで進めたものと推定した。

ペリー提督が到達した羽田村沖から、土佐藩鮫洲抱屋敷までは約一・五キロメートルであり、肉眼で十分に黒船を確認することができる距離である。

龍馬が嘉永六年九月二三日、父坂本八平へ宛てた手紙(4)には次のように書かれている。

兄（坂本権平）のところへアメリカ黒船騒動報告書を送りましたので、それをご覧下さい。先は急用のことでしたので、乱文乱筆ですから、その状況を推察して読んで下さい。異国船警備陣からは解除されましたが、来春は黒船再来航の時は再びその陣に加えられると思います。

恐惶謹言

九月二三日　龍

父上様

追伸

お手紙ありがとうございました。現金をお送りいただき、何よりの品です。異国船が処々（江戸・長崎）へ来航していますので、異国との戦争も近いでしょう。その際は異国人の首を討取って帰国いたします。

龍馬は生まれて初めて異国の海軍に遭遇し、青年らしい感情の高まりを手紙に書き込んでいた。また、アメリカのペリー艦隊来航につづき、長崎へロシアのプチャーチンが来航した情報に接して、近いうちに戦争となるだろうと危機感を募らせている。

龍馬は嘉永七年一月のペリー再来航の際も江戸に滞在していて、土佐藩の警備陣の中に加えられている。

一月二五日（洋暦二月二二日）、この日はアメリカ合衆国初代大統領ジョージ・ワシントンの誕生日であり、ペリー艦隊は江戸湾で一二六発の祝砲（空砲）を発射した。この轟音は江戸中に響き渡ったと記録されている。

龍馬はこの時、土佐藩鮫洲抱屋敷内に急造された浜川砲台にいる。八門の大砲を設置したこの砲台はペリー艦隊の再来航が予想を超えて早かったために、工事が進んでおらず、突貫工事で築造した仮建造のものだった。

一月二七日、ペリー艦隊は江戸の街が見えるところまで大接近した。「提督は脅迫を実行する決心をし、マストの先端から江戸が見える地点（Spot）まで実際に艦隊を移動したのである。提督は首都に大接近したので、夜通し町で打ち鳴らされる鐘の音（The striking of the ciry bells during the night）がはっきり聞こえるほどだった。」と『ペリー艦隊日本遠征記』に記述されている。

江戸が見える地点（Spot）とはどこであろうか。ペリーは第一回目で羽田村沖一二丁まで進入しており、そこよりさらに江戸城へ艦隊を接近させたのである。ペリーは品川が江戸府外であることを知っており、品川よりも江戸に近い、三田、芝あたりを品川沖から見ていたと推測される。万延元（一八六〇）年一月、最初に太平洋横断を成功させた咸臨丸は品川沖から出航しているので、大型軍艦が進入できる水深は十分にある。

龍馬が配属された土佐藩鮫洲抱屋敷内の浜川砲台は、現在の京浜急行・立会川駅付近である。ペリー艦隊が品川沖まで進入したとすれば、龍馬の目前を通過して、さらに江戸城へ近づいたことになる。龍馬はアメリカという異国の海軍に遭遇する体験をして、少年時代から持っていた異国への憧れは、異国からの侵略という危機感に変質していた。

西洋砲術を学ぶ

坂本龍馬は嘉永六（一八五三）年一二月一日、佐久間象山塾に入門した。象山塾門人帳『及門録《きゅうもんろく》』(5)にその日、大庭毅平、谷村才八、坂本龍馬、三名の土佐藩士の名前がある。

その一カ月前、土佐藩は幕府に砲台建設の「願《ねがい》」を提出している。

来春、アメリカ艦隊が再来すれば、必ず戦争になると思われます。

しかるに、吾が藩は鮫洲抱屋敷がありますので、そこに砲台を相構えて、もし賊船が品川辺りへ乗り入れてきたならば、小勢で、大砲は優れていませんが、粉骨をつくし戦います。砲台の件は追って図面を提出致します。

そして、土佐藩は大砲を自由に操作できる若者の養成に着手している。選抜した若者を高知から江戸へ送り込み、象山塾で訓練を受けさせている。その中に江戸に滞在していた坂本龍馬が加えられたのである。

土佐藩築地《つきじ》下屋敷から近い木挽町に象山塾はあった。龍馬が象山塾で学んだ時、塾頭は長岡藩の小林虎三郎が務めていた。虎三郎はオランダ語も学んでおり、象山の代行として新入生の教育にあたっていた。龍馬は虎三郎から大砲操作の基本を習ったと思われる。ただ、短期間であったので、どの程度の教育を受けたかは不明である。

この象山塾に学んだ多くの人物の中に、勝海舟と吉田松陰がいる。二人は後に大きな影響を龍馬に与えることになる。嘉永七（一八五四）年三月二七日、吉田松陰は下田でペリー艦隊に密航を求めて拒絶され、翌日、捕えられている。四月六日、松陰を教唆扇動したとして佐久間象山も投獄された。龍馬からすれば兄弟子・松陰の密航計画で師・佐久間象山に学ぶことができなくなったことになる。

龍馬は嘉永七年六月二三日、土佐へ帰国した。そして、高知で再び砲術を学んでいる。西洋砲術家・徳弘孝蔵に入門しており、その訓練記録「浜稽古径倹覚」(6)が残っている。

安政二（一八五五）年一一月六、七日、二日間にわたる徳弘塾の西洋砲術操練が高知・仁井田浜で行われた。

　使用された大砲は

　　一五〇目野戦筒　一二斤《ポンド》軽砲　二四斤長カノン砲

　の三門で徳弘門人、二九名が参加している。

深尾包五郎（家老山内昇之助嫡男）、桐間廉衛（家老桐間蔵人次男）、桐間安之助（家老桐間蔵人四男）、深尾丹波（家老）、山内下総（家老）、山内左織（家老）、山内昇之助（家老）、桐間蔵人（家老）、桐間将監（家老桐間蔵人嫡男）など深尾、桐間、山内三家老の一門家臣団が大砲操練を行っている。この中に坂本権平、坂本良《(ママ)》馬の名があり、龍馬は一二斤軽砲を打っている。

　徳弘孝蔵は天保十二（一八四一）年一二月に江戸で下曽根金三郎信敦に入門し、高島流の西洋砲術を学んでいる。天保十三年六月に免許皆伝となった。

　また、西洋砲術に必要な火薬製造法も学んでおり、孝蔵は下曽根から洋式鉄砲用火薬の調合や製法に関する免許を取得していた。孝蔵は土佐へ帰国後、土佐藩の西洋砲術師範として、土佐藩士に西洋砲術、西洋兵学を中心とした西洋軍事科学を教えており、短期間だが象山塾で学んだ龍馬は、帰国後、自ら徳弘孝蔵塾に入門したと考えられる。

　徳弘家に所蔵されていた書籍は現在、高知市民図書館に収蔵されており、教育水準の高さを窺うことができる。ただ、徳弘家が昭和五十五年一二月、火災に遭い多くの史料が焼失してしまったため、現在はその一部が保管されているのみである。

　孝蔵自筆の「書籍及図類等目録」によれば砲術、火薬、軍事関係以外に次のようなものがあった。

「輿地誌略」（青地林宗訳）
「東韃紀行」（間宮林蔵著）
「遭厄日本紀事」（杉田立卿・青地林宗共訳）
「ナホレヲン伝」（小関三英訳）
「阿片始末」
「野作雑記」（馬場佐十郎訳）
「阿芙蓉彙聞」（塩谷宕陰編著）
「西洋小史」（長山樗園著）
「西洋記聞」（新井白石著）

　こうした書籍が徳弘孝蔵塾に収集されていた事実は注目に値する。土佐国高知という江戸から遠く離れた場所においても、情報の収集は何ら遜色なく行われていたと推定できるのである。

徳弘孝蔵には二男三女の子供がいた。嫡男・数之助は天保三（一八三二）年生まれで、龍馬より三歳年上である。数之助は西洋砲術の教育を受けることになる。天保十三年、数之助十歳から砲術修行が始まった。嘉永三（一八五〇）年、数之助十九歳の時、藩主山内豊信《とよしげ》（容堂）の参勤交代に随行して初めて江戸へ出た。この時、父の師・下曽根金三郎に入門した。安政二（一八五五）年四月、数之助二十四歳で再び出府し、佐久間象山の商弟・蟻川賢之助の門を叩いている。安政五（一八五八）年八月、数之助は「大坂御警衛御用」を命ぜられて九月四日、江戸から大坂へと旅立った。大坂に着任してすぐに藩の許可をもらい緒方洪庵の適塾に入門しオランダ語の修得につとめている。

この数之助に坂本龍馬がオランダ語を習ったという口伝が高知にある。安政六（一八五九）年六月、数之助は大坂から一旦、土佐国へ帰国する。次に数之助が出国し江戸へ向かうのは文久二（一八六二）年六月である。約三年間は高知で西洋砲術指南の父を補佐している。坂本龍馬脱藩は文久二年三月である。数之助帰国の安政六年六月から、龍馬脱藩の文久二年三月までの三五カ月（安政七年は閏年で一三ヵ月ある）、両者は高知に在住している。

龍馬は徳弘孝蔵の門下生として砲術修行をしているので、数之助と龍馬が接触する可能性は十分にある。龍馬が数之助にオランダ語を習ったという口伝は、信憑性が高いように思われる。ただ、オランダ語の文法といった専門的な語学学習ではなく、砲術に関係するオランダ語の意味といった初級学習であったろうと推測される。龍馬は西洋軍事科学を習得する機会を得て、洋学への目を開かれたのである。

勝海舟と高杉晋作による海外事情

文久二（一八六二）年三月、坂本龍馬は土佐藩を脱藩し、この年の暮までに勝海舟の門下生となっている。海舟は安政七（一八六〇）年一月一三日、アメリカに向け幕府軍艦・咸臨丸で出航し、二月二六日、三七日間の航海の末、サンフランシスコ港に投錨した。翌二七日、市長が一二人の区長を伴って咸臨丸を表敬訪問し、市をあげての歓迎レセプションがホテルで開催されている。サンフランシスコ市は友好国から初めて訪れた日本人を温かく迎えてくれたのである。

それから五〇日間、海舟は時間の許す限り、米国社会を見て歩いた。その見聞は『海軍歴史』に詳細に記述されている。サンフランシスコの地勢から始まり、砲台、市街の様子、便船、病院、造幣局、印刷所、劇場、造船所、ドック、サクラメントの金山、ガス灯、消火栓などが記録されている。

当時、サンフランシスコは人口六万二千人という小都市であった。一八四八年に始まったゴールドラッシュで急速に拡大した町である。大陸横断鉄道も東から線路の敷設が進んでおり、太平洋岸の貿易港として発展しつづける町だった。

こうしたアメリカについての情報は海舟自身から坂本龍馬に折にふれ、語られていたと思われる。龍馬はアメリカ合衆国という異国を海舟からの情報で理解していた。しかし、龍馬はその前に、アメリカから帰国したジョン万次郎を高知で取調べた河田小龍からもアメリカ情報を聴いている。

この二つの情報を比較すると、海舟の情報は渡米の体験者からの直接情報である。また海舟と龍馬という師弟関係を考えると、長時間にわたって伝達された膨大な情報量となる。それに比較し、河田小龍からの情報はジョン万次郎からの間接情報であり、龍馬は二度河田小龍を訪れただけである。したがって海舟の情報は河田小龍の情報より、具体的、詳細、多量であったと思われる。

海舟は明治期になって東アジア構想について語っている。この構想は龍馬のこの後の活動を考えていく上で重要なものである。海舟は『氷川清話』の中で次のように語っている。

兵庫海軍練習所の事は、これまで世間に秘して居たけれど、今になっては、もはや公にしてもよかろうから、君に見せようとて、『海舟秘録』を示さる。中に曰《いわ》く。「文久の初、攘夷の論甚《はなは》だ盛にして、摂海守備の説、亦《また》囂々たり。予《よ》建議して曰く、宜しく其規模を大にし、海軍を拡張し、営所を兵庫・対馬に設け、其一を朝鮮に置き、終に支那に及ぼし、三国合縦連衡して西洋諸国に抗すべしと。」

日本、朝鮮、清国との連合を視野に入れた構想を基にして神戸海軍操練所は設立されていたのである。

この連合機構構想は海舟から龍馬へと伝えられており、次節でとりあげる竹島開拓へと展開していくのである。

もう一人、坂本龍馬に海外情報を伝えた人物がいる。長州の高杉晋作である。晋作は清国上海《シャンハイ》へ渡航していた。

幕府は、安政条約で約束した一八六二年一月一日（文久元年一二月二日）の江戸開市と、一八六三年一月一日（文久二年一一月一二日）の大坂開市、兵庫開港の延期を諸外国と交渉するため、ヨーロッパへ使節の派遣を検討していた。その中で幕府は幕使従者の名目で諸藩が推挙した藩士の随行を許した。

その情報を得た周布政之助は、藩主毛利慶親の賛意を得て、藩主小姓の杉徳輔、世子小姓高杉晋作を随員として送り込もうとした。しかし幕府は萩藩からの随員を一名だけとしたので、杉徳輔が選ばれた。一一月一日、勘定奉行兼外国奉行・竹内保徳以下三六名の遣欧使節団が決まった。

萩藩は、高杉晋作のために別の機会を待った。老中と外国掛の役人が上海の状況を視察し、同時に出張貿易を兼ねる渡航を計画していた。これを萩藩江戸留守居役・小幡《おばたたか》高政《まさ》が知って、使節の一人小人目付の塩沢彦次郎に工作して、高杉晋作を随員に加えることに成功した。

晋作が上海行きの暇《いとま》を世子からもらったのは文久元年一二月二三日である。すでに陸路江戸を出発していた幕使を追うように、晋作は文久二（一八六二）年正月三日、江戸桜田の藩を出発した。

しかし、長崎奉行・高橋美作守は現在、上海近傍は長髪賊と清国軍が戦っているので、このような時に渡海して不都合が生じてはまずいと判断し、出航は遅れることになる。

渡海に使用する船が決定したのは三月に入ってからであった。幕府は長崎で西洋帆船・アーミスティス号を三万四千ドルで購入し「千歳丸《せんざいまる》」と命名した。

四月二九日、千歳丸は午後五時、長崎港を出航した。一週間の航海のあと、五月六日午前九時半、上海フランス租界にあるオランダ領事館近くの黄浦江岸に投錨した。これから約二カ月間、高杉晋作は上海に滞在している。この旅の記録が『遊清五録』『航海日録』『上海掩留録』『外情探索録』『内情探索録』『崎陽雑録』に詳細に記述されている。

インドを支配したイギリスの東インド会社は、その経営に必要な銀を得るために、大量のインド産阿片を清国に輸出した。阿片は急速に広がり、多くの人々が阿片中毒者となり、銀は国外へ大量に流出した。清国政府は欽差大臣・林則徐を広東へ送って、イギリス商社所有の阿片二万箱を没収して、焼却する強行手段をとった。それがヨーロッパ勢による中国大陸侵略の端緒となった。

一八四一（天保一二）年から翌年にかけて、強大な軍艦と陸軍を動員してイギリスは清国を屈服させ、一八四二年八月二九日、南京条約で香港を割譲し、広東《カントン》、廈門《アモイ》、上海《シャンハイ》、寧波《ニンポー》、福州の五港を開港させ、没収阿片代金六〇〇万ドル、公行負債三〇〇万ドル、遠征軍事費用一二〇〇万ドルの支払いを約束させた。第一次阿片戦争である。

この後、混乱の状況を救わんと客家《ハッカ》出身の洪秀全が清朝を倒して理想郷「太平天国」を築こうと呼びかけ、一八五一（嘉永四）年一月、一万五千人を導いて広西省に兵を挙げた。一八五三（嘉永六）年三月、南京を占領し、「太平天国」軍は二〇〇万人に達した。しかし、清国軍は劣勢を立直し、一八五八（安政五）年、湖南、湖北で太平天国軍を破った。

その一〇月、広東《カントン》でイギリス船籍アロー号が、海賊船の容疑により清国官憲の検問をうけて国旗を引き降された。広西《カンシー》ではフランス人神父殺害事件が起きた。

イギリスとフランスが清国政府に圧力をかける口実を握った。

英仏連合軍にアメリカ、ロシア公使が合流して天津《テンシン》にせまり、天津条約を強要した。その批准を拒否した清国政府に対し、一八六〇（万延元）年一〇月英仏軍は再び天津を攻略、北京に入城して北京条約を追加する。九龍《クーロン》をイギリスに与え、天津、漢口など十港を開き、カトリック教会を許し、阿片貿易を公認させた。第二次阿片戦争である。

こうした清国の混乱を上海でつぶさに観察した高杉晋作は、何故、西洋諸国の侵略を許したかという命題に結論を出している。

支那が何故このように衰微したかを考えるに、外夷を海外に防ぐ道を知らなかったことにつきる。万里の波濤をしのぐ軍艦、軍用船、敵を数十里のそとに防ぐ大砲なども製造せず、海国図志なども絶版し、いたずらに古い説をとなえて因循むなしく歳月を送り、太平の心を改めて、敵地に敵を防ぐ対策を立てなかったからである。（『東行光生遺文』）

そして、上海についても冷静に分析している。

上海が繁昌しているといっても、つまるところ、外国人が繁栄しているのであって、支那人はただ外国人に使われているにすぎない。港の税金も外国人にとられてしまう。法令もゆきわたっているのは城内だけで、城外は外国の勝手次第。今年正月長髪賊が上海を攻撃した時も、英仏に救援を求めてようやく退けることができた。このように敵とすべき外国人に援兵を請い、自分の領地も支配も外国人のほしいままにされ、港の税金もかすめ取られるなど、いかに上海が清国の南辺の地とはいえ、北京を去ることわずか二、三百里、中央政府の政治が行き届かないはずはなく、実に廉恥地を払うこと言語に絶する。わが神州も早急に攘夷の策をめぐらさなければ、ついに支那の覆轍《ふくてつ》を踏むことになりかねない（『高杉晋作全集』「支那上海港形勢及北京風説大略」）

この、晋作が上海で得た情報は坂本龍馬に伝えられている。勝海舟の渡米は万延元（一八六〇）年であり、高杉晋作の上海渡航は文久二（一八六二）年である。この二人からの情報は全く異なった内容である。友好的なアメリカと、侵略で荒廃する清国の実情。龍馬はこれらの情報によって、東アジアへの視線を強めていく。

師・海舟の三国連合という構想も土佐藩海援隊として、具体的な活動の核に位置づけようと龍馬は考え始めている。

竹島開拓を計画

坂本龍馬は慶応三（一八六七）年、竹島開拓を目指していた。この竹島は、現在、日本と韓国との間で領有をめぐって問題となっている竹島ではない。幕末期に現在の竹島は松島と呼ばれていた。龍馬が開拓を目指した竹島は現在、韓国が領有する鬱陵島（ウルルンド）のことである。鬱陵島は北緯・三七度二九分、東経・一三〇度五四分にある島で、総面積は七三平方キロメートルで、東京都世田谷区と渋谷区を合わせた広さがある。

現在、問題となっている竹島（幕末期の松島）は、北緯・三七度一四分、東経・一三一度五二分にある。この島を韓国では独島（トクト）と呼んでいる。鬱陵島と現在の竹島の間は約九二キロメートル離れている。

龍馬が幕末期に竹島（鬱陵島）を目指す前に、元禄時代、この島の領有をめぐって、日本と朝鮮で問題となったことがある。[7] 釜山の倭館で元禄六（一六九三）年から日朝両国間で外交交渉が開始された。それから足かけ三年にわたって交渉がつづくが、決着せず、交渉にあたった対馬藩は藩主宗義真が幕府と協議することにして江戸へ参府した。幕府は老中阿部豊後守が鳥取藩にも質問を行い、解決の方策をさぐることになった。

元禄九（一六九六）年、日本人の渡海禁止ということで結着した。

しかし、幕府の渡海禁止令は、竹島への渡海が鳥取藩内の者に限られていることもあって、鳥取藩にだけ通知され、全国的には禁止令の周知は行われなかった。そのために、幕末期に先ず吉田松陰が竹島を目指している。松陰は嘉永三（一八五〇）年八月、萩を出発し、九州へ遊学している。平戸では葉山佐内を訪ねて、その蔵書を五〇日にわたって読破し、詳細に阿片戦争の記録を調べている。

清国が阿片戦争の賠償金をイギリスに支払っているが、二一〇〇万元を七回に分割したという詳細な数字も松陰の『西遊日記』には書き込まれている。松陰の危機感は強く、竹島がもし、イギリスの手中に落ちれば長州が危いと考えたのである。

松陰は桂小五郎、久坂玄瑞に手紙を書き、竹島開拓を幕閣に働きかけるよう指示している。しかし、松陰が生きている間に、幕府への建言書は提出されなかった。万延元（一八六〇）年七月二日に、村田蔵六（大村益次郎）、桂小五郎の連名で幕府へ「竹島開墾建言書」が提出された時、松陰は既に安政六（一八五九）年一〇月二七日に処刑されていた。村田・桂が提出した建言書について幕府の長州藩への回答は不可であった。

坂本龍馬は吉田松陰が竹島開拓を目指した件を知らずに再び竹島開拓を計画しているのである。その原因もまた、竹島渡航禁止令が周知徹底されていないことによる。

幕府は江戸期、火災によって重要書類を焼失させている。長州藩から竹島開墾建言書が提出されても、その問題を調査するのに長い時間が必要で回答も遅れている。また法令の周知も高札によって行われているが、充分とは言えない状況である。こうした幕末期の日本近海へ異国船は頻繁に出没するようになる。

竹島（鬱陵島）は朝鮮政府によって空島政策がとられて無人島となっていたために、フランスはダジュレー島と命名し、イギリスはアルゴノート島と命名している。

坂本龍馬は長崎で竹島（鬱陵島）に関する情報を入手し、渡航する計画を立てていた。慶応三（一八六七）年三月六日、印藤肇にあてた手紙には具体的な計画が書かれている。

渡海に使用する船は大洲藩から借りた船と書かれているので「いろは丸」を使うと分る。この船は瀬戸内海で慶応三年四月二三日、紀州藩船・明光丸と衝突して沈没しているので、この竹島開拓は実施されなかった。

第七段 大洲の船、石灰の消費量は一昼夜で一万五千斤です。故に二万斤ぐらいを用意する見込です。菜たね油は一昼夜で一斗は必要です。

かの竹島は地図で測算すれば、九十里ばかりでしょう。

先頃、井上聞多が竹島に渡った者から聞いたところでは百里でしたが、だいたい同じです。

竹島に渡ったことがある者の話では、楠木によく似ている樹木もあり、島全体に広く新しい樹木も生えています。その他、一里から二里もあるような平らな土地もあるそうです。島の周囲は十里ぐらいと、私がかって長崎にて聞いた情報と似たような話ですので、情報源は同じでしょう。竹島に下関から行って、単純に帰って来るのであれば三日間ぐらいで往復できるでしょう。

龍馬は下関から竹島（欝陵島）へ回航するつもりでいる。いろは丸が大坂で仕事を終えて帰路、下関へ戻って、そして竹島へ向かう計画である。龍馬は何故この渡航が必要なのかという理由を明確に書いている。

第十段 お頼み申し上げたいことは、三吉慎蔵及びあなたの竹島行きが難しくても、山に登っては、樹木を見て、木の名を調べ、土地を見ては稲、麦の栽培が、山では桑の木、はぜの木の栽培が可能か、不可能かを調査する者。また一人海に入り、貝類、魚類、海草などを調べる者。（お世話してくださるかと、お頼みしたいことはこの事なのです）

この件、私には一生の思い出とし、良い樹木、海中の良い海産物を得ることができれば、人を移動させ、自然の恵みを得る喜びを感じるでしょう。

諸国浪人たちに命じて、この竹島を開拓したいと思う気持でいっぱいです。

以上、お頼みいたします。龍

三月六日、寝られないままに筆をとりました。

印藤先生

左右

樹木、農産物の調査の専門家、海産物の専門家を紹介して欲しいという依頼の文章がある。その後に諸国浪人たちに命じて、竹島開拓を行いたいと龍馬は書いている。龍馬の周囲では多くの若者たちが生命を落としている。無駄な死、悲惨な死を龍馬は見つづけているのである。

慶応二（一八六六）年五月二日、亀山社中が薩摩藩の後援で新しく購入した小型帆船・ワイルウェフ（ワイルド・ウェーブ）号が五島・塩屋崎で転覆、一二名の仲間を喪っている。この中には弟のように可愛がった池内蔵太も含まれている。元治元（一八六四）年六月五日には池田屋事件で北添佶摩、望月亀弥太、越智正之、伊藤弘長、石川潤次郎らが生命を失っている。龍馬はこうした土佐人以外にも、多くの他藩の友人の死を見てきている。こうした若者たちが、生きる喜びを知るような仕事が有りはしないかと考えつづけているのである。

竹島開拓が実施されれば、動乱の中からこうした若者を移動させ、自然の恵みを得る喜びを感じさせたいと思っているのである。

そして、この竹島開拓は前節で触れたように師・勝海舟が構想する日本、朝鮮、清国の三国連合の中で実施可能となるのである。海舟は神戸海軍操練所と同じ操練所を対馬、朝鮮、清国に創設し、日本人が操船技術をアジア人に教育する計画だったと話している。

土佐藩海援隊となった龍馬たちの組織は『福岡孝悌手録』[8]に次のように記録されている。

海援隊　脱藩ノ者、海外開拓ニ志アル者皆是ノ隊ニ入ル。国ニ付セズ暗ニ出崎官ニ属ス。
運船射利、応援出没、海島ヲ拓キ五州ノ与情ヲ察スル等ノ事ヲ為ス。

海外開拓、無人島を開拓し世界の情勢を調査するという目的が明確に書かれている。若者に希望を持たせる仕事という龍馬の願い。師・海舟の三国連合構想。土佐藩海援隊の目的。この三つを同時に実現させる一石三鳥の計画がこの竹島開拓計画だったのである。

しかし、いろは丸沈没によってこの計画は中止となっている。慶応三（一八六七）年四月二九日、いろは丸沈没の情報が長崎の土佐商会に伝えられると池道之助は日記に「実に不安」と書いている。

しかし、この土佐商会から竹島を目指して四月三〇日に出港した男がいる。岩崎弥太郎である。英国オールト商会の所属の船を借りて、土佐藩の事業として竹島へ向かっていった。岩崎弥太郎の日記『瓊浦日歴《けいほにちれき》』[9]によると、五月六日、岩崎の船は唐津へ帰港している。五月一日から五日までが空白となっており、この間に竹島へ上陸しているようである。後に後藤象二郎夫人の雪子が『伯爵後藤象二郎』で次のように語っている。

岩崎弥太郎氏が鬱陵島に標柱を建つるの事は岩崎氏の発意に非ず。全く後藤の内命に出でたるものなり。

標柱には「大日本士州藩の命を奉じ、岩崎弥太郎この島を発見す」と書かれていたと言われるが、この時点でも鬱陵島は無人島だという認識である。坂本龍馬、岩崎弥太郎、後藤象二郎、三人は無人島と思い込んでいる。幕末期において、国境という問題がいかに曖昧であったかということを良く示している事例である。

吉田松陰も当初は竹島(鬱陵島)を無人島、どの国にも所属しない島と思い込んでいた。しかし、軍学者であった松陰は途中で竹島(鬱陵島)は朝鮮領土であることに気付いている。

安政五(一八五八)年七月一一日、吉田松陰が桂小五郎にあてた手紙(10)には次のように書かれている。

竹島論、元禄度《げんろくど》朝鮮御引渡《ちょうせんおひきわたし》の事に付六ヶ敷もあらん

竹島は元禄年間に日本が朝鮮へ引渡しているのでむずかしいでしょうと言っているのである。

その文章の後に松陰は次のように書き加えている。

しかし、現在、大変革の際であれば朝鮮へかけ合い、今、竹島が空島のままであれば無益ですので、日本が開墾すると交渉すればこれに異論はないのでは。もし、またすでに外国の手中にあるのならば、捨てておくわけにはいきません。外国の前進基地となっていれば、吾が長州は危険です。しかし、すでに外国の所有となっているのならば致し方ないです。

開墾を名目として渡海すれば、これすなわち航海雄略の最初になります。

松陰の危機感は強く、幕府に朝鮮と再度交渉をして竹島開拓を日本が実施することを提案している。この危機感は龍馬には感じられない。松陰が開拓を計画したのは安政五(一八五八)年、龍馬が開拓を目指したのは慶応三(一八六七)年、九年間の差がある。この時間の差が危機感の強弱として表われているのだろうか。

吉田松陰と坂本龍馬、この二人の違いは出自にある。

松陰は長門国萩藩士・杉百合助の次男として天保元(一八三〇)年に生まれた。家禄は二六石であったが、五歳の時、山鹿流兵学師吉田家の仮養子となった。六歳で義父吉田大助が没したため、吉田家八代目を継ぎ、その教育は渡辺六兵衛、林真人、玉木文之進、石津平七らの商弟が代理した。十歳で明倫館の教授として山

鹿流兵学を講義する。十一歳で藩主に『武教全書』戦法篇三戦の条を講義する。

十二歳で波多野源左衛門に馬術を学び、十六歳で山田亦介の門に入り、長沼流兵学を修め、十七歳で長沼流兵学の免許を受けている。この年、守永弥右衛門から荻野流砲術を伝授され、山田宇右衛門から『坤輿図識《こんよずしき》』を贈られて外患を憂えて防備のことを講究す。

と吉田松陰年譜には書かれている。幼年期から兵学者としての教育を着実に身につけて松陰は成長していった。一方、坂本龍馬は五、六歳で入塾する寺子屋へ十二歳で遅れて入り、わずか三カ月で退塾してしまった郷士の次男坊である。

松陰は十七歳で箕作省吾の『坤輿図識』を贈られて外交の軍事力を憂えて国防を講究しているが、龍馬は箕作省吾が作成した『新製輿地全図』を継母伊与の実家で見ているだけである。十九歳でペリー来航に遭遇して、初めて異国を意識している。

そして、龍馬に有って、松陰に無いものはアメリカ情報である。師・海舟から伝えられた情報は危機感を強める情報ではなかったと思われる。異国が全て敵ではなく、友好的な国もあるという情報は強い危機感をいくらかは緩和させているようにも思われる。

また坂本家の本家が才谷家という商家であったため、経済から異国を見るという視点が龍馬にはあったと思われる。

おわりに

坂本龍馬は少年時代から洋行したいという願望を持っていた。それは箕作省吾作成の『新製輿地全図』が所蔵されていた継母の前の嫁ぎ先をしばしば訪れていたことによる。十九歳で初めて江戸へ修行に出た二カ月後、ペリー来航に遭遇した。それを機に佐久間象山塾で西洋大砲の操練を習うことになり、異国、洋学というものに目を開かれた。土佐へ帰国して更に徳弘孝蔵、数之助父子から砲術を学び、西洋砲術、軍事科学に研鑽を積んでいった。

二十八歳で脱藩をすると勝海舟の門下生となり、異国への認識を深めていった。師・海舟、盟友・高杉晋作からも異国の情報を伝えられ、自らの渡航も視野に入れて、竹島開拓を立案していた。

土佐藩海援隊を組織し、世界へ飛び出すことを目的としていた。福岡孝悌手録には次のように記されている。

凡そ海陸両隊仰ぐ所の銭量常に之を給せず、其自営自取に任す。但時に臨み官及《すなわ》ち之を給す。固より定額無し。且つ海陸用を異にすと雖も相応援し、其所給は多く海より生ず。故に其射利する所の者また官に利せず、両隊相給するを要とす。或は其所営の局に因て官また其部金を収す。則ち両隊臨時の用に充つべし。右等の処分京崎出官の討議に任す。

あくまでも藩の方向や規制からはずし、自主独立して活動していくことが計画されていた。そして、海援隊、陸援隊を合同させて、翔天隊として、「是翔天の鶴その飛ぶ所に任す。」と記されている。

坂本龍馬は翔天隊として藩からも離れて、自主独立して世界へ活動の場を広げようとしていたのである。

注

(1)『藩論』は尾佐竹猛氏により『明治文化研究』第一号輯に発表されたもので、半紙判一六枚綴・木版摺・表紙に「二百部限滅版」とあり、その下にY・Mの朱印を押捺してある。坂本龍馬の意をうけて長岡謙吉が著述したものといわれるが疑問がある。Y・Mは陸奥陽之助の頭文字ではないか、という推測もある。

(2)『土佐史談』(二一九号)二〇〇二年に広田傳、内川清輔「坂本龍馬の生家について」が発表されている。

(3) 坂本保富『幕末洋学教育史研究』高知市民図書館の「書籍写本等史料」の中の「書籍及図類等目録」と「書籍目録」に収録されている。

(4)『坂本龍馬全集』所載。現存する坂本龍馬の最も年代の古いもの。五頁。

(5) 京都大学附属図書館所蔵。

(6) 高知市民図書館・徳弘家資料に所蔵。

(7) 内藤正中・金柄烈『史的検証 竹島・独島』二一一—四五頁。

(8)『坂本龍馬全集』所載。四七四—四七五頁。

(9)『岩崎彌太郎日記』所載。一七一頁。

(10)『吉田松陰』岩波書店、日本思想体系、所載。二三八—二三九頁。

参考文献

宮地佐一郎『坂本龍馬全集』光風社出版、昭和六十三年。

宮地佐一郎『龍馬百話』文春文庫、一九九一年。

江藤淳編『勝海舟全集22』「秘録と随想」講談社、昭和五十八年。

内藤正中・金柄烈『竹島・独島』岩波書店、二〇〇七年。

冨成博『高杉晋作』弓立社、二〇〇五年。

関根悦郎『吉田松陰』創樹社、一九七九年。

田中彰『吉田松陰』中公新書、二〇〇一年。

田中惣五郎『岩崎彌太郎傳』東洋書館、昭和三十年。

岩崎彌太郎・岩崎彌之助伝記編纂會『岩崎彌太郎傳』、昭和四十二年。

岩下哲典『幕末日本の情報活動——「開国」の情報史〈改訂増補版〉』雄山閣、平成二十年。

超脱の思想

〔小楠・松陰そして龍馬〕

桐原健真
Kiribara Kenshin

はじめに

本稿は、幕末維新期という激動の転形期を生きた坂本龍馬（一八三五―一八六七年）の思想を、同時代に活躍した横井《よこい》小楠《しょうなん》（一八〇九―一八六九年）と吉田松陰《よしだしょういん》（一八三〇―一八五九年）との比較の中から浮き彫りにすることを目的とするものである。この三者は、十九世紀中葉の地球規模化しつつある世界を認識し、おのおの独自の開国論を唱えた。それは、たんに「日本」という国を「世界」という全体性へと開くというだけではなく、それまで当然のように存在していた「藩」という帰属集団を「日本」という全体性へと発展的に解消するという二つの次元での超脱を意味したのである。彼らには、このような二重の超脱への指向を見いだすことが出来るが、他方でその思想的営為は必ずしも一致するものではなかった。

あくまで儒者として普遍への理想を堅持し続けた小楠、最後まで兵学者として尊王攘夷論を唱えた松陰、そして郷士出身であり脱藩をも辞さず「横行」し続けた龍馬――彼らが、藩を越え、日本を越え、そして世界といかに結びついていこうとしたのかを問うていこう。

御家を越えて

ゆりかごとしての「藩」

一八六二年、剣術詮議を名目とし諸国を遊歴していた龍馬は、長州藩の萩城下に松陰の高弟で義弟でもある久坂《くさか》玄瑞《げんずい》（一八四〇―一八六四年）を訪ねている。この際に龍馬は、土佐勤王党の中心人物である武市《たけち》瑞山《ずいざん》（一八二九―一八六五年）に宛てた書簡を久坂から託されており、そこには次のように記されていた。

坂本君が萩へお越し下され、包み隠さず話し合いを持ちました。結局のところ、諸侯も信頼できませんし、公卿も信頼出来ませんので、草莽《そうもう》の志士が結集するしかありません。まことに失礼な発言ですが、貴藩〔土佐藩〕も弊藩〔長州藩〕も、たとえ滅亡してしまっても、尊攘の大義のためであれば問題ではありません。(1)

武市瑞山（1829―1865）

ここには、幕藩体制確立以来、ゆりかごのように自分たちを守ってくれてきた「藩」という帰属集団以上のものが存在するという認識が鮮烈に表明されている。久坂にとって、日本という全体性は、封建的分邦としての長州藩を容易に越えるものであり、その実現のためには「滅亡」してもかまわないとすら言い放たれるのである。なお『坂本龍馬全集』の編者である宮地佐一郎は、藩秩序の超脱を主張するこの書簡が、「一カ月後の龍馬脱藩の基因(2)」であったと指摘しており興味深い。

藩医の家に生まれ、幼いころから秀でた才能を見せていた久坂は、太平の世であれば藩社会のうちに留まり、相応の地位をしめることが出来たであろう。しかし、藩を構成する家臣団そしてその頂点に位置する藩主に対して、彼はもはや期待できなくなった。これに代わって彼が期待をかけたのが「草莽の志士」すなわち在野にある無位無冠の有志の人々である。これがいわゆる草莽崛起《そうもうくっき》論であり、この思想は師の松陰から彼が承け継いだものであった。

その言行の過激さのために再投獄された晩年の松陰は、絶望的な状況の中で、次のように草莽崛起への期待を表明していた。

わたしは為すべきことを知ればそれを行う人間であって、時機を待つ人間ではない。草莽崛起というものも、時を待って他の人にやってもらおうというのではなく、自分で行う……畏れ多いことながら、朝廷も幕府もわ

が長州藩も不要である。ただこの小さな六尺の体だけがあれば良いのだ。(3)

山鹿流兵学師範として長州藩校明倫館にも出仕していた松陰は、久坂同様、平和な時代であれば、やはり相応の社会的地位を手にすることが出来た人物である。しかし彼は、脱藩や海外渡航の国禁を犯すなど、みずから藩秩序から逸脱する行動をとり続けた。それはみずからの帰属を、もはや長州藩という領域を越えたところに見いだしていたからに他ならない。これら師弟が抱いていたのは、「一塊石」となった「六十州の人心(4)」という新しい全体性に対する帰属意識であった。

吉田松陰（1830 — 1859）

「諸侯」も「公卿」も信頼できないと言い放った久坂は、やがてみずからの思い描く理想の実現を目指し、直接行動に出る。一八六四年、彼は尊王攘夷を掲げ京都へ進発、ついには御所警衛の諸藩と蛤門前で交戦するに至ったのである（禁門の変）。彼は、尊攘の大義のために、諸侯はおろか朝廷に砲火を掛けることすら厭《いと》わなかった。しかし、既存の帰属集団を超脱しようとした彼の試みは失敗し、彼自身も自刃したのである。

防長割拠論

このような久坂の直接行動を時期尚早として反対していたのが、やがて龍馬と下関において共闘することとなる高杉晋作（一八三九—一八六七年）である。久坂同様、松陰の高弟であった高杉は、師のもう一つの主張であった防長割拠論に従い、あえて長州藩に留まることで、みずからの理想の実現を目指した。安政の大獄で刑死する一年前、松陰は次のように語っている。

> 幕府はいよいよ墨夷《ぼくい》（亜墨利加《アメリカ》）に屈服し、日本を属国とすることを甘受なさるように相見えますので、わたくしどもは、毛利家の名が墨《すみ》（アメリカと墨の掛詞）に汚されない手立てだけを、昼夜にわたり松下村塾中で思案しているところです。日本六十六国のうちの六十四国は墨《アメリカ》）になりましても、周防・長門の二国にて盛り返すように致しませんことには、日ごろの慷慨《こうがい》も水泡に帰するものと存じます。(5)

松陰は、日本の全体性を確立するために、幕府を中心とする既存の体制から防長二国を割拠独立させ、これを基礎に日本を再編成することをも考えていた。それは「先覚後起の思想」[6]とも呼ばれる前衛の理論であった。日本の全体性の確立を目指す松陰の思想には、既存の全帰属集団に対する直接行動によって急激な変革を目指すと同時に、防長二国を前衛とすることで漸次に改革を図るという二つの側面が存在していた。彼の二人の高弟は、まさにこの松陰思想の二つの面をおのおの承け継いだと言える。

高杉は防長二国に割拠することを選択したが、それは群雄の割拠する戦国時代への回帰を意味しなかった。彼にとって防長二国は、日本の全体性を確立するための手段であって、それ自体の維持は目的ではなかったからである。彼の目指したものは、まさに統合のための分離であり、そのためにまず防長二国という自己意識を確固たるものにすることを必要としたのであった。

横井小楠（1809 — 1869）

しかし、このような割拠論という考え方そのものを批判した人物がいた。それが儒学的普遍主義に立つ横井小楠である。

「割拠見《かっきょけん》」への批判

> 今日の大勢は、世界万国が一同に交通しておりますので、いま日本一国が鎖国割拠の旧習を主張しましたならば、たちまち万国を敵に回し、あっという間に滅亡の憂き目を招くであろうことは、長州の一件〔下関戦争・一八六三年および一八六四年〕からもわかることです。まずもって、江戸の御城下をはじめとして、彼らに焼き払われ、人々は惨憺たる災いを極めることでしょう。[7]

儒学者として普遍的な道理を模索し続けた小楠は、自己の固有性を主張する態度そのものを「割拠見」であると批判する。それゆえ彼は、防長二国を割拠し、その上で全体性——しかも所詮は日本一国の割拠に留まるそれ——の確立を目指すような主張を承認できなかったのである。もとよりこの割拠見なるものは、人間が人間として有している本能としての自己意識に発するものであって、彼もまたその存在自体を否定することは出来なかった。

おおよそ割拠見というものは、免れがたいものであって、後世は小さいところでは一官一職における割拠見、大きいところでは国々の割拠見、これらはすべて免れがたいものなのです[8]。

しかし、人間が有する自己保存の本能に従うだけであれば、結局それは弱肉強食の自然状態に陥ってしまいかねない。だからこそ小楠は、利己心としての割拠見を捨て、時代や世界の大勢に対する巨視的な立場から、みずからの行動原理を導き出すべきことを主張したのである。

今日の世界の大勢というものは、蒸気船登場以来、世界中が隣同士になったかのようですから、たがいに交際しなければならない情勢になりました。今日において、独立鎖国の古い考えを主張することは、天理に反することなのです[9]。

一八五三年にペリーがもたらしたフィルモア米大統領の親書は、当時の日本知識人に大きな衝撃を与えた。そこには、アメリカ西海岸から日本までを蒸気船がわずか十八日で到達できると記されており、このことは、それまで茫洋たる大海と考えられていた太平洋が、もはや容易に横断可能な「水路」になってしまった事実を彼らに強く印象づけた[10]。

蒸気船の登場により世界が文字通り地球規模化しつつある中で、鎖国を主張することが「天理」に逆らうものであるということの小楠の主張は明晰である。この「天理」とは、個別的存在を超越する普遍であるが、彼にとってそれは決して固定的で教条的なものではなかった。すなわち、「昔と今とでは勢〔情勢〕というものは異なるものです。勢の変化に従ってあるべき理というものもまた変化します。理と勢とは、いつも寄り添って離れないものなのです[11]」と彼が述べているように、それは変動するものであって、この世界を巨視的に把捉することで見出すことが出来るものであった。

自己保存の本能に基づく割拠論を出発点として日本という全体性の確立を主張した松陰や彼の弟子たちに対し、小楠は、その本能それ自体を判断停止《エポケー》し、日本全体・世界全体というより大きな次元から思考を出発することで、自分自身の為すべき行動を見出していった。彼は、藩のみならず日本をもすでに超脱する視座を有した人物であったと言えるだろう。

松陰・小楠は、ともに藩体制の中においてすでに社会的地位を占めた人間であった。たとえば松陰は、毛利家の世臣としてだけではなく、兵学を御前進講するなど藩主との個人的関係を結んでおり、また小楠は、熊本藩士の次男として生まれながらも、兄の死去に伴い家督を継ぎ、熊本実学党の盟主としての高い評価も受けていた。しかし彼らは、彼ら自身の思想と行動のために、みずからが帰属する既存の社会関係から逸脱せざるを得なかった。彼らが藩を越える視野を手にするためには、まずその自己否定から出発しなければならなかったのである。これに対し高知城下の町人郷士の家に生まれた龍馬には、藩社会に対するしがらみといったものが相対的に少なく、このことも彼をして脱藩という超脱行為を促したものの一つであったに違いない。

脱藩をめぐって

龍馬が脱藩した直接的な理由は必ずしも明らかではない。しかし、その明らかではないことが、かえって藩を脱することに対する彼の心理的容易さを示しているようにも見える。すなわち江戸藩邸から脱走し、脱藩の挙に出た際、松陰がみずからの行為に対して次のように切々と弁明したことと比べると、脱藩に対する龍馬の「軽さ」は異様ですらある。

たとえ今日は君《きみ》と親とに背くとしても、今後は決して国と家とに背くことはない。主君は楽毅《がっき》を追いやった燕の恵王のような非情な方ではないし、両親は薛包《せっぽう》の親のように薄情ではないが、楽毅・薛包のように忠や孝を尽していきたいのだ(12)

この文面からも分かるように、松陰にとって脱藩という行為は、現前の主君(忠)や両親(孝)の双方に背く行為であるのと同時に、歴史的に展開してきた自家(孝)とこれを担保する御国(忠)の双方に背くという多重の罪を犯すものにほかならなかった。それゆえ彼は、この脱藩をみずからの人生の大きな転換点としてとらえ、この罪過を償うことを、みずからの人生における一つの目的としたのである。松陰におけるこの罪の意識は、脱藩の罪を一度は許されながらも、結局はふたたび藩を脱することを選択した龍馬の意識とは、明らかに大きく異っている。

もとより脱藩という罪は、龍馬にも決して小さいものではなかった。脱藩の罪のために土佐藩邸に出入りすることも許されなかったことは[13]、彼にとってその活動を制限されるというだけではなく、みずからの帰属に対する不安を与えるものでもあったであろう。しかし、彼にはすでに藩を越えた価値が見えていたのであり、彼同様に脱藩した池内《く》蔵太《らた》の行為を、彼の母に弁護する次の書簡からもそれを見ることが出来る。

ご存じの通り、朝廷というものは、藩よりも父母よりも大事にしなければならないというのは、決まりごとである。御親類をはじめ杉山さんなども、御国を後にし父母を見捨て、妻子を見捨てるのは大義ではないとお考えなのだろう。それはまったくもって今日のヘボクレ役人や、あるいは無茶苦茶オヤジの我国ひいき・我家ひいきであって、男子たるものが口にすべきものではない。[14]

「我国」や「我家」といったものは、龍馬の眼には、もはや最重要の存在ではなかった。これら既存の帰属集団を維持することに汲々としている人々に対して鋭い批判を加えた彼にとって、「朝廷」こそがこれらを越えた価値として認識されたのである。

もとよりこのような「我国」や「我家」への拘泥に対する批判は、龍馬だけの主張ではなかった。松陰もまた、「肉食者は鄙《ひ》なり」ということばをしばしば書き残している。「肉食者」とは、肉を食《は》むことの出来るほどに厚禄の官吏のことであり、『春秋左氏伝』(荘公伝十年)に、「肉食者は鄙なり、未だ遠く謀る能《あた》はず」とあることに基づいている。すなわちみずからの家や世禄への執着のために、大胆な改革を行うことが出来ない人々を批判することばである。松陰は、藩政府や幕府の因循《いんじゅん》姑息《こそく》に直面するごとに、このことばを用い、その保守固陋《ころう》さを批判したのであった。

しかしこの松陰の批判が「肉食者」個人を対象とする限りにおいて、彼らを温存して来た藩そのものにまでその射程が延びることはなかった。この意味で彼の批判は、あくまでも藩体制の刷新に留まるものであり、藩そのものに対する批判ではなかったのである。松陰が、藩そのものに対して絶望し、草莽崛起を唱え、脱藩をも肯定するようになるのは、まさにその最晩年——と、言いながらも彼は数えで三十歳までしか生きられなかったのだが——になってからであって[15]、それまで彼が藩という存在に常に希望を抱いていたことは、「我国ひいき・我家ひいき」を批判し、脱藩を肯定することができた龍馬との強いコントラストを成している。

「朝廷」をも越えて

「御家」や「御国」を越えた価値としての「朝廷」に、みずからの目指すところを託そうとした龍馬であったが、やがてこの「朝廷」すらも絶対視しない態度へと大きく転回していく。それは、現実の政治状況が激化するにともない、朝廷そのものにおける因循姑息を彼自身が目の当たりにしたからに他ならない。たとえば一八六五年九月の長州再征の勅許に関して、彼は次のように池内蔵太へ宛てて書き送っている。

> 先月十五日に将軍が上洛。二十一日に、一橋・会津・桑名の三藩が手荒く朝廷に迫り、長州征討の命を請うた。朝廷の人々は残らずこの勢いに恐れて許してしまった。諸藩にも反対出来るものがいなかったが、唯一薩摩藩だけは異論を唱えている……「たとえ勅命であろうとも非義の勅が下りました際には、薩摩はこれを奉戴しない」とまで論じ申し上げたのである。しかしながら朝廷は、幕府の請うがままに許可したのであった。(16)

「非義の勅」とは、正しくない勅命という意味である。(17)その是非を問わなければならない勅命が存在するという発言自体、朝廷に対する不信を見て取ることができるのであり、龍馬はその不信感を表明している薩摩藩に強く共感を示している。そこにあるのは、朝廷すら越えたところにある理想を実現することへの意志と徹底した政治リアリズムであった。このようなリアリズムの延長上にこそ、やがて彼が仲介することとなる薩長同盟（一八六六年）があったのである。

「我国ひいき・我家ひいき」を超脱していた龍馬は、この時期すでに「朝廷ひいき」すら超脱していたのであり、それは日本という領域をも越える思考をもたらすものであった。

日本を越える思考

固有と普遍

幕末において人口に膾炙したことばの一つに、「兄弟牆《けいていかき》に鬩《せめ》げども、外、其の務《あなどり》を禦《ふせ》ぐ」というものがある。(18)兄弟は家の中では喧嘩しているものだが、家の外からの侮辱に対しては一致団結するものであるという『詩経』（小雅、「常棣」）のことばである。これは、対外的危機のために国内的不和が調整されるという意味として用いられ、諸藩の融和や内戦回避の論理ともなった

他者を認識することによって、人間は自己を自覚するようになる。「兄弟牆に鬩げども、外、其の務を禦ぐ」とは、「天下」と呼ばれる限られた領域において、おのおのの藩が独自に活動するに留まっていた段階から、これを越えた「日本」や「世界」を認識するに至る自他関係の転回過程を表現することばであり、幕末維新期は、まさに外部からの「務《あなどり》」に対して、自己をいかに確立するかということを至上命題とする時代であった。

この日本という自己意識の確立を、その固有性の確立という立場から強く訴えたのが松陰である。兵学者として、十九世紀中葉の地球規模化しつつある世界を、勢力均衡 balance of power の場としてとらえた彼は、この関係性の中で西洋列強と対等の存在となることを通して日本の独立を実現することを目指した。すなわちそこでは、日本国家の存在を前提とし、その固有性が他の固有性とともに相互承認されていくという国際関係の樹立が構想されているのである。

おおよそ五大洲に共有された道理があり、各洲に共有された道理があり、東アジアに共有された道理があり、日本全国に共有された道理がある。これらはすべて、いわゆる普遍である。固有性について言えば、一家の道理は隣家のそれと異なり、村や郡の道理は隣村・隣郡のそれと異なり、一藩の道理は、隣藩に異なるものがある。それゆえに家ではその家訓を守り、村や郡ではその村や郡の古風をのこし、藩にあってはその藩の法を遵守し、日本においては日本の国体を奉ずる。その上ではじめて、中国の儒学を修めることが出来るのであり、インドの仏教を信じることもできるのである。(19)

「一家」「一村」にはじまり「日本の国体」に至るこの固有性を手放してはいけないと松陰は主張する。なぜならば、この固有性こそが、日本が日本である根拠であると、彼が考えたからに他ならない。

およそ日本が日本である所以は天皇の尊さが永遠に変わらないところにある。もし、天子を易えることが出来るのであれば、皇帝は幕府でも、諸侯でも、一般武

士でも、農民でも、商人でも、夷狄でも、禽獣でもよいことになる。そうなれば、日本は中国やインドとどこが違うのだろうか。[20]

万古不易の天皇の存在が日本の固有性の根拠であるかについては、近世日本の知識人のあいだでも議論された所であるが[21]、固有性を失った国が果たして国として成り立ち得るものなのかという松陰の問いかけは、今日のわれわれにも理解されるものなのではないだろうか。

グローバリズムの光と影

たしかに「四海同胞」「人類皆兄弟」は理想である。しかし、世界を地球規模化《グローバリゼイション》の名の下にアメリカナイズすることは、なるほど一つの普遍の実現ではあるが、それはあくまで日本が日本であるという固有性を消滅させた上に成立する「普遍」あるいは「平準化」[22]に他ならない。松陰が長州藩の老朱子学者である山県太華と論争したのも、太華の主張が西洋列強によるこの名ばかりの普遍を受け容れてしまい、ついには日本の固有性を消滅させかねない危険性をはらんでいることを看取したからであった[23]。

十九世紀中葉の地球規模化する国際社会に臨み、日本がみずからの固有性を自覚し、これを堅持することでこそ、その独立を確保し、西洋列強との対等関係も樹立できるのだと松陰は考えた。日本の固有性を模索した彼のこの営みは、防長二国が割拠することで日本という全体性を確立させようとした試みと相似形を成すものであり、行為主体としての自己を第一に想定する兵学的思考に基づくものであった。この点で、彼の国際社会認識は、国と国との対等な一対一関係に立脚するものであり、それはときに弱肉強食の事態をも許容しかねない自他関係の緊張を常にはらんでいた。

もう一つのグローバリズムのかたち

このような緊張関係を乗り越えようとしたのが、割拠見を批判した小楠である。日本を含む諸国家がみずからの固有性に拘泥することそのものが問題であると指摘した彼は、利己心としての割拠見を捨てるべきであると説く。

各国がおのおの割拠見の気風を抱き、利己心だけを持って至誠《しせい》・惻怛《そくだつ》〔誠実で他者の痛みに共感する心〕の根本がございませんから、どうしても天をもってみずからの心とし、至公・至平の天理に則《のっと》ることができないのです。[24]

割拠見に基づく以上、抜きがたく存在する弱肉強食状態を小楠は拒否した。彼は、自己意識の本能としての「割拠見」を判断停止する一方で、「至誠・惻怛」といった人間の本性に基づく諸国家の平等という自他認識のあり方を提示したのである。

対等と平等――対等が固有性をもった個々の存在の間で具体的に形成されるものであるのに対して、平等は個々の固有性を超越した普遍性において規定される。この普遍性こそ小楠が主張する「至公・至平の天理」に他ならない。それは、松陰が主張した国家間の対等の論理が、独立国家相互の固有性を認めるものであっても、いまだ独立が実現されていない国や地域――たとえば蝦夷や琉球・朝鮮――に対しても認められるものではなかったこととは大きく異なっている。すべてを覆いきる普遍を構想し得たこと――それは普遍主義としての朱子学を奉ずる小楠の学問的態度がもたらした必然的な結論でもあった。

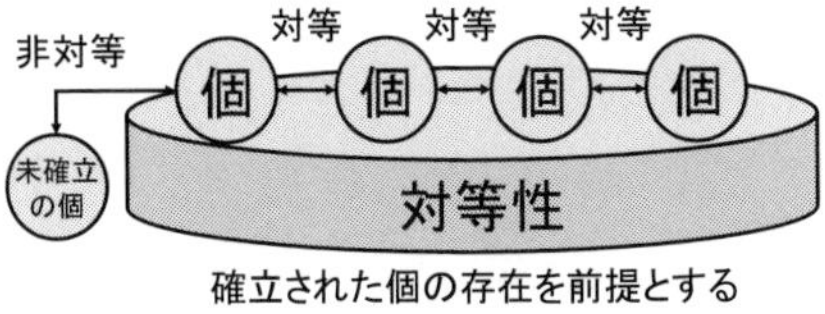

図1　松陰における対等の論理

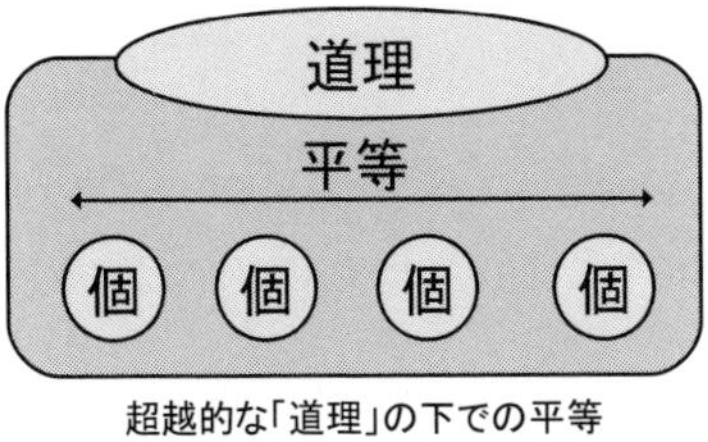

図2　小楠における平等の論理

朱子学を「実学」ととらえ、みずからの思想を展開し続けた小楠における、普遍としての「公共の天理」は、決して形而上的なイデアのごとく存在するものではなかった。すなわち他者を思いやる心が普遍的であることに彼は着目する。まだなにも知らない赤子が井戸に落ちそうになるのを見て、思わず助けたくなる同情心――それは人間誰しもが有している本性であり、この普遍的な心のありようを他者に対して拡充することで、彼は「割拠見」を排した「至公・至平の天理」を実現しようとしたのである。

「横行」批判

このように普遍的な「天理」に基づき行動すべきことを説く小楠にとって、当時の志士の間でしばしば叫ばれた海外への「横行」といった主張はむしろ利己心のあらわれそのものであって、決して承認されるものではなかった。彼は次のように、横行を口にするものたちを批判する。

横行ということは、そもそも公共の天理ではありません。結局のところ世界に乗り出すには公共の天理をもって、世界の国々の間における紛乱をも解決するというだけの度量が無くてはいけませんで、たんに軍事力を誇るような態度に出たならば、後々災いを招くことになるでしょう(25)。

ここで小楠が批判している「横行」とは、まさに松陰の次のような主張を指していると言ってよい。

もし、みずからの志を大きく持ち、その計略を雄壮にして、事業を打ち立て、時勢と機会とに心を配り、然る後に軍隊を送れば、たとえ軍艦や大砲がないとしても、五大洲を横行してなお余りがあるようなものである。どうしてロシアやアメリカを恐れることがあろうか(26)。

たとえ物理的な軍事力が整わなくとも、時機を見て海外に雄飛すべきである。それは、鎖国日本に閉じこもろうとしている人々に対する強い叱咤ではあったが、その横行という行為自体は、自身の固有性を第一に確立することを目指す割拠見でもあった。

龍馬における「横行」

ここで注意したいことは、龍馬もまた「横行」を口にしていたということである。しかしそれは、松陰のように軍事的影響力をもって地球規模の世界の中における日本のプレゼンスを確保することを意味するものではなかった。

かねてからのあなたの御論にも、土佐一国で学問しましたならば、一国だけの論となり、世界を横行すれば、またその分だけ目を開き、みずから天から稟《う》けた知を開かなければならないとありました。これは今にいたるも耳に残っております(27)。

龍馬の「横行」とは、藩を越え、日本を越え、自分自身の力でどこまでも行こうとするものであり、「横行」した先における人と人との具体的関係の拡大に従って、知もまた広がっていく――龍馬の知あるいは道理とは、このように現実に存在する関係性から導き出されたものであった。それは、すべての人間が有する自己愛に基づいた自己の固有性の確立を第一として、これを相互に承認することから関係性を構築しようとした松陰とも、万人が共有する同情心に根拠を置いた超越的で普遍的な道理から地球規模の世界を認識した小楠とも異なっている。

龍馬の目に映る人間は、松陰のように主体的で常に克己《こっき》心《しん》にあふれた存在（近代的自我！）でも、小楠のように等しく聖人になる素質を有した平均的な存在でもなかった。この世には様々な人間がいる。強者に弱者、富者に貧者、賢者に愚者――町人郷士という既存の封建社会には収まりきらない出自を有していた龍馬は、人間の多様性をそのままに許容する。彼が思い描く普遍の立脚点は、「近代的自我」でも「聖人」でもなく、「天下の人」であり、彼における人間の平等性とはまさにこの多様性の上に成立するものにほかならなかった。このことを、いろは丸沈没事件における彼の対応から明らかにしていこう。

『万国公法』と「天下の人」

伊予国大洲《おおず》藩所有の蒸気船で、龍馬率いる海援隊が運用していたいろは丸は、一八六七年四月、紀州藩の軍艦・明光丸と鞆《とも》の浦（現・広島県福山市）の沖合で衝突し、やがて沈没する。これがいろは丸沈没事件である。この海難事故は、濃霧にもかかわらず見張りを怠り、さらに二度にわたって衝突を繰り返した明光丸に重大な過失があったのみならず、明光丸側には龍馬らを鞆の浦に上陸させると、そのまま長崎に針路を取ってしまうなど、その事後処理にも明らかな問題があった。この経過を龍馬は妻に宛てて、「土佐の武士を鞆の港に捨て置いて、長崎へ出航しましたことは、なんとも済むものではありません[28]」と書き送り、その怒りを隠さなかった。

しかし、いかに相手側に非があるとは言え、浪人結社である海援隊が御三家の一つである紀州和歌山藩と係争することは、政治的・社会的危険を伴うものであった。それゆえ龍馬は、この事件の解決を「戦争」と呼び、信頼する長府藩士の三吉慎蔵に家族を託すことで後顧の憂いを除き[29]、まさに決死の覚悟でこの難局に臨んだのである。今日のように海難審判制度などが整備されていない時代である。ただ正論だけを主張しても、御三家の権威の前では決して通るものではないことは火を見るよりも明らかであった。

「戦争」と龍馬の戦略

この海難事件では、『万国公法』が具体的な紛争解決の手段として用いられた事例としてしばしば言及される。(30) しかしここで注目したいことは、龍馬がみずから入手した『万国公法』を出版することをも計画していたという事実である。(31) このことは、彼が『万国公法』の法的普遍性のみに期待していたのではなく、出版を通して、これを社会一般において共有することではじめてその有効性が得られると考えていたことを意味する。それはこの事件を社会化することによって、「海援隊」対「紀州藩」といったたんなる一対一関係ではなく、無名の市民をも含み込んだ公共の場において紛争を解決しようとするものであった。それゆえ彼は、事件発生直後の極めて早い段階からその真相を世に問うことを企図したのである。彼は航海日誌や紀州藩との応接書を大坂駐在の同志である菅野覚兵衛らに、次のような書簡とともに送っている。

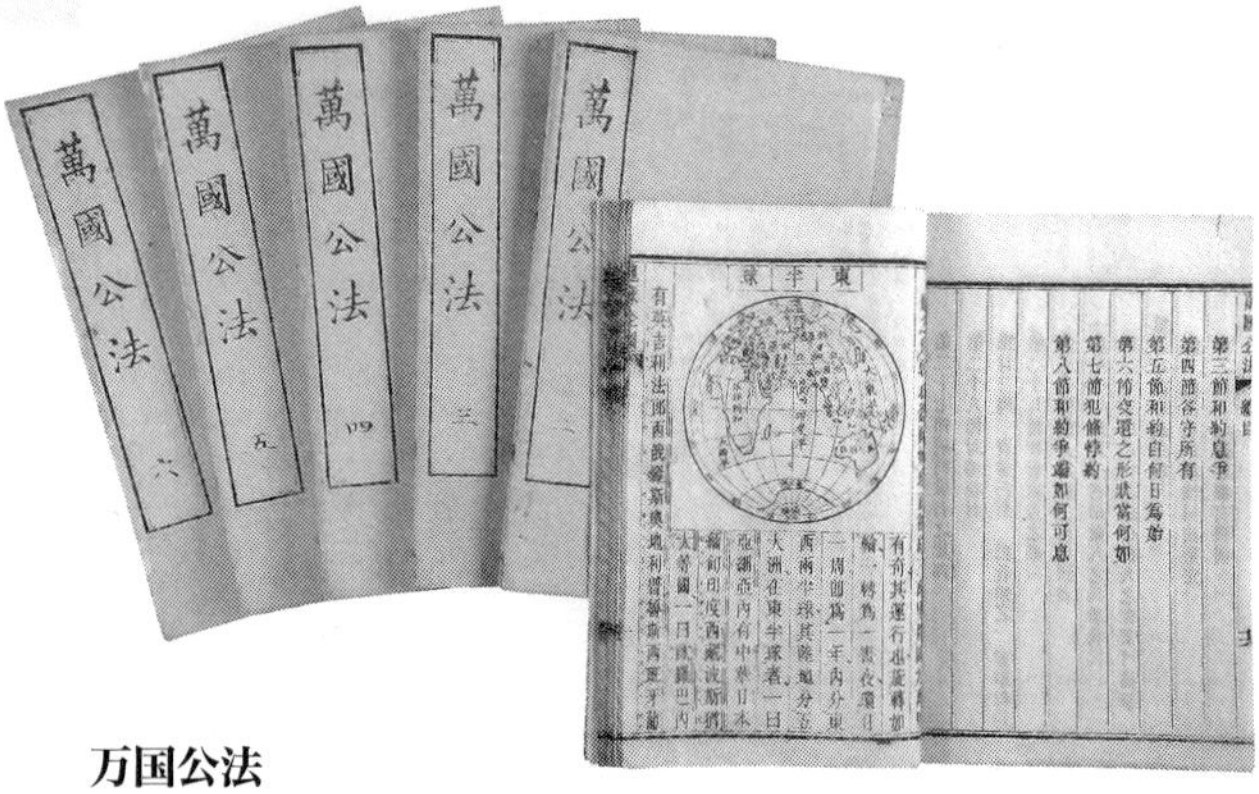

万国公法

> この航海日記は、長崎において談判が済みますまでは、他人には見せない方が宜しいと思います。西郷〔隆盛〕に送った応接書は、早々に天下の耳に入れましたならば、このまま戦争となりました時に、人々が私のことをもっともであると思ってくれることでしょう。(32)

龍馬は応接書を公開することで、事件を「天下の耳」に入れることを欲した。それは、「天下の人」に「よく知らせて置」(33)くことで、彼らが、実力だけでは紀州藩には到底太刀打ちできない自分たちの力となってくれることを期待したからに他ならない。事実、「天下の人」を味方にしようとする龍馬の戦略は功を奏する。

最近は、長崎中の商人や子供にいたるまでが、唯々紀州を撃てだの紀州の船を取れだのと騒ぎ立てるようになりまして、知り合いでもない者までが、戦いを勧めに参っております。(34)

自分と無関係な人間すらもがみずからの味方となってくれたことは、龍馬にとって大きな力となってくれたことであろう。この書簡を認《したた》めた当時、すでに紀州藩側は、彼個人に対して謝罪を申し入れている。しかし彼は、むしろ隊士を鞆の浦に放置したという「土佐の士」への辱めを問題としており、「主人土佐守」への謝罪をも要求したのである。(35)

この強気な言動の背景には、もちろん薩摩藩をはじめとする仲介者や「世界之公法(36)」の存在があるのだが、同時に談判地の長崎市中における先に見たような支持もまた見逃すことは出来ないであろう。本来問題意識を共有していなかった人々をも、その当事者として参加させることで、問題解決を図る龍馬の手法は、まさに公議公論の時代の到来を予感させるものでもあった。

龍馬の人間観

龍馬がこの海難事件に勝利した一つの要因は、自分の正しさに甘んじることなく、その正しさを周囲に理解させる努力を惜しまなかったことであろう。たしかに彼の行為に世論操作という側面を見ることも可能である。しかし、ただ「怨み報ぜざるべからず(37)」というような感情論やみずからの正当性を強弁するだけで、この紛争が解決できたとは考え難い。すなわち「海援隊」対「紀州藩」という一対一関係の紛争処理であれば、たとえ自分が正しくとも、その要求を全面的に勝ち取ることは困難であったに違いない。それは、自己の確立を第一とし、個と個とが直接に対峙し、あくまで自力で紛争解決を図るような人間関係――同時にそれは国家間関係でもある――を思い描いた松陰とはまったく異なる思考様式であった。

松陰はみずからの正しさを信じ、その正しさゆえに人々が自分に追従してくれると考えていた。彼が展開した前衛の理論が先覚後起論と呼ばれる所以である。しかしそれは、みずからに賛同しない者を必然的に「悪」と見做し、切り捨ててしまう危険性を常にはらむものであり、再投獄され、友人や弟子たちから距離を置かれた晩年の彼が、次々に彼らと絶交してしまったその絶望的な過激さは、まさに彼の

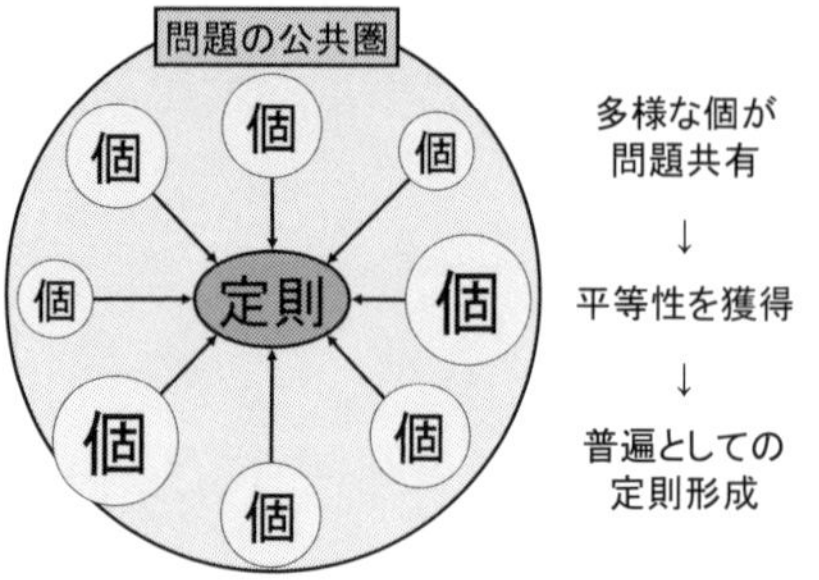

図3　龍馬における定則の論理

一種楽天的な人間観に由来していた。

松陰は、人間すべてにおける性善を信じる一方で、人間個々人が多様であるという事実を受け入れられなかった。すべての人間が、自分と同じ問題意識（尊王攘夷論）を無前提に共有できると信じていたからこそ、彼はみずからの志と異なる人間を認めることが出来なかったのである。

これに対して龍馬は、人間の平等性を確信しつつも、現実の人間が多様であることを知悉していた。それは、町人郷士というすでに境界超越的marginalな出自や、脱藩後に諸国を遊歴し、さまざまな階層の人々と交わった経験から会得したものでもあった。平等性を有しながらも、現実には平等ではないこの人間世界において、みずからの問題意識が無前提に共有されることはあり得ない。それゆえ彼は、問題意識を共有できる公共圏の確立を目指したのであり、「天下の人」への働きかけはまさにその具体的行為だったのである。

おわりに

龍馬は、それまでまったく関係の無かった諸個人のなかにみずからの問題意識を提示することで、これへの関心を喚起し、その共感にもとづいて、いま・ここにおける原理・原則を形作っていった。彼にとっての普遍とは、まさに目の前にある流動的な現在進行形の世界から出発するものだったのである。これは、「至誠・惻怛」といった人間本性の普遍性に基づき、原理・原則を形成しようとした小楠とも異なる普遍の模索のあり方である。

龍馬における人間とは、本能や本性といったところから高踏的に規定されるものではない。彼が向き合っていたのは、いま・ここにいる生《なま》の人間であり、この具体的な人間関係の中に入ることで、彼はみずからの固有性と他者との普遍性とを確立していった。いろは丸沈没事件における処理が、このちの海難事件の処理判例となったことは、まさに彼の営為が現実に普遍的な原則を形作ったことを示すものでもある。

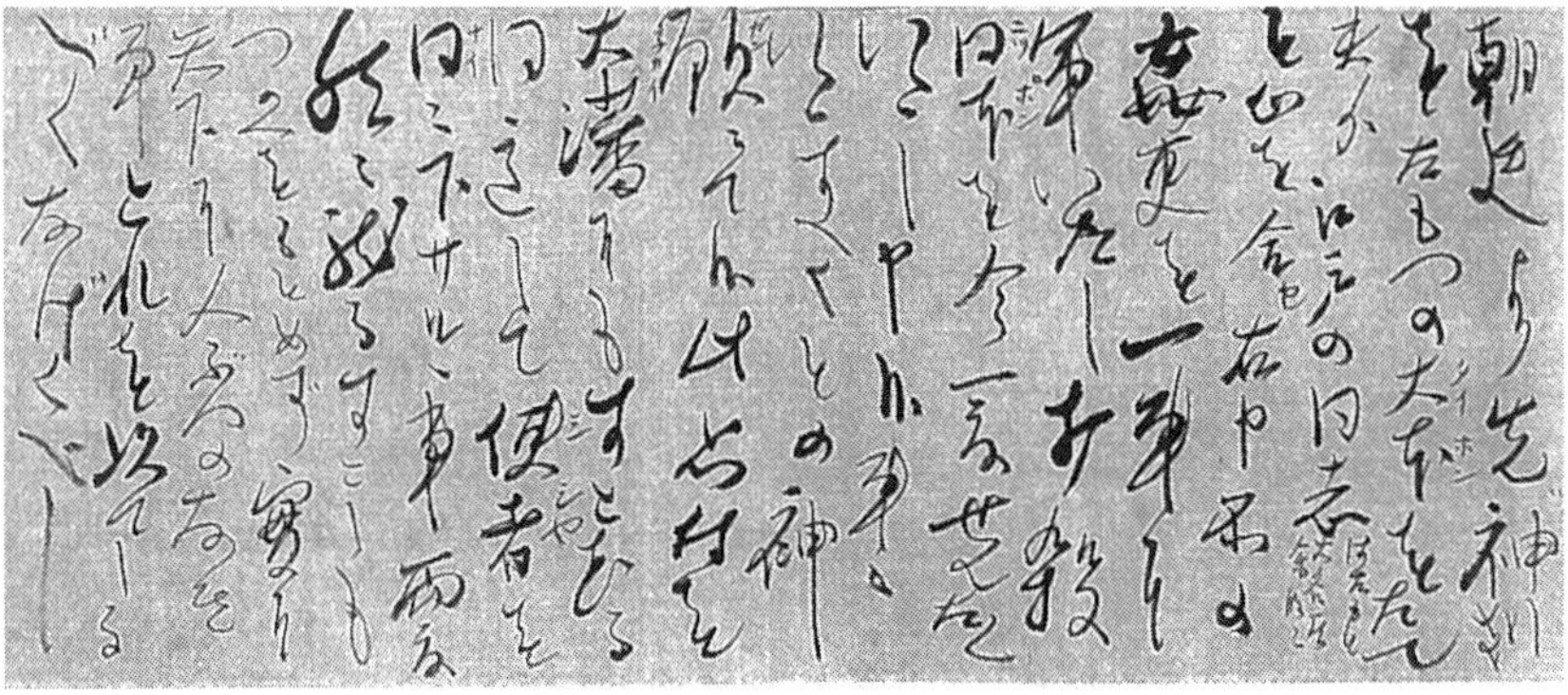

坂本龍馬書簡（乙女、おやべ宛）
（1867 年 6 月 29 日）

すべての人が申しますことには、私によるこの海難審判の議論というものは、日本の海路の定則を定めたものであるということで、海の船乗りたちが聞きに参っております。(38)

もし、龍馬が紀州藩との対決を、みずからの正当性を主張し続け、たんに一対一関係あるいは紛争当事者間のみで解決してしまったならば、決してそれは「定則」とはなりえなかったに違いない。彼の営為が「定則」という形で結実し得たのは、多様な人間が存在する現実の社会の中において、いま・ここで必要な原則を模索しようとする彼独自の普遍性に対するアプローチの賜物であったと言えよう。

かつて「姦吏《かんり》を一事に軍《いくさ》いたし打ち殺し、日本を今一度せんたく《洗濯》いたし申し候事」と「神願」(39)を立てた龍馬であったが、「将軍家を地下《じげ》〔一般庶民〕に致し候事ができず候時は、もう外国に遊び候事を思ひ立候」(40)と、いざとなれば日本を離れることも考えていた。脱藩はおろか国外亡命すら厭わなかった彼にとって、土佐藩も日本もすでに拘泥する所ではなかったに違いない。彼は、すべての既存の帰属集団から超脱していた。それは、松陰のように強烈な自己意識を確立することで、既存の帰属集団から超脱し、この世のすべての人間と自己の尊厳をかけてわたりあうような緊張関係でもなく、小楠のように巨視的で超越的な視座に立脚することで、現実の人間関係そのものから超脱するような態度でもない。彼が見ていた世界は、彼自身の目で見え、手で触れられる具体的で現実的な世界であり、その中を「横行」し得たからこそ、彼は「天よりうけ得たる知」を開いていくことが出来たのであろう。

注

（1）坂本君御出遊在らせられ、腹蔵無く御談合仕り候事。竟に諸侯恃むに足らず、公卿恃むに足らず、草莽志士糾合、失敬乍ら尊藩も弊藩も滅亡しても、大義なれば苦しからず（久坂玄瑞「武市瑞山宛」一八六二年一月二十一日『坂本龍馬関係文書』日本史籍協会、一九二六年、一巻五八頁）。以下、引用はすべて読解に便あるように筆者が口語訳したものであり、原文もまた適宜送り仮名等を付した。

（2）宮地佐一郎編『龍馬の手紙』講談社学術文庫、二〇〇三年、五九頁。以下、『手紙』。

（3）義卿、義を知る、時を待つの人に非ず。草莽崛起、豈に他人の力を仮らんや……恐れながら天朝も幕府・吾が藩も入らぬ、只だ六尺の微躯が入用（松陰「野村和作宛」一八五九年四月頃、大衆版『吉田松陰全集』大和書房、一九七二―一九七四年、八巻、三二一頁。以下、同全集からの引用は『松陰全集』とのみ記す）。

（4）松陰『講孟余話』「梁恵王下三」一八五五年七月二日、『松陰全集』三巻、四八頁。

（5）幕府は弥々墨夷へ降参、属国を甘んぜられ候様相見え候に付き、各々毛利の称号の墨に汙れぬ工夫のみ夜白塾中に於て工夫仕り候。六十四国は墨になり候とも二国にて守返し候様仕らでは日頃の慷慨も水の泡と存じ候（松陰「月性宛」一八五八（安政五）年一月十日、『松陰全集』、八巻、三一一頁）。

（6）高橋文博『吉田松陰』清水書院、一九九八年、一〇四頁。

（7）今日の勢、宇内万国一同交通致し候えば、今日本、一国鎖国割拠の旧習を主張致候えば、乍に万国を敵に引受、眼前滅亡の禍を招くべく、長州の一件にて知られ候。さしより江戸御城下を始め渠等に焼き立てられ人民惨怛の禍を極むべく候（小楠「沼山対話」一八六四年秋、山崎正董編『横井小楠遺稿』（一九三八年）マツノ書店、二〇〇六年、九〇七頁。以下『遺稿』）。

（8）全体割拠見と申す者免れがたきものにて、後世は小にして一官一職の割拠見、大にしては国々の割拠見皆免ざることに候（同右、九〇八頁）。

（9）今日宇内の勢火輪船出来天涯如此比隣に相成候えば互に交通可致の形勢に相成候。今日に至り独立鎖国の旧見を主張するは天理に悖候ことに候（同右、九〇七頁）。

（10）ただし、蒸気船の力による日本とアメリカ西海岸との「近さ」を高らかに歌い上げた米大統領親書は、実は太平洋を経由してではなく、喜望峰・インド洋経由によってもたらされたものであった。

（11）古今、勢は異り候。勢に随ひ、理、亦た同じからず候。理と勢とはいつも相ひ因りて離れざる者に候（同右）。

（12）仮令今日君親に負くとも、後来決して国と家とに負かじ。君は燕恵に非ず、親は薛某に非ずと雖も楽毅・薛包を之れ為さんのみ（松陰「兄杉梅太郎宛」一八五一年一二月十二日、『松陰全集』七巻、一一五―一一六頁）。

（13）御国表の不都合〔脱藩〕の上、又、小弟さへ屋鋪には入るあたはず（龍馬「望月清平あて」一八六七年三年十月十八日、『手紙』四九一頁）。

（14）御案内の通り朝廷というものは国よりも父母よりも大事にせんならんというはきまりものなり。御親るいを初め杉山さんなども、を国を後にし父母を見すて、妻子を見すてするは大義にあたらずとの御事ならん。それはそれは実当時のヘボクレ役人や、あるいはムチヤクチヤをやぢの我国ひいき我家ひいきにて、男子とし（て）の咄にあらず（龍馬「池内蔵太の母あて」一八六三年六月十六日、『手紙』、七〇頁）。

（15）吾が藩当今の模様を察するに、在官在禄にては迚も真忠真孝は出来申さず候。尋常の忠孝の積りなれば可なり。真忠孝に志あらば一度は亡命して草莽崛起を謀らねば行け申さず候。亡命の時は御胸中にあるべし（松陰「佐世八十郎宛」一八五九年二月九日頃、『松陰全集』八巻、二二二頁）。

（16）去月十五日将軍上洛、二十一日、一・会・桑、暴に朝廷にせまり、追討の命をこふ。挙朝、是におそれゆるす。諸藩さゝゆる者なし。唯薩独り論を立たり。……非義の勅下り候時は、薩は奉らずと迄論じ上げたり。されども幕のコフ所にゆるせり（龍馬「池内蔵太あて」一八六五年十月三日、『手紙』一六二頁）。

（17）なお、この薩摩藩による「非義の勅」のことばは、大久保利通が西郷隆盛に宛てた書簡に見ることができる。

若し朝廷、是れ〔長州第二次征討〕を許し給候はば、非義之勅命にて、朝廷之大事を思ふ列藩、一人も奉じ候はず。至当之筋を得、天下万人御尤と存じ奉り候てこそ勅命と申すべく候得共、非義勅命は勅命に有らず候。故奉ずべからざる所以に御坐候（大久保利通「西郷隆盛宛書翰」一八六五（慶応元）年九月二三日『大久保利通文書　一』三一一頁、欠字抬頭はこれを省略した）。

（18）兄弟牆に鬩げども、外其の侮を禦ぐと。大敵外にあり、豈に国内相責むの時ならんや。唯だ当に諸侯と心を協せて、幕府を規諫すべく、与に強国の遠図を策すべきのみ（松陰「浮屠清狂に与ふる書」、一八五五年三月九日、『松陰全集』二巻、三一三頁）。

（19）大抵五大洲公共の道あり、各一洲公共の道あり、皇国・漢土・諸属国〈朝鮮・安南・琉球・台湾の類〉公共の道あり、六十六国公共の道あり、皆所謂同なり。其の独に至りては一家の道、隣家に異り、一村一郡の道、隣村隣郡に異り、一国の道、隣国に異るものあり。故に一家にては庭訓を守り、一村一郡にては村郡の古風を存し、一国に居りては国法を奉じ、皇国に居りては皇国の体を仰ぐ。然る後漢土聖人の道をも学ぶべし。天竺釈氏の教をも問ふべし（松陰『講孟余話』「尽心下三六」一八五六年六月四日、『松陰全集』三巻、四一二頁）。

（20）凡そ皇国の皇国たる所以は　天子の尊、万古不易なるを以てなり。苟も天子易ふべくんば則ち幕府も帝とすべく、諸侯も帝とすべく、士夫も帝とすべく、農商も帝とすべく、夷狄も帝とすべく、禽獣も帝とすべし。則ち皇国と支那・印度と何を以て別たんや（松陰「太華翁の講孟箚記評語の後に書す」一八五六年十月二十八日、『講孟余話附録』三巻、四五一頁）。

（21）拙稿「東方君子国の落日――『新論』的世界観とその終焉」（明治維新史学会『明治維新史研究』第三号、二〇〇六年）および同「『新論』的世界観の構造とその思想史的背景」（茨城県立歴史館『茨城県史研究』第九一号、二〇〇七年）参照。

（22）「平準化」については、山室信一『思想課題としてのアジア――基軸・連鎖・投企』（岩波書店、二〇〇一年）を参照。

（23）この論争については、拙著『吉田松陰の思想と行動――幕末日本における自他認識の転回』（東北大学出版会、二〇〇九年）参照。

（24）各国に於いて各々の割拠見の気習を抱き、自利するの心外にて至誠・惻怛の根元之れ無き候故、何分天を以て心として至公・

至平の天理に法り候こと能はざるものに候（小楠「沼山対話」、『遺稿』九〇六頁）。

(25) 横行と申すこと已に公共の天理にあらず候。所詮宇内に乗出すには公共の天理を以て彼等が紛乱をも解くと申す丈けの規模之れ無く候ては相ひ成る間敷く、徒らに威力を張るの見に出でなば、後来禍患を招くに至るべく候（小楠「沼山対話」、『遺稿』九一〇頁）。

(26) 苟も其の志を大にし、其の略を雄にして以て事を建て、勢と機とを審かにして以て兵を行らしめば、艦砲なしと雖も猶ほ将に五大洲を横行して余りあらんとす、何ぞ魯・墨を畏るるに足らんや（松陰「治心気斎先生に与ふる書」一八五五年八月一日、『松陰全集』二巻、一五二頁）。

(27) 兼而雅兄が御論にも、土佐一国にて学問致し候得ば、一国だけの論（に）いで（世界を）横行すれば、又夫だけの目を開き、自ら天よりうけ得たる知を開かずばならぬとは、今に耳に残り居り申し候（「川原塚茂太郎あて」一八六三年八月一九日、『手紙』一〇〇―一〇一頁）。

(28)「土佐の士お鞆の港にすておきて長崎へ出候ことは中々すみ不申」（龍馬「お龍あて」一八六七年五月二十八日、『手紙』三六五頁）

(29) 龍馬「三吉慎蔵あて」一八六七年五月八日（『手紙』三四六頁）参照。

(30) 安岡昭男「日本における万国公法の受容と適用」（『東アジア近代史』二号、一九九九年）参照。

(31) 唯御送り〈但し万国公法〉有り難く存じ奉り候。そして活板字がたり申さざれば、其の不足の字は御手許より御頼むか、又は伏水にて御相談、以前の板木師に御申し付け成し下さるべく頼み奉り候（龍馬「秋山某あて」一八六七年五月十一日、『手紙』三四八頁）。

(32) 此航海日記《ママ》と長崎にて議論すみ候までは、他人には見せぬ方が宜しと存じ候。西郷に送りし応接書は早々天下の耳に入れ候得ば、自然一戦争致候時、他人以て我も尤もと存じくれ候（龍馬「菅野覚兵衛、高松太郎あて」一八六七年四月二十八日、『手紙』三三三頁）。

(33) 同右、『手紙』三三四頁。

(34) 此の頃、長崎中の商人小どもに至るまで、唯紀州をうての紀州の船をとれのと、のゝしり候よふ相ひ成り、知らぬ人まで戦をすゝめに参り申し候（龍馬「伊藤助太夫あて」一八六七年五月二十八日、『手紙』三七二―三七三頁）。

(35) 同右、『手紙』三七三頁。

(36) 龍馬「高柳楠之助あて」一八六七年五月中下旬頃、『手紙』三五八頁。

(37) 龍馬「菅野覚兵衛、高松太郎あて」一八六七年四月二十八日、『手紙』三三三頁。

(38) 皆人の申し候には、此の龍馬が船の論なるや、日本の海路定則を定めたりとて、海船乗らは聞きに参り申し候（龍馬「坂本権平あて」一八六七年六月二十四日、『手紙』三八八―三八九頁）。

(39) 龍馬「坂本乙女あて」一八六三年六月二十九日、『手紙』七六―七七頁。

(40) 龍馬「坂本乙女あてか」一八六六年夏頃か、『手紙』五五五頁。

坂本龍馬と開明派幕臣の系譜

〔受け継がれた徳川的教養〕

佐野真由子
Sano Mayuko

はじめに

慶応三（一八六七）年十一月十一日、凶刃に倒れる四日前の坂本龍馬の手紙に、「追白」として次の一節がある。

彼玄蕃ヿ《こと》ハヒタ同心ニて候(1)、

「玄蕃」は幕府若年寄の永《なが》井《い》玄蕃頭《げんばのかみ》尚志《なおゆき》、正確にはこの少し前から玄蕃頭を改め主水正《もんどのしょう》を名乗っていた(2)。「ヒタ同心」とは「ぴったり心の合った仲間」の意であるという(3)。すでに前月、大政奉還のことが決まり、背後では朝廷より薩長に討幕の密勅が下り、その後の徳川の去就が焦点となっていた時期。京にいる龍馬はこの日の朝、永井を訪ねて縷々議論したことが同じ手紙から知れる。永井宅を訪れたのはこのとき限りではなく、連日に及んだと推測され、遭難前夜にも会談したらしい(4)。そもそもひと月前、最後の将軍徳川慶喜に大政奉還を納得させたのがこの永井であり、永井に大政奉還を説くという決定的な役割を果たしたのが龍馬であることは、すでに通説となっている(5)。

永井尚志は文化十三（一八一六）年生まれで、天保六（一八三五）年生まれの龍馬より二十歳近く年長、昌平坂学問所の秀才として弘化四（一八四七）年、小姓組に召し出されたのを皮切りに、嘉永六（一八五三）年には老中阿部正弘の抜擢を受けて目付となり、激動期の徳川幕府において海防畑を歩んできた幕臣中の幕臣である。阿部亡きのち、大老井伊直弼の安政の大獄により不遇の時期を過ごしたが、朝廷との関係において政局が混乱に陥った文久二（一八六二）年、京都町奉行として再び登用され、龍馬が見えたこのときには将軍慶喜の側近であった。本来は大名の職掌である若年寄に引き上げられたのは幕臣としてきわめて異例のことであるが、永井が果たしていた役回りの大きさに加え、もともと奥殿藩主松平家の血を引く背景もあってのことかもしれない。[6]

さて、いわゆる「討幕の志士」中の英雄、坂本龍馬が、その最期にこのような幕府の中心人物と自らを「ヒタ同心」と語り残したことは、何を意味するのであろう。永井もまた龍馬について、「説も面白く有之、彼か申處《もうすところ》至極《しごく》尤《もっとも》」と評したという。[7] 龍馬が勝麟太郎（海舟）の弟子として世に出、その意味で幕府側につながる人物であるという事実はもとより、また、もともとその勝を見出した幕臣大久保忠寛（一翁）や、大久保らとつながって幕政に重きを成した福井藩主松平慶永（春嶽）にも高く評価されたことなどは、むろんよく知られている。しかし、志士たちの中で特異とも言える幕府方とのつながり、宮地佐一郎氏が元治元（一八六四）年勝宛と推定される龍馬書簡に基づいて「親幕の気配さえ窺える」[8] とまで述べた龍馬の位置は、単にそのように認識されるのみで、必ずしも十分な考察の対象になってこなかったのではないか。

元治元年、まだ直接に勝の指導下にあった龍馬が、幕府寄りのニュアンスを色濃く湛えていることを仮に当然と見なすにせよ、まもなく勝のもとを離れ、薩長同盟をもたらすこの人物の、三年後の「ヒタ同心」を、掘り下げてみないわけにはいかないように思われる。そこには、龍馬という人物が活動を展開するうえでの重要な背景が横たわっているだけでなく、龍馬を通じて、ほかならぬ徳川政権の末期としての「幕末」という時代が、一つの足跡を残しているように感じられるからである。

本稿は、最も直接的には勝との交わりを通じて龍馬が吸収したであろう、いわば徳川的教養とでも言うべきものを読み解くことを目的とする。徳川的教養と言えば、昌平黌を中心に培われた学問的伝統を指すようにも聞こえるが、筆者が関心を持つのは、むろんそうした側面を踏まえつつも、現実に対応しながら日々の政策実践の最前線に立つ徳川官僚たちの、現場経験の蓄積としての教養である。とくに、日本をめぐる国際関係の未曾有の展開に翻弄されたこの「幕末」という時期、あるいは、そうした国際関係の展開をもって「幕末」と切り取られるこの時代、徳川の幕臣たちには、過去二世紀にわたって外交を独占してきただけの対外認識と、それに基づく実践の覚悟があった、少なくともそのような瞬間があったと、筆者は考えている。

その瞬間を求めて、本稿はまず、安政四（一八五七）年の長崎に飛ぶ。そこでは、龍馬の「ヒタ同心」永井尚志が、その十年前の若々しい姿で、海軍伝習所の指揮をとっている。永井より七歳若い勝麟太郎が、伝習生の取りまとめ役として奔走している。次の節で、舞台は永井を追って同じ年の江戸に移る。本稿で龍馬は、第三節で少し顔を出すだけであることを、お断りしておかなければならない。これは、天保六（一八三五）年に生まれ、文久二（一八六二）年という段階で勝に出会うことになる坂本龍馬が、その世代的宿命をも背負って足を踏み入れた土壌を、掘り起こしてみようとする試みである。

一、安政四年　長崎

永井尚志と海軍伝習所

安政四（一八五七）年年頭、幕府の長崎海軍伝習所は、すでに二年目に入っていた。日本に西洋式海軍を創設すべく、オランダ人教師団の下で訓練を受けるために、将来の艦長要員から下士官、鼓手の要員まで四八名、さらに水夫、火焚きとして徴用された者たち数十名を合わせた第一期幕府伝習生が[9]、長崎湾と、湾に臨む長崎奉行西役所（現・長崎県庁）を舞台に新たな生活をスタートさせたのは、安政二年十月二十二日のこと。この日は西暦で一八五五年十二月一日にあたり、太平洋戦争終結まで日本海軍の教育年度が十二月一日をもって始まる制度になっていたのは、ここに起因するとも言う[10]。近代日本への道筋を語るにはさまざまな側面を考慮しなければならないが、その幕の一つは、確実に、この日の長崎で上がった。右の人数に加えて実際には、上級伝習生の家臣として聴講を許された員外生徒二三名、さらに、幕府の許可を得て参加し、大いに力を発揮した佐賀藩伝習生四八名がいたとされる[11]。

この長崎海軍伝習所が、長年の付き合いのあるオランダから、ペリー来航を経験した幕府への提言に基づいて計画されたことは、よく知られている。安政元（一八五四）年夏、日本近海に起きつつある新事態に接したオランダ商館長ドンケル＝クルチウスの献策により、オランダ国王の特派艦スンビン号が長崎に入港[12]、艦長のファビウス中佐は当初二カ月の滞日中、長崎奉行からの諮問に答え、ドンケル＝クルチウスと協力して熱心に世界情勢を説くとともに、日

長崎海軍伝習所之図（財団法人鍋島報效会所蔵）

本の地理的条件を踏まえれば、この機に日本海軍を起こすべきであること、そのための人材教育に協力する用意があることを具体的に記した意見書を寄せた。並行してすでに、現地で日本人への技術指導を開始している。[13] 意見書は、士官の教育方法から、オランダ人教師の待遇に関する諸事項まで、前後三通に及ぶ詳細なものとなり、[14] これを受けた長崎奉行水野忠徳や長崎在勤目付永井尚志の中に、海軍創設とその前提となる海軍伝習所設立の構想を抱かせるに至ったのである。[15]

当時、阿部正弘を筆頭老中とする幕府では、諮問を受けた大目付・目付が「このたびの御一挙においては、もとより御入費、御手数を厭はせられ候筈もこれなく……」と提案をさらに膨らませる形で答申、[16] 続いて伝習生の選抜が始まる。同時に、「船軍御創制ハ不容易大業ニ候處、……彼（オランダ）國王ニおゐて格別之心入ニ有之、悉ク傳習研究致度、就《つい》而《て》者《は》……」として、予定されていた江戸への異動を変更して長崎残留を命じられ、新事業発足に向けた采配を託されたのが、永井尚志であった。[17]

伝習所教師団の初代団長となるペルス＝ライケン大尉以下二二人の教師陣、伝習所の練習艦としてオランダ国王から将軍家定に贈られることになったスンビン号（観光丸と改名)、そして先述の生徒たちが、翌安政二(一八五五)年の夏から秋にかけて長崎に集結。開所の日、永井は伝習所総督として、礼服を着た生徒たちを率いて教師団の宿所となっている出島に赴き、双方を引き合わせて入門式を執り行ったという[18]。また、これと相前後して日蘭間に和親条約が締結され、二世紀以上にわたりオランダ東インド会社を通じた民間貿易と位置づけられてきた両国の関係は、正式な国交に切り替わった。長崎海軍伝習所はこの動きと歩を一にした[19]、日本にとって最初の国際共同プロジェクトであったと言える。

永井は、個々の伝習生が習得すべき分野にまで及ぶカリキュラム全般をペルス＝ライケンと議論し、また同時に、実際の教育の現場における主導権は全面的に教師団に持たせ、総督は江戸の幕閣との間に立って彼らをバックアップする役割に徹することを約束した[20]。伝習所のカリキュラムは、蒸気船運用の実地訓練はもちろん、数学、天文学等の座学にも及ぶ。それらを通訳を挟み、オランダ語で学んだのである。前頁に掲げた「長崎海軍伝習所之図」は、昭和に入ってから描かれた想像図ではあるが、当時の雰囲気を十分に伝えていると言ってよいのではないか。長崎奉行所西役所の一端に設けられた教場に[21]、海上での実習を終えた生徒たちが列をなして入っていく。その向こう側には、オランダ国旗のたなびく出島が見える。一人一人の人間がごく小さいだけに、どこか可愛らしくも感じられるその行列こそ、新しい時代に能動的に対処した日本の第一歩の姿である。

この伝習生たちを取りまとめる、いわば学生長として、三〇代前半の勝麟太郎がいた。艦長要員として最上級の伝習生に選抜された三人の一人である。幕臣とはいえ最下級で、蘭学で身を立てつつあった勝が、ペリー来航を受けて阿部正弘が広範に行った諮問に答え、幕閣に注目されたことは周知だが、人の上に立つ仕事を与えられて初めて華々しく登場する舞台が、この長崎海軍伝習所であった。勝はここで上司として見えた永井を、のちにその死去にあたり、「我邦開化の先を開き、我邦海軍の嚆矢たる」人物と位置づけ、「虚心公正偏私する所なく、唯邦家の利是を視る」と評したという[22]。

勝は、安政四(一八五七)年春に最初の伝習生の多くが江戸に戻ることになったとき、近くやはり第二次の陣容に交代が予定されていた教師団のための引き継ぎ役も兼ねて、次期の伝習生らとともに長崎に残ることになった。これについては、勝に人望があったゆえとする大方の説に対して、オランダ語はできても数学の心得のなかった勝が、成績不良により江戸帰還の選に漏れたとする見方もあり[23]、実情は後者に近いような気もするが、現時点で筆者が断定する術はない。しかしいずれにしても、勝がいきいきと活躍し、人としての輝きを増していくのが、日本側、オランダ側ともに大勢が入れ替わる中で彼の調整能力が求められたこの時期からであるのは、間違いないように思われる。勝は江戸にの生活も、勝手知ったるものになりつつある。長崎では妻子を残していたが、長崎では、のちに彼との間に男児梅太郎を儲けることになる、未亡人おくまとの出会いがあった。残留はそれが原因との憶測も成り立つ。

ペルス＝ライケンの後任として来日し、安政四年九月から伝習所の教育にあたったのが、ファン・カッテンディーケ大尉である。以下の教師団もほとんどが交替し、人数は増えて計三七名の大所帯となった[24]。同じオランダ国王の命令でも、ジャワ駐屯の東インド政庁海軍で編成された第一次教師団に対し、オランダ本国の海軍から派遣された第二次教師団にとって、日本人との毎日からくるカルチャー・ショックはより大きかったものと想像されるが、カッテンディーケはその回想録の中で、「オランダ語をよく解し、性質も至って穏やかで、明朗で親切でもあった」勝麟太郎に、皆が「非常な信頼を寄せて」おり、「どのような難問題でも、彼が中に入ってくれればオランダ人も納得した」と述べている。しかし同時に、「彼は万時すこぶる怜悧であって、どんな工合にあしらえば、我々を最も満足させ得るかを直ぐ見抜いてしまった……すなわち我々のお人好しを煽て上げるという方法を発見したのである」と、それ自体、きわめて怜悧な評も与えている[25]。後年のフィクサーとしての勝がすでに片鱗を見せていると言えよう。

ペルス＝ライケン同様、カッテンディーケものちにオランダ海軍大臣に上り詰めた人物であるが、この日本におけるプロジェクトの任命を受けて彼が自ら人選を行った第二次教師団は、すでにペルス＝ライケンによる第一期の経験を踏まえて現地事情を分析し、海軍要員の訓練にとどまらない日本側のニーズに応えようとするまことに周到なものであった。その中でも最大の功績が、初の重工業への取り組みであった長崎製鉄所の始動を成功に導くことになるハルデスを、機関将校として伴ったことであろう。ハルデスは伝習所で蒸気理論の講義を受け持つことになっていたが、その専門分野の延長として、蒸気力を使う製鉄工場の建設のために主要な役割を担うことが当初から念頭に置かれていた[26]。

日本が海軍を持とうとするにあたり、その要員を養成するのみならず、将来、自ら艦船をつくり、また補修することができなければならないことに思い至ったのは、伝習所の創設を現場で指揮した永井尚志である。彼は伝習所の開所準備と並行して、安政二（一八五五）年七月にはその旨を江戸に伺い出た。しかし、海軍の必要はすぐに理解した幕閣も、造船、ひいては製鉄の重要性を飲み込むのは難しかったと見え、一向に許可が下りない。ペルス＝ライケンの着任を見守るため再来日した日本海軍の提案者、ファビウスが帰国する機会を逃せば、計画が年単位で遅れることを予測した永井は、ついに江戸の返事を待たず、製鉄所建設への協力を独断でオランダに依頼したのである。[27] 永井自身はのちにこのときのことを、「議協はずるが故に、職権を以て専断し……」と書き残している。[28]

幕府がこれを追認し、出資を決めたのは、安政四（一八五七）年、第二次教師団の到着に先立って、永井が注文した品々がオランダ船三隻に積載されて長崎に届いてからのことである。[29] いかに剛腹の人物であれ、永井の決断は切腹覚悟のものであったと想像して差支えあるまい。ファビウスもまた、永井の決断の重さを共有したであろう。カッテンディーケとハルデスは、その意を受けて来日したのである。後述するように、永井はこのときすでに長崎を去っており、彼らと対面することはなかったが、安政四年の秋から翌年初頭にかけて、用地を選び、工場建設のための煉瓦を焼くところから始まったこの工事について、[30] カッテンディーケは「国民的誇負の念をもって、これが蘭印のスラヴァヤを除いては、喜望峰以東他に匹敵するもののない立派なものに仕上げたいと思った」と言う。[31]

安政六（一八五九）年に前任地の中国から来日した初代英国総領事オールコックは、最初の寄港地となった長崎でこの工事現場に案内されたときのことを、次のように記している。

> ……日本人とオランダ人とが一緒になって、あらゆる困難にもめげずに、地球上のこのへんぴな一隅で、蒸気機関の修繕と究極的にはその製造のために、あらゆる複雑な方法と応用を創造せんと努力しているのである。
>
> すべての栄誉は、オランダ士官——オランダ海軍のカッテンダイケ大佐が顧問団の団長兼技師長——に帰する。かれらは……いかなる困難にも打ちかって、海をこえて領土を征服することにつとめた勇敢なるオラ

ンダ人の子孫にふさわしい人たちだ。

各種の作業場を見てみると、なにからなにまではじめからつくりださねばならなかったことがわかる。……

……これこそは、日本人の進取の気象《ママ》と器用さを示すずばぬけたこの上ない証拠であって、かつてこれらのことを企てた中国人を断然ひきはなしている。[32]

長崎製鉄所がついに稼動したのは文久元（一八六一）年のことである。ハルデスとその配下のオランダ人職工はそれまで残ったが、伝習所の閉校とともに安政六（一八五九）年に離日したカッテンディーケはその姿を見ていない。しかし、製鉄所はその最初の槌を入れた長崎湾岸の飽ノ浦の地で操業を続け、維新後、民間に払い下げられて三菱重工業の礎となった。飽ノ浦には今日、三菱長崎造船所の施設が立ち並んでいる。敷地内に現存する最も古い煉瓦建ての工場（一八九八年建設）を使用した三菱重工業株式会社長崎造船所史料館で、その歴史の起点に位置づけられているのは、幕臣永井尚志である。

岩瀬忠震の来崎

かくして、海軍伝習所が一定の成果の上に、オランダ側教師団長、日本側総督とも二代目に引き継がれ、その引き継ぎ役を担った学生長勝麟太郎が大きな成長を見せ、初代伝習所総督永井尚志が残したもう一つの大プロジェクト、初の国産製鉄所がついに着工を見た安政四（一八五七）年は、長崎にとって充実の年であった。ペリー来航によって社会環境が大きく変化したのち、倒幕の方向があからさまになっていく以前の時期に、徳川幕府が、二世紀にわたり日本の国際関係を掌握してきた拠点たる長崎で、新しい時代に対応しようとする最も鮮やかな動きを見せたのがこのときであると言ってよいであろう。

先に触れた安政二（一八五五）年の日蘭和親条約以降は、長い間厳しく取り締まられてきた出島の出入りも、オランダ人、日本人ともに自由になっていたが、[33]諸藩伝習生を含めて数百人単位の若者が、伝習を終え、または伝習を始めるために長崎を出入りし、オランダ人教師も一期と二期の入れ替わりにあたって計五十人以上の所帯となっていたこの年、町がかつてない活気を帯び、文字どおり国際都市の様相を呈したことは想像に難くない。その後、急速に長崎のお株を奪っていく横浜が開港される二年前のことである。

そんな安政四（一八五七）年の長崎にもう一人、重要な人物が加わる。今日の研究上はもとより、当時から開明派の筆頭と謳われた幕臣岩瀬忠震《ただなり》である。岩瀬はこの年に満三十九歳になる文政元（一八一八）年生まれ。永井尚志より二歳下だが、同世代と見てよい。ちなみに勝麟太郎は、さらに三年若い文政四（一八二三）年生まれである。岩瀬も永井同様、昌平坂学問所の俊秀で聞こえ、嘉永二（一八四九）年に部屋住みから西丸小姓に召し出された(34)。二人は親友であったとされ、早世した岩瀬のため、明治維新後に建てられた墓碑（東京都墨田区向島、白鬚神社内）の撰文は永井の手になる(35)。ペリー再来の嘉永七年には、前年すでに永井が任命を受けていた海防掛目付に岩瀬も加わった。

「弘化、嘉永、安政年間ハ幕府殊ニ人材ニ富メリ、是レ概ネ正弘ガ登用シタル者ナリ」とする『阿部正弘事蹟』は、さらに「正弘ガ閣老トシテノ功績中最モ著大ナルモノヽ一ハ多ク人材ヲ登用シタルニアリ、而カモ其登用シタル人物ハ大抵開國家ナラザルハナシ」と続け、「正弘ガ推薦シテ任用シ及ビ信任シタル者ノ中重要人物」として、筒井政憲、松平近直、川路聖謨、岩瀬忠震、永井尚志、堀利熙、江川英龍、水野忠徳、大久保忠寛、勝麟太郎を挙げる(36)。この中でも、安政三（一八五六）年、ペリーとの日米和親条約に基づいて初代米国総領事タウンセンド・ハリスが下田に到着した際、これまでの一時的な訪問と違い、日本国内に駐在しようとする外国代表を、しかも予想外に早く迎えるという非常事態に右往左往する下田奉行への援軍として、江戸から急派されたのが岩瀬であった。

いったん下田に落ち着いたハリスは、江戸への出府と将軍拝謁を希望し、次章でも取り上げるように、安政三年秋から一年にわたり、これへの対応如何が幕府での一大懸案となる。これに関し、結果として江戸での日米修好通商条約締結につながるハリスの貿易開始要求が背景にあったことは言うまでもないが、従来そのための表面的口実と捉えられがちであった、アメリカ大統領の国書を将軍に届けるという、外交上の儀礼的、象徴的側面の重要性を見落とすことはできない(37)。議論の末この出府を許容し、儀礼の形式を決定していく過程で、幕府内では、アメリカなる国と新たに外交関係を開始するという事実の受け止め方が定まっていく。避けられないと予想される貿易開始についての議論と、儀礼の準備を通じた外交関係そのものについての検討が、並行して進展するのである。

後者の問題が、ハリス本人のいる下田の奉行と連絡を取りつつ、江戸の幕府中枢で担当されたのに対し、前者については、幕府にとって対外貿易の経験が集積された地、長崎が舞台となる必然があった。安政四（一八五七）年四月、岩瀬は、「諸般御取締筋者勿論、貿易筋之儀十分に取調」べるべく、その長崎に派遣される。[38]先輩格の幕臣で、これも先に名前の挙がった能吏の一人である勘定奉行水野忠徳が同行したが、水野は先にも登場したように最近まで長崎にあって、このときも在府番長崎奉行を兼帯しており、長崎在勤奉行荒尾成允に加えて彼を長崎に戻すとともに、俊才岩瀬を送り込んでの本腰を入れた調査であったことがわかる。なお、この時期、永井の後任伝習総督には、やはり岩瀬と親友の関係にあった木村喜毅（芥舟）が就いていた。

岩瀬は約半年間、長崎に滞在した。日々、具体的にいかなる活動を行ったのか、それ自体の記録はないが、調査の内容から考えて、前述のとおり二年前の日蘭和親条約（批准は岩瀬在崎中の安政四年）により商館員から外交代表の立場に変わった出島のオランダ人らを訪ね、話を聞くとともに、日本側については、徳川時代を通じて長崎貿易を実質的に担ってきた長崎会所で実態の把握に努めたと想像するのが自然であろう。毎年の貿易の上限枠を幕府が定めたうえで、町役人の組織が現場での輸出入の実務から日本国内各所との商取引まで一手に引き受ける会所貿易は、会所内の諸役が世襲であることもあって外からは仕組みがわかりにくく、江戸から赴任してくる歴代の長崎奉行の中には暗中模索の中で任期を終えるようなケースも少なくなかったらしいが、岩瀬はこの会所貿易に注目することになる。

貿易調査といえども、いまだ幕府内で貿易開始への方向が一致を見ていたわけではなく、海防掛の中でも勘定奉行系と言われるグループを中心にむしろ反対が大勢であるように見えたこの時期、アメリカをはじめ他の国とも貿易に着手し、また長崎一箇所での対蘭貿易に比して規模も大きく拡大すべきことは、江戸出立以前からの岩瀬、また彼を含む阿部配下海防掛目付らの考えであった。[39]が、一気に自由貿易に突入するのではなく、いわばソフト・ランディングを図るための管理貿易の手法として、岩瀬は会所貿易を有効なモデルと考えるのである。岩瀬の調査は、現地滞在のまま安政四（一八五七）年八月、その延長線上に日蘭追加条約と呼ばれる通商規程の調印に進むこととなり、事実上、これが日本にとっての最初の通商条約となるが、この中で、貿易上限額を撤廃する一方、会所貿易の形は積極的に温存されている。[40]同じ時期、三年前に日露和親条約を締結したプチャーチンも再び長崎に来航、やはり岩瀬らが応対し、日蘭に準じた日露追加条約が結ばれた。

幕末期の長崎出島
（横浜開港資料館蔵）

両追加条約の内容に深入りすることは本稿の目的ではないが、これが、幕府においてすでに予想されていたハリスとの日米貿易開始交渉の下地としての調査の結果であり、そして何よりも、安政四年十一月に江戸に戻り、すでに念願の出府を実現させていたハリスと、同交渉の日本側全権として相対することになる岩瀬が、それを見越して「向後外國之貿易申出候節の大根基」(41)と位置づけた条約であることには、本稿の文脈においてあらためて注目しておきたい。とくに、長崎で機能してきた旧来の方法を壊すのではなく、生かす形で、新しい事態に対処しようという考え方が持たれた点においてである。(42)ハリスとの交渉を通じて、翌年の日米修好通商条約は、会所制度そのものの維持という形からは遠いものとなったが、同条約下の一開港地としての長崎に、役割が縮小したとはいえ明治維新直前まで会所が残ったことは、新条約がそれと矛盾しない枠組みを備えていたことを示している。

日米交渉を控えて、従来の開港場よりはるかに江戸に近い横浜を開くべく、最初に主張した中心人物が岩瀬であったことは広く知られている。今日の横浜の繁栄を知る視点からは岩瀬の先見性が強調されやすいが、その時点での岩瀬の立場は、むしろ長崎型管理貿易のイメージを実現させやすい立地を選んだものと考えることもでき、長崎から江戸への帰路、遠州日坂で認められたとされる横浜開港の上申にも、商売繁盛の地として外国側が要求してきそうな大坂の開放を未然に避けるとともに、江戸に直接外国人を迎え入れる混乱を防ぐという意図が明確に読み取れる(43)。開港の日、急遽新造された横浜の町を見て、その形状を「出島」的な陸の孤島として批判した諸外国外交官の捉え方は、その意味で当たっていたのである(44)。

ここで、岩瀬が意外に守旧的であったと言おうとしているのではない。これが当時、開明派最先端と評された幕臣の限界だというのでもない。新しい国際関係を築いていかざるをえない状況に立たされた徳川幕府が、それをまったくの未曾有の事態と捉え、すでに持っているものをすべて捨ててかかるのではなく、新事態に対処しうる仕組みが足元に存在していることを認識し、蓄積された経験を十分に生かしながらその大胆な改良を図っていこうとしていることと、その柔軟な姿勢と、一種の余裕とも言える対外態度を指摘しておきたいのである。

本節を終える前に一つ付け加えれば、岩瀬は長崎での仕事にあたる中で、より本格的な貿易調査を思い描くようになり、着後二カ月の時点で江戸の同輩らに香港出張の希望を打ち明け、相談している(45)。数年後には幕府から公式に外交使節や留学生が送り出される時代がくるとはいえ、ほとんど誰の脳裏にもそのような考えは浮かばなかった安政四(一八五七)年六月のこと、それ以前に留学生派遣という発想を持ち、提案したことがあるのは、永井尚志ただ一人である。永井はその前年、海軍伝習所の運営を通じて、外国から教師を招くよりも、「海外之形勢実践探索」を兼ねて日本から人を送り出したほうが、費用の面を含めて効果的であることに思い至っていた(46)。あるいは二人の間でそのことについての意見交換があったかもしれない。

岩瀬は同じ希望を、同年九月のやはり同役目付連中に宛てた書簡では「吾邦の威権輝天地候基本を組立申度至願御坐候(47)」と表現しており、溢れ出すような使命感が伝わってくる。渡航は実現しないまま、彼は前述のとおり十一月に帰府することになるが、この思いが、日米修好通商条約起草過程で、条約の批准書交換をワシントンにて行う旨を盛り込む深謀遠慮につながったと見るのは当然だろう。この条項が、万延元(一八六〇)年、幕府初の遣外使節を実現させ、これに随伴する咸臨丸艦長として勝麟太郎をアメリカに運ぶことになる。岩瀬自身はそのときすでに、大老井伊直弼の安政の大獄による不遇の中にあり、翌年、満四十三歳の若さで亡くなるのであるが。

岩瀬に外遊の大望を抱かせた安政四年の長崎。そこでは、勝麟太郎はもとより、海軍伝習生らがオランダ人教師たちのもとで訓練の日々を送っていた。岩瀬が長崎滞在中、木村喜毅とやりとりした書簡の中には、伝習の推移に強い関心を抱き、木村の相談にも乗っていたことを示す文面が見られる[48]。伝習生たちと日常親しく交際するには、岩瀬の身分は彼らよりも高すぎたであろうが、同じ長崎奉行所を拠点に活動する彼らの様子を見、一定の交流を持ったことは間違いないと思われる。二年後、勝が伝習を終えて長崎から江戸に戻った折には、岩瀬が木村に頼んであった晴雨儀と『海国図志』とを、勝が届けたらしい。木村にその礼を述べる手紙の中で、岩瀬は勝を「麟太」「麟太」と親しげに呼んでいる[49]。

勝を中心とするその若者たちの中に、幕府の榎本釜次郎(武揚)、佐賀の佐野栄寿左衛門(常民)、薩摩の五代才助(友厚)等々、明治前半の国づくりを支える多くの人物の姿があったことを思えば、その時点で、徳川幕府の手によって近代化への大胆な布石が打たれていたことの意義は、誇張しすぎることはない。また、そのことが語っているのは、このときの長崎の姿が近代日本のスタートであるとともに近世日本の集大成であり、今日のわれわれがあたかも別のもののように捉えてしまいがちな二つの時代が、ここで分かちがたく連続しているという事実である。

二、安政四年　江戸

永井尚志の帰府

こうした長崎風景を現出させた中心人物と言ってよい永井尚志は、すでに何度か触れたように、オランダ側の二代目教師団長カッテンディーケの到着を待たず、また製鉄所の着工も見ることなく、安政四(一八五七)年三月に長崎を去り、江戸に戻ることになる。四月にやってくる岩瀬とも長崎ではすれ違ってしまったことになるが、江戸帰着後、出立間際の同輩に何くれとなく現地事情を手ほどきした姿を想像してよいであろう。永井は、安政二年十二月に開始されて以来、一年になる海軍伝習の成果を待ちかね、オランダ人の手を離れた自らの海軍を早く持ちたいという意向を強めていた幕府に呼び戻されたのである[50]。この先、通信や生徒の滞在、行き来に莫大な費用がかかるという現実的な問題もあって、恒久的な軍艦教授所を江戸につくる計画が浮上していたのであった。永井は再び、その初代総督に就任する。

ここで教授となるのは、長崎海軍伝習所の最初の生徒たちである。特別のカリキュラムで養成されたとはいえ、海軍というものに初めて触れて一年の彼らが教えるとは、いかにも促成栽培、幕府の勇み足もただならないのが伝わってくる。安政四年正月早々に永井からそのことを告げられたペルス＝ライケンは、軌道に乗り始めた彼らの訓練をここで打ち切るのは惜しいことを力説、言われるまでもなく永井もすでに、幕府に計画の再考を願い出ていたが、容れられなかった。しかも、彼らは江戸への帰路、これも幕府の指示によって、練習艦としてきた観光丸（元スンビン号）に永井を乗せ、日本人乗組員のみによる初めての長途航海を敢行するのである。ペルス＝ライケンは生徒たちへのはなむけに、船の修繕を教師団の手で行ってやったという。(51)

三月四日、教師団や、すでに長崎に集まってきていた次期の伝習生たち、勝麟太郎ら第一期からの残留組に送られて長崎湾を出発した彼らはしかし、関係者の心配をよそに、二三日間の航海を経て立派に品川に入った。時計の針をいったん少し先に進めれば、翌年の秋、彼らは同じ船で突然、長崎港を訪れ、「よほど老練な船乗りでなければできない」ような入港ぶりを見せて、ペルス＝ライケンを引き継いでいたカッテンディーケを驚かせた。カッテンディーケは「私が……見届けた感じは、彼等が前期オランダ海軍教育派遣隊の教育の名を辱めなかったということであった」と記している。(52)

さて、新しい軍艦教授所が置かれたのは、築地の講武所内であった。(53)講武所は、ペリー来航を頂点とする国際環境の変化に対応して武備の強化を図ろうとした幕府が、安政元（一八五四）年から計画し（当初の名称は講武場）、紆余曲折の末、安政三年に漕ぎ着けた、幕臣やその子弟のための、いわば官立の道場である。これは旧来の武芸のみならず、洋式の砲術や銃隊調練を行うことを想定した、近代的兵学校の萌芽的性格を持つものであり、維新後の陸軍創設につながる。(54)ここに海軍の養成所を取り込んで兵制改革を充実しようとした意図はごく自然に理解できよう。(55)ただし、計画の中心にあった老中阿部正弘は、安政四年三月に長崎から永井らが戻ったのち、軍艦教授所が正式に開所する七月を待たず、六月十七日、病により没した。(56)

阿部の講武所構想に言及するとき、他方の柱として触れておかなければならないのが、同じく安政三年に設置された幕府の洋学研究・教育機関、蕃書調所である。緊迫する対外関係に対応するうえで、敬遠してきた洋学研究の要を痛感した幕府の画期的決断であり、のちに開成所、維新後には開成学校、大学南校等々と改称を繰り返した末、東京大学となっていく。蕃書調所には、その前身となった幕府天文方にあって当時一流の蘭学者であった箕作阮甫以下、全国から一流の学者が召しだされたが[57]、こうした人選をはじめとする開所準備のため、安政二年正月に、異国応接掛の手附として「蠻書翻譯《ばんしょほんやく》等之儀」を命じられた者の中に、蘭学者として身を立てつつあった勝麟太郎がいた。このときの異国応接掛とは、筒井政憲、川路聖謨、水野忠徳、岩瀬忠震である[58]。

勝が、嘉永六（一八五三）年のペリー来航後、阿部正弘が広範に実施した諮問に応じて、今日「海防意見書」と呼び習わされる上書を提出し、それが幕閣の目に留まって出世の糸口となったのは周知のことだが、蕃書調所での役目はその第一歩であったと位置づけられる。そこで勝が作成した教授候補者名簿や数々の提案など、具体的な仕事については、原平三氏の論文「蕃書調所の創設」[59]に詳しいが、本稿ではその中身には立ち入らない。なお、勝はその後、短時日のうちに長崎海軍伝習所に赴任していくわけであるから、調所の開所は見ていない。

勝を直接見出したのは、徳川重臣の一人で、先にも名前が挙がったように、やはり阿部の系列に属していた大久保忠寛（一翁）であるとするのが定説であり、大久保と勝はそののち、江戸無血開城の日も行を共にすることになる。しかしここでは、特定の誰によって見出されたかというよりも、勝が、幕臣としてはごく軽格ながら、蘭学の実力と、実力がある者を使わざるをえない時代の要請、またその要請に対してとくに積極的であった阿部麾下の人々によって、彼らと実質的につながり、その列に加わることとなった、その事実に着目しておきたい。大久保を含め、この時期、幕府の精鋭隊であった面々の名は前章で挙げた。むろん、次節でも触れるとおり、彼らがつねに一枚岩であったわけではない。しかし全体として眺めれば、蕃書調所も、講武所も、長崎海軍伝習所も、みな、この人たちの仕事であったと言っていい。

アメリカ総領事ハリスの江戸出府と筒井政憲

さて、安政四（一八五七）年春、永井を呼び戻し、かつ、促成ながら海軍の片鱗と言えるものを江戸に置きたいという幕閣たちのただならぬ焦りは、理由のないことではなかった。先述のとおり、前年に下田に来着したアメリカ総領事ハリスは、江戸出府、将軍拝謁の実現を主張している。彼が江戸で幕府高官と交渉したいというのが、貿易の開始に関係していることが予測される以上、岩瀬を長崎に送って早急にその下地を整える必要があったのはもちろんながら、同時に、ハリスをアメリカ大統領の名代として江戸城に迎えるという、外交関係の樹立を確認する象徴的行為について、態度を決し、準備を進めなければならなかった。しかし幕府にとって、これは「二百餘年之御制度[60]」にかかわる問題であって、簡単に決着がつくことではない。

外国代表を江戸に入れてよいのか、入れたとして将軍に会わせるなどということがあってよいのかという、そもそも論をめぐる対立が、それを可とする海防掛目付と、否とする同掛の勘定奉行系役人らの間で続いた。先述の阿部に連なる人材はその両方に分かれていたが、筒井、永井、岩瀬、大久保を擁し、安政三（一八五六）年にこの問題が起こって以来、開国論の展開という意味で一頭地を抜いていたのは前者である。彼らの議論は当初より明快であり、「御國地永住之官吏ニ御座候上、始終此地之御用ニ相立候様御仕向有之候方、御爲筋ニも可有御座、長崎表在留甲必丹五カ年目參上之御振合も有之、和親之國より差越、在留罷在候官吏之儀、江戸表江被召寄候而、不相當之儀も無之[61]」と言う。

他方で、松平、川路、水野を含む後者も、ハリスの出府を拒絶することが現実的であると考えていたわけではない。議論の上では原則反対を貫きつつ、下田から江戸への道中を整える財政的な負担や、人心の混乱を考慮し、受け入れ可能な落としどころを探っていたのである。詳細は別稿で論じたのでそちらに譲るが[62]、ハリスが江戸出府の希望を表明してから解決に十一カ月を要したこの論争の焦点は、要するに、アメリカと外交関係を持つかどうかではなく、それがもはや始まったのだという現実を、為政者としてどのように納得するか――国際環境の変化を背景にすっきりと肯定するのか、あるいは、さまざまなマイナス点を指摘したうえで、最も消極的な妥協点を探るのか――というところにあったと言える。ここで、膠着状態にあった議論を決着に導いたのが、目付グループの一人として先にその名を挙げた筒井政憲であった。

筒井は安永七（一七七八）年の生まれであるから、この年、満七十九歳の高齢であり、阿部の配下、グループの一員と言っても、破格の長老である。安政四（一八五七）年正月には、年齢を慮って身分上は大目付から閑職の鑓《やり》奉行に退き、対外関係のご意見番に徹する形となっていた。筒井もまた旗本の部屋住みであった若き日、昌平坂学問所の優等生として小姓組に引き上げられるところから幕臣としてのキャリアを開始している。ただし筒井の場合、同時に学問所で大学頭林述齋の代理を務めるようになり、その後も学者としての顔を持ち続けた。文化十四（一八一七）年から文政三（一八二〇）年にかけては長崎奉行として、時代の趨勢に逆行するとも言える貿易額増大を実現、その後は丸二〇年間、江戸町奉行の要職にあり、庶民生活の締め付けに抗する名奉行として知られた。老中水野忠邦と合わず、天保の改革期に左遷されたが、阿部正弘政権で復活し、海防掛で重きをなすことになる。[63]

その筒井が示した、目下の事態への理解とは、次のようなものであった。まず背景にあるのは、「當時天地之氣運も古昔と相變し、世界中之萬國何方も通親交易等不致國ハ無之、未タ右ニ洩候國は、只朝鮮と日本而巳《のみ》ニ有之候、是を以観候得ハ、萬國互ニ通親之義ハ、天意之然らしむる處歟」という、日本をめぐる新たな国際環境への明快な認識である。しかしそれだけを根拠とするのではない。江戸城で将軍がハリスを迎接することについて、筒井は、「此度朝鮮信使之例ニ寄、登　城被　仰付、書翰御受取有之候積被　仰出候、右ハ異國迚《とて》も、誠實之言を呈し候上ハ、御親睦被遊候廉を被施候事ニ候條、右之趣心得候様之筋被　仰出哉ニ奉存候[64]」と述べる。

これも詳細は既出の拙稿に譲らざるをえないが、ここに引用したのは、安政四（一八五七）年七月四日付で筒井から老中宛に差し出された長文の上申の一部である。その前月、やはり筒井の牽引が大きな力となって、ハリス出府を認める方向へのおおよその結論は出たものの、事実上の無期延期策と言うべき手法を表に掲げることで、幕府内がなんとか治まっているときであった。右に引いた上申以降、むろん一方にハリス自身からの強硬な要請が続いてのことではあるが、幕府において彼を迎える準備が一気に具体化していくことになる。

最も目を引くのが「朝鮮信使之例ニ寄」という文言であることは指摘するまでもないであろう。筒井はここで、徳川時代を通じて「通信」の関係を維持してきた朝鮮を引き合いに出し、今度のアメリカとの関係をその延長線上に理解する考え方を提起しているのである。アメリカとの国交開始を、そもそも未曾有の事態と捉えるのではなく、限定的ながら日本が蓄積してきた外交慣例の上に立って見ていこうとする――この態度は、それが言い出されたタイミングとも相俟って、論争に一つの突破口を開くものであったと言ってよい。

徳川時代を通じて関係が維持されたと言っても、朝鮮通

安政四年亜米利加《あめりか》使節ハリス登城《とじょう》の図（財団法人黒船館蔵）

信使の来聘は文化八（一八一一）年が最後であったことからすれば、筒井意見はあまりに現実離れしたこじつけと受け取られるかもしれない。しかしながらこのことは、朝鮮通信使の来聘が将軍の代替わりを祝うという名目のもとに行われるものであり、第十一代将軍家斉の襲職慶賀に訪れた文化八年の通信使以降も、実は将軍が替わるごとに次の信使来聘が計画され、朝鮮側と幕府、間に立つ対馬藩とでつねに準備が進められていたということ、さまざまな理由で実現にこそ至らなかったものの、幕末までその慣例が忘れられることはなかったという事実のうえに、理解される必要がある。[65]「朝鮮人来聘御用掛」という担当官もつねに存在し、忘れられた存在ではなかった証拠に、他の人事異動に伴って任免も頻繁に繰り返されていた。しかもこの時期、その役にあった面々は、ここでハリス出府をめぐる論争を続けている海防掛目付ならびに勘定方と、ほとんど重なっていたのである。

したがって、対朝鮮関係とは、必ずしも大きな組織ではない江戸幕府の、とくに上層官僚の中で、新たに持ち上がった対米関係という課題の一方に常時、しかも以前から存在した外交懸案なのであり、筒井意見の効果は、それらを結びつけ、一元的に理解できるようにしてみせたことにある。ともすれば緊急事態に押しつぶされそうになる政策現場に、自分たちが長年培ってきた経験、すでに持っているはずの処理能力を思い出させたと言えようか。そのことはまた、開明派目付連の中でも、やはり長老筒井にこそ可能だった役割と考えられる。

先述のとおり筒井がそのキャリアの冒頭に、学問所で大学頭林述齋の代理に任命されたのは、ほかでもない文化八（一八一一）年の朝鮮通信使来聘の際、このときは江戸でなく初めて遠隔地の対馬で信使を迎えるため、迎接委員の一人として同地へ出張する林の留守を預かるためであり、直接式典の場に居合わせたわけではないにせよ、現実に挙行された通信使来聘を知る、幕末の幕府中枢において唯一の人物であった。さらに、水野忠邦の失脚後、阿部正弘の引き立てによる筒井の幕政復帰は、当時、差し迫った懸案であった第十二代将軍家慶のための信使来聘準備への参画から徐々に始まったのであって、筒井と対朝鮮外交との関係は薄からざるものがある。そうした筒井なればこそ、ハリスを下田に置いた火急のときにあって、「異國迚も、誠實之言を呈し候上ハ」「朝鮮信使之例ニ寄」って迎えればよいとの悠然たる見方を打ち出すことができたものと思われる。

ハリスは安政四（一八五七）年十月に下田から出府、同月二十二日、ついに江戸城で第十三代将軍家定への謁見が実現するが、それについて筒井が示してみせた右の理解は単にそのためだけの方便に終わったのではなく、幕府においては、江戸までの道中や江戸市中でのハリスへの対応を打ち合わせ、また謁見式の具体的な次第を整えるにあたり、過去の「朝鮮信使之例」を詳しく参照し、それを基準に必要な改変を加えるという手順を踏んだのであった[66]。ここにおいて、徳川二百年の対朝鮮外交の経験は、アメリカとの新しい関係構築の過程に引き継がれ、吸収されていったのである。

オランダ駐日代表ドンケル＝クルチウスの江戸出府
——筒井から永井へ

安政四（一八五七）年秋の江戸は、ハリスを迎え、緊張感と慌しさに包まれた。ちなみにハリスの宿所にあてられたのは、先に触れた蕃書調所である。ハリス来着の翌十一月には岩瀬忠震も長崎から戻り、翌年の日米修好通商条約締結に向かう役者が揃った。しかしここで見ていこうとするのは、この条約のことではない。

右に述べたように、筒井の提案を軸にハリスの出府が本格的に決定した頃、長崎にいるオランダ代表ドンケル＝クルチウスの江戸出府問題が重ねて持ち上がった。日蘭の関係においては、出島の商館長が定期的に江戸まで旅をしたことはよく知られている。江戸時代初期は毎年、明和元（一七六四）年からは隔年、さらに寛政二（一七九〇）年からは四年に一回と、徐々に少なくなってはいったが[67]、朝鮮通信使よりはるかに頻繁に、オランダ商館長一行を江戸に迎えるという経験は重ねられてきたのである。前項冒頭で紹介した海防掛目付によるハリス出府賛成意見に「長崎表在留甲必丹五カ年目參上之御振合も有之」との言葉が見えるのは、このことに他ならない。しかし、長崎奉行も歴任し、むろんオランダ商館長の参府にも知悉していた筒井が、個人名で提出した最終的な意見書で朝鮮通信使を持ち出したのは、日蘭は「通商」の関係であって、商館長は民間人として将軍に貿易の御礼を申し上げるという位置づけであるのに対し、ハリスをなぞらえるべきは「通信」の国朝鮮からの外交使節であることを、よく理解していたからであろう。

ところが、長年の日蘭関係もまた、すでに触れた安政二（一八五五）年の日蘭和親条約締結によって、貿易のみを窓口とするものから正式の国交に変化している。ドンケル＝クルチウスは嘉永五（一八五二）年に商館長として来日したが、オランダ側では当初から、彼に全権としてこの条約調印の責務を担わせることを織り込んでおり、結果、安政二年以降は外交上の駐日代表の立場を兼務するようになっていた。したがって彼が江戸に出てくる場合には、これまでのように「甲必丹《カピタン》」としてではなく、外交使節としての迎接を考えなければならない。安政四年八月十四日、この件に関し長崎奉行に宛てた老中の達には「當時加比丹儀は、領事官ニ相成居候間、出府拜禮之節御取扱、是迄之通にも相成間敷候[68]」との認識が示されるに至っている。

ハリス出府問題が持ち上がった当初、開明派目付陣ですら、たしかに西洋人という共通点があったとはいえ「長崎表在留甲必丹五カ年目參上之御振合」をもってこれを可としようと考えた段階から、「領事官」と「加比丹」の違いが理解され、オランダ人自身についてもまた「是迄之通にも相成間敷」との指示が出されるに至ったのは、ハリスへの対処に関し議論を重ねる過程で、先の筒井意見なども経て、位相の異なる対外関係が徐々に整理された結果と捉えてよいのではないか。とくに、日蘭関係は従来から存在し、参府にあたっての慣例も確立していただけに、それを変化させるということは幕府にとって高度のエクササイズであったと言えよう。ここで、ハリス出府に際して朝鮮通信使の前例が参照された如く、わずかに一歩先んじて進行していたハリスのケースが、格好の参照基準として機能することになるのである。(69)

参照基準としたというのは、まったく同じようにしたということではない。ドンケル＝クルチウス自身は「亞米利加官吏同様」の取り扱いを求めたが、(70)幕府では慎重な検討の過程を通じて、ハリスを「國書持參之者」、ドンケル＝クルチウスを「普通在留官吏」として、区別するに至っている。(71)こうした区別が生む当面の目に見える効果とは、使節が城内の謁見場において畳何畳目に立つか、饗応料理の格はどの程度であるかといった、きわめて具体的かつ細かなプロトコル上の違いでしかない。しかし、その水面下では、両国の関係をどう位置づけ、どのように導こうとするのかをめぐる高度な政治が動いているのであり、また、まさにそれこそが、外交上のプロトコルというものの役割であると言える。

ことに、西洋諸国との外交に乗り出そうとする徳川幕府にとって、朝鮮通信使迎接のプロトコルを基礎にハリスに対することが、長く蓄積された善隣外交の経験を新しい対外関係に連結するうえで意味があったとすれば、その次のステップにおいては、再び将軍の襲職慶賀という一世一代の行事に範をとるのではなく、駐日外交官なるものの存在を前提とし、彼らとの交際が日常的になっていくことを見越した、持続可能な態勢を構築することが必要であったろう。その格好の機会として、幕府は今度のドンケル＝クルチウスの出府を手堅く活用し、そこから「向後外國官吏等參府之規則」を積極的に導き出していったのである。(72)

そのための一連の検討は幕府内で、ハリスを迎えるための「亞米利加官吏出府取扱掛」と、それに少し遅れて設けられた「和蘭人參府掛」が、合同して協議を重ねる形で行われた。(73)いずれも海防掛の目付と勘定方から選ばれた者の混成チームであるが、前節の経緯から読み取れるように、前者の指導的立場にあったのが長老の筒井政憲であったのに対して、両チームを掛け持ちし、後者の中で実質的な担当官として活躍したのは、長崎時代にドンケル＝クルチウス当人との交流も深かった永井尚志である。

道中警固のあり方や旅宿の手配、儀式次第のこまごましたことなど、「國書持參之者」と「普通在留官吏」の場合を一つ一つ比較考量し、米、蘭それぞれとの関係の意義をもただしながら、江戸時代を通じて存続した対朝鮮外交の基盤の上に、新たな西洋諸国との外交のあり方を模索する――それは、最後の朝鮮通信使来聘を知る筒井から、すでに近代日本の祖と称されるべき仕事を成し遂げつつあった三十八歳年下の永井へと、徳川開明派のバトンが渡される場でもあった。そして、出府、拝謁の目的を遂げたハリスと、いよいよ通商条約の交渉に入るのは、永井と同世代の盟友、岩瀬忠震である。安政四（一八五七）年は、江戸においてもまた、徳川の時代が一つの輝きを見せたときであったと言ってよいであろう。

彼らは阿部正弘の死後、高齢により安政六（一八五九）年に没した筒井を別として、大老井伊直弼の安政の大獄による不遇の時期に入る。代表選手と見なされる岩瀬がそのまま死去したこともあって、そのままこのグループの命運が尽き、ゆえに幕府の弱体化が加速したかのように語られるのが一般的だが、逆の捉え方をすることもできるのではないか。阿部の手勢であった人々のうち、早く亡くなった者以外は皆、後日それぞれの形で再登用され、江戸開城の日に自決した川路聖謨を含め、その終焉まで幕府を支えた。幕府が弱体化したのも事実ながら、もっと早く命運尽きる可能性もあった旧政権が、安政四年という年からちょうど十年の間、命脈を保ったのは、この人々がその時点までに打っていた新時代への布石と、彼ら自身の、あと十年の働きあってのことと述べても、過言ではあるまい。

軽輩ながらその人脈の末端に認められる勝麟太郎は、彼らの推薦で長崎に送られ、安政四年にはまだその地にあって、海軍要人となるための教育を受けていた。彼らの幕府を閉じる役回りとなった勝はその晩年、明治三十一（一八九八）年の談話でこんなことを言っている。「徳川氏の外交を、今の人は馬鹿にするが、さうでないよ。なかなかよくやつてあつたものだよ」[74]。まことにそうであったと評してよいのではなかろうか。それはまた、「幕末」と呼ばれる時期を支えた人々のみの突発的な奮闘努力によるものではない。長い人生を経て文字通り近世から幕末への橋渡し役となった筒井政憲の存在が体現するように、徳川政権の現場を担った人々によって蓄積された二百年の経験が、この時期、開明派と位置づけられる面々の働きに、凝縮しているように思われる。

三、幕臣勝麟太郎と坂本龍馬

勝麟太郎の登場

勝麟太郎が足かけ五年にわたる長崎での伝習を終えて江戸に戻ってくるのは、安政六（一八五九）年正月である。自らも操練を受けながら、オランダ人教師陣と行をともにし、日本側との間に立って伝習所の集団を動かしていく――当時の日本で考えられる限りの「国際的」環境に身を浸した日々であったと言ってよい。この年、横浜開港。外国商人がどっと流入するとともに、西欧各国の外交官らも江戸に着任し始める。勝は帰府と同時に、前出の築地軍艦教授所（軍艦操練所と改称）教授方頭取を命ぜられ、翌年には、日米修好通商条約批准書交換のため渡米する使節一行の随行艦、咸臨丸の艦長としてサンフランシスコ往復を経験。帰国後、蕃書調所頭取助に。その翌年、文久元（一八六一）年には、講武所の砲術師範役を拝命した[75]。

蕃書調所、講武所といった幕府の新機構が成立して数年、すでに触れてきたその設立者たちが安政の大獄のために姿を消していたこの時期に、徐々に表舞台に現れつつある勝がいる。軽格ゆえに政治上の風雲を潜り抜けたと言うこともでき、また、幕府内で第十三代家定後の将軍継嗣問題をめぐる対立が頂点を迎えた安政五（一八五八）年に、長崎に身を置いていた幸運も背景にある。しかし、彼が単に当時の身分制において軽格であった――今日の官制になぞらえれば、行政官中のいわゆるキャリア組でなかった――のみならず、何よりも、これも今日で言うところの技官ないし専門官としての立場を持つようになっていたことに、時代が彼を迎えた鍵があるように思われる。

勝自身は、アメリカから帰国後の人事配置について、のちに「ともすると、（自分が）当今の世界主義とでもいつたやうな主義でもあるかのやうに言ひ廻されて、勝は政治方面の方に置いてはいかぬといふとことから[76]」の処遇であると解釈しているが、阿部一派によって見出されたとはいえ、そもそも彼が訓練を受けたのは、その手足として一般的な行政力を身につける道ではない。海軍という一分野についての専門知識であった。具体的な専門知識を持ち、自ら手足を動かして物事を動かせる人材を捨て置ける余裕は、いかなる政争にもかかわらず、この時期の幕府にはなかったであろう。安政二（一八五五）年に勝を長崎海軍伝習所に送った阿部時代の幕府中枢が、自分たちの数年後の不遇を見越してそうしておいたとまでは言えまいが、そのことが結果として、徳川的教養の中で育成された開明派の系譜を維持することにつながったのである。

勝はこの道から歩き始め、階段を上ることによって、あとから高度の行政的手腕を求められるようになる。技官として登用された人物がそうした行政的舞台に転用されるに至ったのも、勝自身の才能もさることながら、身分秩序を維持できなくなった混乱期の政府ならではと言えよう。しかし、このときの勝はまだ、「世界主義」の人ではあっても一技官である。彼の身分からは、だからこそ、階段を上り始めることができた。その道の延長上で、勝が幕閣の一角に登場してくるのが、文久二（一八六二）年、軍艦操練所頭取への任命である。三年前に長崎の伝習を終えて任命された、海軍専門官としての「教授方」頭取ではなく、操練所そのものの頭取へ。このとき、二丸留守居格の身分となり、続いて、軍艦奉行並という地位に就いた[77]。

この時期の勝のところへやってきたのが、坂本龍馬である。土佐勤皇党の活動に飽きたらず脱藩して諸国遍歴ののち、かつて剣術修行のために滞在したこともある江戸に出てきた坂本龍馬が、開国論者勝を斬りに行って逆に心酔し、弟子になったという有名な逸話をはじめ、思想家横井小楠に見込まれて福井藩主松平慶永に紹介され、勝への紹介状をもらったとか、その逆の順序であるとか、この出会いにはさまざまな説があるようだが、いずれも厳密な論証が不可能であるとすれば、その点の詮索にあまり意味があるようには思えない。重要なのは、この時点で二人が出会ったということに尽きるだろう。独自の立場から幕府を動かし始めていたとはいえ、後世のわれわれが知る幕府終焉の政治家としての勝を、彼自身も周りも描いてはいなかったはずのこの時期だからこそ、一介の浪人龍馬が転がり込み、夢を共にする余地があった。この年、勝麟太郎、満三十九歳。坂本龍馬、満二十七歳。

こうした、いわば「技官上がり」としての自覚のもとに、勝自身が一つの賭けに打って出たのが、神戸海軍操練所設置への動きである。軍艦奉行並としての勝は、京を中心とした攘夷の動きがのっぴきならない情勢を見せる文久二（一八六二）年から翌年にかけて、江戸と上方の間を往復する幕府要路の人々を船で運ぶ仕事に奔走していた。勝の私的な弟子である龍馬はそうした航海に同行する傍ら、陸上でさまざまな勝の用事をこなす日々である[78]。龍馬が土佐の姉乙女に宛て、「今にてハ日本第一の人物勝憐《ママ》太郎殿という人にでしになり、日々兼而《かねて》思付所をせいといたしおり申候」と書き送ったのは、ほかならぬこの時期であった[79]。

勝は、国難を救うために海軍を拡張しなければならないと考えている[80]。もとより彼が見出された嘉永六（一八五三）年の海防意見書以来の持論であり、後世から見れば、これを勝の遠大なる国家論と見なすこともできるが、海軍の充実は、軍艦奉行並という立場の勝が幕府の中で正規の発言力を持つ、いわば所掌領域であった。摂海一帯の防備が急務となっていた現実に即して彼が打ち出した案が、神戸に海軍操練所を開くことである。その構想には次節で触れるが、組織内で順序を踏めばどれほどの時間を要するかしれないこの件を、将軍家茂を自らの艦に乗せて同海巡航中の文久三（一八六三）年四月、若い将軍に直訴するという形で即決させたことは、よく知られている。その後の準備期間を経て、翌元治元（一八六四）年五月、神戸海軍操練所の開設が幕府から正式に布告された。(81)

しかし、彼はこの間、ずっと神戸にいて操練所始動への仕事に没頭できたわけではない。引き続き江戸との間を往復していたのもさることながら、元治元年二月から四月にかけては、幕命により長崎に派遣される。伝習所での生活を終えて江戸に戻ってから、ちょうど五年ぶりの長崎である。

元治元年　長崎

長崎行きの目的は、前年、幕府が朝廷に約束させられた攘夷決行期限の五月十日に、下関で外国船への砲撃を実行した長州藩に対し、諸外国の側が報復攻撃を仕掛けるのを延期してもらう、その交渉のためであったとされる。(82) この年の八月、歴史上知られた英米蘭仏による、いわゆる四国連合艦隊下関攻撃が起きることになるが、それは早くから予測された動きであり、攻撃に参加する軍艦はまず長崎に入るとの情報がもたらされていた。勝自身の回想では、「行って、八ケ月延ばさせてやつた」(83)と言っている。八カ月とは、単純に計算しても少々大げさであろう。

石井孝氏は、こうした任務には本来、現地の長崎奉行、また、わざわざ派遣されるならば外国奉行が充てられるべきであって、勝が命じられたのは「おかしい」とし、他に、長崎で海軍操練所準備のための物資を購入する仕事があったとしても、勝自身でなく部下で十分に務まる内容であるということから、右の表向きの出張理由に疑問を呈している。京では前年暮れ、朝廷の下に雄藩諸侯からなる参与会議が成立し、将軍後見職徳川慶喜がこれを内部から崩そうと企んでいる折、雄藩連合を構想する福井藩主松平慶永と組んで奔走していた勝を遠ざけるための、慶喜の策であったと「想像されてならない」とする。(84)

仮にそれが当時の関係者の利害に合致し、否定できない見方であるにせよ、参与会議に近寄せないという目的のみであれば他に方法もあり、またこの時期の勝の立場を客観的に考えれば、むしろこれは後日のイメージに基づいた過大評価であるようにも思われる。また、本稿の範囲だけでも、かつて岩瀬忠震が、ハリス来日直後の下田に下田奉行の応援として派遣されたり、長崎奉行のいる長崎に貿易調査の目的で派遣されたりしたように、重大事にあたり、現地係官に加えて有能な官吏を特派することは、幕府においてこれまでも行われてきた。今日でも、いったん事ある場合、国外や地方の現場に、駐在官に重ねて東京から人を送っても一向に不思議はあるまい。この時期、外国奉行は江戸、横浜の応対で手いっぱいであったとすれば、とくに諸外国軍人との直接交渉も予想されるこの場面において、海軍専門官たる勝が起用されたことは不自然ではないのではないか。

同時に、勝のキャリアにおいて、必ずしも後年の研究で重要視されていないように見えるこの起用は、大きな意味を持ったと考えられる。幕府ないし日本を代表し、対外交渉をまとめるという立場を初めて受け持った機会としてである。同じ長崎での伝習所時代にも、先に述べてきたとおり先頭に立って教師団と相対する役回りであったし、とくにカッテンディーケの代には、近隣の諸藩侯に教師団が招かれることも多かったことから、そうした折を活用して、または訓練のためにわざわざ計画して、練習艦で生徒たちが薩摩や福岡などへの航海を試み、先方で宴席となれば、勝も貴顕と同席を許されることがたびたびであった。[85] また、長崎に寄港する外国船の幹部と教師団が懇談するときは、彼が一緒に招かれることも多かったようである。[86] 国際関係の現場で、勝の本来の身分を超えた経験をこの時期に多く積んだことは事実だが、これらはあくまで生徒代表としてである。

咸臨丸の渡米に際しては艦長という立場であったが、サンフランシスコ滞在中に多少、パーティーなどに同席することもあったとはいえ、アメリカとの交渉の表舞台に立つのはポーハタン号で渡った新見正興（勘定奉行兼神奈川奉行）率いる遣米使節であり、練習航海を兼ねた随行艦乗組員の仕事ではない。その後、既述のように本人が「勝は政治方面の方に置いてはいかぬ」ための処置と解釈するポストに身を置きながら、石井孝氏の言う徳川慶喜の懸念の根拠となっている、後世に知られた諸侯間のフィクサー的役回りを果たすようになっていくが、いかにその活躍が目覚しかったとはいえ、水面下での働きである。それらに比し、今回の長崎での仕事は、結局のところ連合艦隊の下関砲撃は決行されたという意味で、それ自体の効果は歴史上、必ずしも注目に値するものではなかったかもしれないが、勝をついに、幕臣として正規に対外交渉の席に押し出した事案として、その後の歴史に影響したと言ってよい。

勝はこの旅に、龍馬を筆頭に十四名の弟子を同道した。(87)

龍馬が姉乙女に宛てて、「此頃ハ天下無二の軍学者勝麟太郎という大先生に門人となり、ことの外かはいがられ候て、先きやくぶんのよふなものになり申候」とあらためて書くのはこの前年、前項に引用した手紙からまだ二カ月の時点でのことである。この間に勝から将軍家茂への直訴によって神戸海軍操練所開設のことが決まり、龍馬はそれについて「ちかきうちにハ大坂より十里あまりの地ニて、兵庫というところニて、おゝきに海軍ををしへ候所をこしらへ、又四十間、五十間もある船をこしらへ、でしども四五百人も諸方よりあつまり候事、私……も其海軍所に稽古学問いたし、時々船乗のけいこもいたし、けいこ船の蒸気船をもつて近々のうち、土佐の方へも参り申候」と、少し大風呂敷を広げすぎた感じもする夢に溢れた筆致で姉に語っている。(88)

操練所始動のために忙しいこの時期、弟子となって一年余、すでに片腕として信頼し、松平慶永や大久保忠寛など、勝が相通ずる有力者らとの連絡役にもあたらせるようになっていた龍馬を、上方に残してもよかったはずである。自分が長崎に派遣されることが不当な役目と解釈していたのなら、なおさらであろう。塾頭格のもう一人の弟子、佐藤与之助は残された。(89) しかし勝は、龍馬を連れて行った。

先の手紙の翌月にあたる文久三（一八六三）年六月、長州の攘夷決行を受けて、龍馬はまた姉に手紙を書いている。

……誠になげくべき事ハながとの国に軍《いくさ》初り、後月より六度の戦に日本甚利すくなく、あきれはてたる事ハ、其長州でたゝかいたる船を江戸でしふくいたし又長州でたゝかい申候。是皆姦吏の夷人と内通いたし候ものニて候。右の姦吏などハよほど勢もこれあり、大勢ニて候へども、龍馬二三家の大名とやくそくをかたくし、同志をつのり、朝廷より先ヅ神州をたもつの大本をたて、夫より江戸の同志はたもと大名其余段々と心を合セ、右申所の姦吏を一事に軍いたし打殺、日本を今一度せんたくいたし申候事ニいたすべくとの神願ニて候。……(90)

攘夷を決行はしたものの結果として長州の不甲斐ないこと、その後始末に追われる江戸幕府は長州に撃たれた外国船を修復してやり、それがまた長州と戦いに行くという体たらく。志ある旗本大名らと協力し「日本を今一度せんたくいたし申候」の件はあまりにも有名である。とはいえ、まだ龍馬にとって外国とは、「船」という形をとって現れる抽象的なものに過ぎず、外国人と直接見えたことがなければそれは「夷人」でしかない。師匠たる勝と大きく経験の分かれるところである。自分の下で、国の将来を憂う大きな情熱を燃やすようになった龍馬に、長崎を見せようと思った勝の思いをそこに探ることは、不当な深読みにはなるまい。さらに、当初は長崎から、朝鮮事情調査のため対馬に回る計画があり[91]、松浦玲氏は、龍馬らを伴ったのはそれに同行させるのが主目的であったとの見方を示している[92]。

一行は二月二十三日に長崎に着き、福済寺に逗留した[93]。現在、長崎歴史文化博物館となっている長崎奉行所立山役所の位置から、斜面に沿って海側に七、八分歩いた高台にある。今でこそ眼下には長崎駅周辺のビルが立ち並んでしまっているが、当時は境内から、東シナ海に向かって口を開ける長崎湾が一望であったろう。勝が伝習所時代に下宿していたとされる本蓮寺からも、わずかの距離である。龍馬はこのとき、「天下無二の軍学者勝麟太郎という大先生」が脳裏に持ち続ける風景を共有した。

勝の長崎での仕事については、「海舟日記」の記述をもとに、主に三月後半から四月初めにわたってオランダ、アメリカ、イギリスの領事らと会談したということがよく言及されるが[94]、その交渉の内実が史料によって確認されたことはないと考えられる。さまざまな先行研究でも、この部分についての記述は根拠の乏しさを反映して互いに異なっており、類推の域を出ていないのが明らかである。勝の晩年の回想によれば、長崎では「船将たち」、つまり軍人と、直接交渉して攻撃延期を承諾させ、後日その結論を持って横浜駐在の各国領事たちを説得して回ったことになっており[95]、本人の中でも矛盾があるのだが、「日記」は日付などの面で具体性を伴っており、まずはこれを信用するしかあるまい。

「日記」で勝がアメリカ領事と会ったとする三月二十五日のことは、アメリカ側の在長崎領事館文書にはまったく記録されていない[96]。範囲を広げて史料を確認する必要があるが、後日の課題である。オランダの一次史料は未見であるが、三月二十六日の項に勝が具体名を記す「和蘭コンシュル（領事）ポルスビュルク」の邦訳出版された日記には記載がない[97]。

しかし、イギリスの在長崎領事ガワーが上司である駐日公使オールコックに宛てた一八六四年五月五日（西暦）付の報告には、“Catzorintaro”（勝麟太郎）が登場する[98]。その前日の会談について書いたものであり、一八六四年五月四日は、勝日記の元治元年三月二十九日という日付と一致する。

長崎奉行の役宅で、むろん領事と長崎奉行の間には他の案件もあったが、とくに長州に制裁を加える予定について幕府の機密を打ち明け、外国側から長州を攻撃するのをとどまってもらいたいという勝を中心とした交渉の際には、下役を遠ざけ、「広大な庭の中央にある小さなコテージ」に移って話したという。おそらくは茶室であろう。イギリス側の出席者は、ガワー領事のほか、イギリス海軍のキングストン船長であった。

勝は後年、このとき諸外国に対して「アナタ方は、ソウ真向きに怒りなさるけれど、日本人はとてもさうわかつたものではありません……それに、長州でも、西京でも、今は騒ぎで、何としても、どうもなりませんから、モウ少し延ばしなすってはどうです。それで、アナタ方が大砲でも向けて下さると、それから刺激となつて、ごく好いです」などという論法で交渉したのだと思い出を語っているが、(99)むろんそのようなことはイギリス側文書には書かれていない。しかし、長崎奉行や、勝の他にもう一人だけ秘密会談に同席したという日本の「高官」については個人名が記録されないのに比して、"Catzorintaro"の印象は強かったのであろう。ただし、文章の運びからは、これを人名でなく、勝の肩書きである"the Tycoon's Admiral"（大君の提督）の日本語名称と受け取っていた節もある。いずれにしても、自分のフルネームを繰り返し発音して相手に記憶させた勝の様子が見えるようではないか。(100)

会談の記録からは、横浜駐在の各国公使に対しても同様の攻撃中止交渉を行うよう、京都から江戸の老中に指示が発せられているが、それが間に合わない場合を考えて、長州攻撃に向かう艦船が寄港する可能性のある長崎に自分が派遣されたのであると、勝が自分で説明したことがわかる。イギリス側は、攻撃についての正式な指令は出ていないことを告げるとともに、自分たちには本日の申し入れを上官に報告する以上の権限はないが、混乱を避けるために、ガワー領事は、オールコック公使から新たな指示があるまで、長崎停泊のイギリス商船が下関海峡を通過することのないよう、また、キングストン船長は、クーパー副司令官からあえてそうせよとの命令がない限り、イギリス軍艦が下関海峡に進入しないよう、措置することを約束したのであった。ガワーはこれを"temporary assistance"（当面の助力）と表現している。勝の日記では、「此度逢接、皆可として承引す」となった。

さて、龍馬は、幕府の海軍操練所準備に関係しているとはいえ、まだ操練所が正式に開所に至っていないこの時点では、勝の私的な門人に過ぎないわけであるから、奉行所を拠点に活動する勝と常に行動を共にし、また領事らとの交渉に同席したとは考えられない。むしろ、操練所用の物資購入などに駆け回りつつ、一カ月半の滞在中、長崎の空気を存分に吸い込むことに時間が使われたことであろう。しかし、勝が伝習所時代からの旧知の人々と非公式に卓を囲むような折には、龍馬を伴うこともあったのではないか。それからわずか一年ののち、後述のごとくすでに勝の下を離れていた龍馬は、長崎を自らの本拠地と定め、亀山社中を立ち上げることになるのである。

元治元年　神戸――おわりに

元治元（一八六四）年四月、勝は長崎での任務を果たして、事実上その機能を京に移している幕府に復命した。翌月、軍艦奉行に昇進すると同時に、神戸海軍操練所が正式に開所する。今の神戸税関の場所にあった。勝は生田神社の近くに居宅を構え、操練所の準備と並行して神戸に設けた私塾のためには、私財で土地を買い増していったという。もともと勝の塾生だった者を吸収すると同時に、新たに生徒を公募した操練所には、幕臣のみならず諸藩から多数の入門者があり、おおよそ二百名ほどの若者が神戸に集まったとされる。[101]

この操練所が、幕府の利を超えた「一大共有之海局」[102]をめざすものであったことは、つとに名高い。幕府、諸藩が相乗りし、連合して、朝廷の下に国家全体を見据えた公共の政を為すことこそが、目下の国際環境の中で日本が未来を切り開きうる道である――この操練所が、福井藩主松平慶永のブレーンであり、勝や龍馬にも多大な影響を与えた横井小楠の思想を具現化しようとするものであったことは、すでに論じられてきており、また小楠については、本書中の他稿でも詳しく取り上げられるであろう。幕臣として着手可能な形をとりながら、幕府の枠を超えたものを、勝はつくろうとしている。それを学び、支える龍馬がいる。

しかし、小楠の思想がこの時期の勝の活動の、いわば直接の基礎を成したことについては定説に従うにしても、この発想の根はそこにのみ帰するものであろうか。あの永井尚志の海軍伝習所は、まさに徳川の「私」を超える発想ではなかっただろうか。

具体的な人員構成だけを見ても、伝習所には幕臣のほか、当初からの佐賀藩に加え、福岡、薩摩、萩、熊本、福山、津、掛川、田原の諸藩が生徒を送り込んでいた。[103]神戸海軍操練所に匹敵する広がりである。たしかに、このときの諸藩の参加は幕府が積極的に勧誘したというよりも、各藩の側からの熱心な希望によるものであったと言うべきかもしれない。また、当時の伝習所運営において、幕府派遣の生徒と諸藩の生徒との間に差別がなかったとは言えないようである。しかしそれも、どこの組織にもある程度の、見ようによっては微笑ましいライバル意識からくるものであったらしい[104]。先にも触れたように、カッテンディーケの代には練習航海も兼ねて近隣諸藩を訪問し、交流することも頻繁であった。少なくともその設置の趣旨において、長崎海軍伝習所は、新しい時代に対応しなければならなかった徳川幕府が、「私」としてではなく、「公」のリーダーとしての実践を見せた成果であったと、評価してよいように思われる。

勝はその中で育った。いわばここでの経験が、彼にとって、理念的にも実務的にも、初めての本格的な幕臣教育だったのである。徳川の近世二百余年の蓄積が近代化への力に切り替えられようとする、その空気を勝は吸収したと言ってよい。とくにその蓄積の最も開かれた部分を集約したかのような阿部正弘一派の存在――筒井政憲から永井、岩瀬らに至る――が、生み出していた空気である。勝もいた安政四（一八五七）年の長崎で、岩瀬が二代目伝習所総督木村喜毅に宛てた書簡に、次のような一節がある。

……己れの功を衒ひ人の能を妬の輩己れを利して国家を忘るゝの族一掃致し諸有司同心戮力候ハヽ、凡天下に成し難き事無之……旭旗五州に散布の盛事も此より被行可申候……[105]

これこそまさに、「私」を超えて「公」に向かう意識ではあるまいか。勝が神戸で実践しようとしたのは、長崎時代から彼の身体に叩き込まれていたものの、より完全な再現、否、それを大きく発展させたものであったと捉えることができるのではないか[106]。仮に勝自身が明確にそう意識していなかったにせよ、という意味である。後年、そのときを振り返る勝の口調には、「公共の政を為す」というような力みはない。現場の人らしいストレートな感慨である。

……私は是非海軍を起さうと思うて、外国人に逢ふ毎に船のことや費用のことなどを委く聞いたから、直に分つてしまつた。……

……私の考へではこれは幕府の力のみでは出来ぬ、日本全国の力でしなければならぬものだと思つた。その基礎を創めるのだから大層なものだ。それはとても

海軍操練所跡碑
（長崎歴史文化博物館発行『日蘭修好150周年記念事業 開館2周年記念特別展 勝海舟と幕末長崎』）

ほかの人に話しても分らない。私はかねて西洋人からその事を聞いて居たから、折衷して我邦に行はれるやうな方法にして、幕府へ話したけれども、それでも私は謀叛人のやうな扱をされた。……実際国家のためになることはナカ〳〵容易なことでは、これで宜しいと安心するまでには到らない。……[107]

「それをやったのだから、私は……」という勝独特の自慢話につながるのだが、その「とてもほかの人に話しても分らない」ものについてきたのが龍馬だった。

しかし、神戸海軍操練所の命運は、あっと言う間に尽きる。元治元（一八六四）年十月、勝が江戸に帰府を命じられ、翌月に罷免された。国内の情勢は、操練所設置が許可された段階からすでに大きく変わり、禁門の変を経て幕府が長州を討つという事態になっている折から、もはや「一大共有之海局」を謳うこと自体が幕府の基本方針への反駁である。生徒の中に、禁門の変で長州側に加担した者がいたこともあり、勝が操練所で長州勢を匿おうとしているとの嫌疑をかけられた。それが勝失脚の引き金になったという。[108] 操練所が正式に閉鎖されるのは翌年に入ってからだが、実質的にはこのときに終わったと言ってよい。半年に満たない、仇花のような存在であった。それ自体としての成果は無に等しい。勝の私塾も、勝が神戸との縁を失った以上、同時に解消されざるをえない。勝自身はこのあと一年半にわたって、江戸氷川の屋敷に逼塞せざるをえなかった。

が、教育機関としていったん着手されたものが、跡形もなく消えることは不可能である。勝が、嘉永六（一八五三）年、幕府中枢に見出されるきっかけとなった上書中、「第一」として記したのが「御人選之儀」であった。[109] また、そうした勝という最下層の御家人を、実力に着目して「人選」し、引き上げた当時中枢の人々自身が、阿部正弘の破格の人材登用政策によってそこに位置していたのだった。その系譜が、神戸海軍操練所解体後に、一群の若者たちを残した。その筆頭に、龍馬がいる。操練所がつぶれて、帰る藩のある者は帰ればよい。が、もともと龍馬の人脈による土佐脱藩者を中心に、物理的にも、また思想的にも、帰れない者たちが行き場に困った。仮に勝を追って江戸に行っても、御役御免となって危険人物の扱いを受けている勝が彼らの面倒を見ることは、もはや不可能である。

この一群を、薩摩藩が引き取ったことは、史実としてはすでに十分に知られている。勝が、慶応二（一八六六）年に再び登用されたのち、幕府終焉に向けて重大なパートナーシップを組むことになる薩摩の西郷吉之助（隆盛）と初めて直接会見したのは、失脚の直前と言ってよい元治元（一八六四）年九月であった。幕府にあって幕府を超える道を切り開こうとしている自分の努力が、幕政においてまったく報われないものとなっていることに十分に気づいていた勝が、幕府に見切りをつけ雄藩の力に期待する、その本心を率直に語ったとされる場面であり、西郷は感嘆し、国許の大久保一蔵（利通）に宛てた手紙に、「実に驚き入り候人物にて最初は打叩く賦《つもり》にて差し越し候処、頓と頭を下げ申し候。どれ丈ヶか知略のあるやら知れぬ塩梅に見受け申し候。先ず英雄肌合の人にて……ひどくほれ申候」と書いた。[110]

目下の政情に対する薩摩藩の読みは、これをきっかけに大きく変わっていくことになるが、その中で、罷免されたとはいえ幕臣中の有力者の部下であり弟子であった者たちが、ごっそりと外様大藩に移籍していったのである。歴史を振り返る視点からは彼らと薩摩の結びつきが自然に映るゆえか、この動きはどこか当然視され、十分な重みをもって語られてこなかったように思われるが、これは本来、瞠目に値するのではないか。[111] その経緯について、勝が江戸に引き上げるにあたり、龍馬たちの引き取りを自ら薩摩側に頼んでおいたとか、薩摩のほうから言い出したとか、塾生たち自らで切り開いた道であるとか、さまざまなことが書かれているが、決定的な根拠によるものではなく、いずれにせよ、それ自体が主題となってきたわけではない。[112] 本稿の範囲で新たな実証的考察を加えるものでないことについては同じ責を免れないが、人材の系譜に着目してきた筆者の視点から、まずはこのことの重大性を強調しておきたい。[113]

龍馬たちは薩摩の庇護の下で、翌慶応元（一八六五）年、長崎亀山を拠点とする社中を起こし、その翌々年には脱藩を許され土佐藩中に繰り入れられる形で、海援隊を名乗る。操船技術を持った海運集団としてのその活躍が、西南雄藩の結びつきを現実化していったのであり、元治元（一八六四）年の段階で薩摩がこれらの人材を確保したことの意味は計り知れない。幕府にあって幕府を超えようとした勝の夢は、龍馬らとともに「宿替え」をしたと言えるだろう。

述べてきたように、勝の構想は、勝一代で生まれたものではない。その個性や彼自身の人脈によりながらも、徳川幕政の開かれた側面を担ってきた人々の路線を、濃厚に受け継いだものである。[114]勝が幕臣として直接、後進を育てる道が絶たれたのは、その開かれた側面が幕府の枠組みの中ではもはや生き延びられなかったことを意味しようが、結果としてそのような遺物と化した幕府への反対勢力を増強する役割を担った龍馬は、彼らの遺児であったと見るべきだろう。最終的に薩長が武力倒幕の路線を選んだのに対して、これに与しない土佐藩とも和解した龍馬が、まず大政奉還を進めて武力倒幕を回避しつつ、「万機宜シク公議ニ決ス」[115]る政治を実現しようとしたことは、池田敬正氏の言うように幕府に対して妥協的であったと見るよりも、[116]徳川の開明派幕臣たちから龍馬へとつながる系譜を積極的に評価することによってこそ了解されるのではないか。龍馬が最後に残した「彼玄蕃ことハヒタ同心ニて候」の一節は、そのことを余さず語るものと言えよう。

幕府の中から近代化に着手した人々は、いったん主流を追われたのち、岩瀬のようにそのまま他界した者を除いて、再び必要とされ、文久二（一八六二）年以降、徐々に復帰を遂げていった。重要な時期に彼らを欠き、迷走状態に入った幕府の中で、グループとして往時の勢力を取り戻すことはなかったが、徳川慶喜側近として幕府終焉を迎え、五稜郭までを戦った永井尚志を筆頭に、それぞれの立場で最後まで幕府を支えた。勝もまた、慶応二（一八六六）年に軍艦奉行に復帰、江戸開城に至る働きについては本稿で説明するまでもない。しかし、龍馬が死に、永井たちが敗れたことで、その系譜も死んだのか。永井にバトンを渡した筒井政憲の人生が体現するごとく、日本の近世の中から生み出されつつあった近代は、そこで一掃され、明治という近代はやはり、近世との断絶を前提に理解されなければならないのだろうか。

これは、筆者の前にあらためて立ちはだかる大きな問いである。その問いに取り組む一つの鍵は、龍馬の死から遡ること十年前、製鉄所建設の最初の鍬が入れられた、安政四（一八五七）年の長崎風景にあると考えている。

注

（1）宮地佐一郎『龍馬の手紙』講談社、二〇〇三年、五一七―八頁。手紙は、当時薩摩藩で海軍の養成に尽力していた林謙三宛。
（2）城殿輝雄『伝記 永井玄蕃頭尚志』一九八六年、二三八頁。
（3）前掲1、五一八頁。
（4）中根雪江「丁卯日記」『再夢紀事』東京大学出版会、一九八八年（覆刻原本一九二二年）、一二三二頁。
（5）前掲1、四九五頁。
（6）永井は松平乗尹の庶子。二十五歳のとき旗本永井尚徳の養子となった。前掲2、二三五頁。
（7）前掲4。
（8）前掲1、五三六頁。
（9）藤井哲博『長崎海軍伝習所』中央公論社、一九九一年、一四一―一五頁参照。
（10）同右、五六頁。
（11）同右、一五―三二頁。
（12）フォス美弥子編『開国日本の夜明け――オランダ海軍ファビウス駐留日誌』思文閣出版、二〇〇〇年、四頁。また、東京大學史料編纂所編『幕末外国関係文書之七』東京大學出版會、一九八四年（覆刻原本一九一五年）、三七頁。
（13）同右（フォス）、三二―八〇頁。
（14）『幕末外国関係文書之七』一八一―二六三頁。
（15）同右、二六八―二七三頁。
（16）勝海舟全集刊行会編『勝海舟全集17 開国起原Ⅲ』講談社、一九七三年、三七七―三八一頁。
（17）『幕末外国関係文書之十二』一九八五年（覆刻原本一九二〇年）、二一七―二一八頁。
（18）前掲9、五六―五七頁。
（19）その経緯について、長崎県史編集委員会編『長崎県史 対外交渉編』吉川弘文館、一九八六年、八〇〇―八〇三頁参照。
（20）前掲9、五八―五九頁。
（21）伝習所の置かれた場所について、詳細は、安高啓明「長崎海軍伝習所と日本の近代化」長崎歴史文化博物館編『勝海舟と幕末長崎』同館、二〇〇七年、一〇一頁を参照のこと。
（22）前掲2、三〇七頁。
（23）前掲9、八三頁。
（24）同右、四三―四七頁。
（25）カッテンディーケ著、水田信利訳『長崎海軍伝習所の日々』平凡社、一九六四年、八四頁。
（26）長崎大学『出島の科学』刊行会編『出島の科学――長崎を舞台とした近代科学の歴史ドラマ』九州大学出版会、二〇〇二年、七六頁。
（27）長崎歴史文化博物館編『勝海舟と幕末長崎』同館、二〇〇七年、九三頁。
（28）「永井尚志手記」前掲2、一七〇頁。
（29）楠本寿一『長崎製鉄所』中央公論社、一九九二年、九頁。
（30）その形状から、「こんにゃく煉瓦」と呼ばれた。前掲27、八二頁参照。
（31）前掲25、三三頁。
（32）オールコック著、山口光朔訳『大君の都（上）』岩波書店、一九六二年、一五二―一五三頁。
（33）その時期の様子について、深潟久『長崎幕末維新史 上巻』親和銀行済美会、一九七七年、二五八―二五九頁参照。
（34）新城市設楽原歴史資料館編『設楽原ゆかりの外交官 開国の星岩瀬忠震』同資料館、二〇〇四年、五七―五八頁。
（35）設楽原歴史資料館資料研究委員会編『岩瀬忠震』新城市教育委員会、二六―二七頁。
（36）日本史籍協會編『阿部正弘事蹟二』東京大學出版會、一九七八年（覆刻原本一九一〇年）、四七〇—四八六頁。
（37）拙稿「幕臣筒井政憲における徳川の外交——米国総領事出府問題への対応を中心に」『日本研究』第三九集（二〇〇九年）、二九—四五頁参照。
（38）『幕末外国関係文書之十五』一九八五年（覆刻原本一九二二年）、七九二—七九三頁。
（39）同右、八一九—八二四頁。
（40）『幕末外国関係文書之十七』一九八五年（覆刻原本一九二〇年）、三九六—四二四頁。長崎県史編集委員会編『長崎県史 対外交渉編』吉川弘文館、一九八五年、八一三頁。
（41）『幕末外国関係文書之十七』、七〇七頁（とくに二つ目の日露追加条約締結に際して述べたものである）。
（42）同時に、脇荷商法の形で事実上の自由貿易が確保された面については、石井孝『日本開国史』吉川弘文館、一九七二年、一九七—二〇四頁参照。
（43）『幕末外国関係文書之十八』一九八五年（覆刻原本一九二五年）、三二六—三三一頁。
（44）ただし、日米修好通商条約には横浜でなく旧宿場の神奈川が開港地として定められるに至ったのであり、その後、幕府がこれに違反して実際の開港場を横浜に準備したことについては、条約遵守の観点から岩瀬は最後まで反対を貫いた。拙著『オールコックの江戸』中央公論新社、二〇〇三年、八七頁参照。
（45）『幕末外国関係文書之十六』一九八五年（覆刻原本一九二三年）、四五七頁。
（46）日蘭学会、沼田次郎編『幕末和蘭留學關係史料集成』雄松堂書店、一九八二年、二二一—二二三頁。
（47）前掲41、七一二頁。
（48）岩瀬忠震書簡研究会『木村喜毅（芥舟）宛 岩瀬忠震書簡注解』岩瀬肥後守忠震顕彰会、一九九三年、三九—四〇頁（安政四年八月十九日付、岩瀬より木村宛）。
（49）同右、九五—九六頁（安政六年正月二十七日付、岩瀬より木村宛）。
（50）前掲19、八〇四頁。
（51）前掲9、七四—七五頁。
（52）前掲25、一三三—一四一頁。
（53）黒板勝美、國史体系編修會編『新訂増補國史体系 第五十巻 続徳川實紀 第三篇』吉川弘文館、一九六六年、三六九—三七〇頁。
（54）鵜澤義行「講武所創設の経緯について——佐久間象山と勝海舟をめぐって」『日本大学史紀要』第九号（二〇〇三年）、二六—二八頁。
（55）ただし、安政七（一八六〇）年一月には、築地に軍艦教授所を残して講武所は神田小川町に移った。これがのちの陸軍三崎町練兵場である。同右。
（56）日本史籍協會編『阿部正弘事蹟 一』東京大學出版會、一九七八年（覆刻原本一九一〇年）、四〇頁。
（57）原平三「蕃書調所の創設」『歴史學研究』第一〇三号（一九四二年）、一—四二頁参照。
（58）『幕末外国関係文書之九』一九八五年（覆刻原本一九一七年）、一九七—九八頁、および、『幕末外国関係文書 附録之三』一九八六年（覆刻原本一九二二年）、四六一—四六二頁。
（59）前掲57。
（60）前掲45、四九九頁。
（61）前掲38、二一〇頁。
（62）前掲37。
（63）詳しくは同右、四五—五七頁を参照。
（64）前掲41、六七三頁。
（65）実現しなかった朝鮮通信使計画については主に、池内敏「一八四〇年代以降における朝鮮通信使来聘計画（その1）」『鳥取大学教養部紀要』第二七号（一九九三）年、一一〇―一二一頁を参照のこと。
(66) 前掲37、四四―四五頁。
(67)『通航一覧 第六』一九一三年、一九八―一九九頁。
(68) 前掲41、四六五頁。
(69) 詳しくは、拙稿「幕末の欧米外交を準備した朝鮮通信使――各国外交官による江戸行の問題を中心に」『国際日本文化研究センター第29回国際研究集会 前近代における東アジア三国の文化交流と表象――朝鮮通信使と燕行使を中心に プログラム・予稿論文集』二〇〇六年、一五八―一六二頁参照。
(70)『幕末外国関係文書之十九』一九八五年（覆刻原本一九二八年）、二三頁。
(71) 同右、四八頁。
(72) より具体的な経緯や、導き出されたルールの内容については、前掲69。
(73) 同右。
(74) 勝海舟／江藤淳、松浦玲編『海舟語録』講談社、二〇〇四年、一八〇頁。
(75) 松浦玲『勝海舟』中央公論社、一九六八年、一九二頁参照。なお、「蕃書調所頭取助」については、現時点で筆者の知る限りすべての先行研究が採用している履歴に従ったが、「柳営補任」では「蕃書調所頭取」となっていることを指摘しておく（東京大學史料編纂所編『大日本近世史料 柳営補任 四』東京大學出版會、一九八三年〔覆刻原本一九六四年〕、二九九頁）。
(76) 勝海舟／江藤淳、松浦玲編『氷川清話』講談社、二〇〇〇年、四〇頁。
(77)『大日本近世史料 柳営補任 五』一九八三年（覆刻原本一九六五年）、二〇三―二一二頁。
(78) 平尾道雄監修、宮地佐一郎編『坂本龍馬全集 増補四訂版』光風社出版、一九八八年、一〇五六―一〇五八頁。
(79) 前掲1、六〇頁（文久三年三月二十日付）。
(80) これに関する勝の各方面への働きかけについては、前掲75、一一一―一一二ページ参照。
(81)『新訂増補國史体系 第五十一巻 續徳川實紀 第四篇』一九六七年、六七五頁。
(82) 前掲75、一二三頁。
(83) 前掲74、一一五頁。
(84) 石井孝『勝海舟』（新装版）吉川弘文館、一九八六年、五九―六三頁。
(85) 前掲25参照。
(86) 前掲74、一一三―一一四頁。
(87) 松浦玲『坂本龍馬』岩波書店、二〇〇八年、五七頁。
(88) 前掲1、六四―六五頁（文久三年五月十七日付）。
(89) 前掲87、五七頁。
(90) 前掲1、七六―七八頁（文久三年六月二十九日付）。
(91) 勝部真長、松本三之介、大口勇次郎編『勝海舟全集18 海舟日記I』勁草書房、一九七二年、一五九頁。
(92) 前掲87、五八頁。
(93) 前掲91、一五六頁。
(94) 同右、一六二―一六三頁。
(95) 前掲74、一一五―一一六頁。
(96) Consular Despatches: Nagasaki (N.A.M.131), General Records of the Department of State (R.G.59). アメリカ国立公文書館蔵（写・横浜開港資料館 Ca4-01.3.2）。
(97) ヘルマン・ムースハルト編著、生熊文訳『ポルスブルック日本報告――1857-1870 オランダ領事の見た幕末事情』雄松堂出版、一九九五年。
(98) Embassy and Consular Archives, Japan: Correspondence

(F.O.262). イギリス国立公文書館蔵（写・横浜開港資料館蔵 Ca4-01.20.95)。

(99) 前掲74、一一五頁。

(100)「海舟日記」のこの日の項には「英、蘭人は我がかねて知己、海外の友」との文言が見えるが、ガワーは安政六（一八五九）年以来、日本に駐在しているものの、「知己」「友」というほどの接触が勝との間にあったということは、それぞれの活動歴を考えた場合、きわめて疑問であり、少なくとも現時点で証拠付けることはできない。まずは、「知己」「友」の意味を、特定の個人ではなく、「英、蘭人」一般ととっておきたい。

(101) 土井晴夫『神戸居留地史話』リーブル出版、二〇〇七年、二四五―二六九頁。

(102) 海舟全集刊行会編『海舟全集第八巻 海軍歴史』改造社、一九二八年、三四三頁。

(103) 前掲9、三五―三七頁。

(104) 同右、六五頁。

(105) 前掲48、四三―四四頁（安政四年八月十九日付、岩瀬より木村宛）。

(106) 勝芳邦氏（「勝海舟と長崎」前掲27、九八頁）の見解とも合致する。

(107) 前掲76、二一八頁。

(108) 前掲91、二七二頁。

(109)『幕末外国関係文書之一』一九七二年（覆刻原本一九一〇年）、七三一頁。

(110) 西郷隆盛全集編集委員会編『西郷隆盛全集 第一巻』大和書房、一九七六年、三九六―四〇三頁（元治元年九月十六日付）。

(111) この事実に触れた多くの著作の中で、一定の驚きを表現していると言えるのは、松浦玲『勝海舟』のみであるように思われる。前掲75、一三二―一三三頁参照。

(112) 近年、再び松浦玲氏が『坂本龍馬』において、龍馬以下、何人かの塾生が薩摩藩邸に入った日付を個々に追うなど、この時期の動きの具体化に努めておられるが、大きな意味での勝側と薩摩側の関係をめぐる力学はかえってわかりにくくなっている面もある。前掲87、六九―七六頁。

(113) 同様の問題意識を持つ論考として、塩見薫「坂本龍馬の元治元年――薩摩藩への結びつきを中心に」（『日本歴史』第一〇八号〔一九五七年〕、七九―八五頁）を挙げておきたい。

(114) 本稿の範囲で触れられなかった、勝および龍馬のアジア観（瀧川修吾「征韓論と勝海舟」『法学研究年報』第三十三号〔二〇〇四年〕、八三―一〇三頁が、それまでの研究を広範に踏まえており、参考になる）についても、同様に、筒井政憲以来の幕臣の系譜という筆者の視点から、あらためて考察を試みなければならないと考えている。なお、短い論考であるが、この問題に関して勝の「徳川的価値観」を指摘したものとして、河上民雄「勝海舟と福沢諭吉のアジア観の対比」（『聖学院大学総合研究所 Newsletter』Vol.10-3〔二〇〇〇年〕、四―六頁）がある。

(115)「船中八策」第二ヵ条より。前掲1、五八八頁。

(116) 池田敬正「海援隊について」平尾道雄編『坂本龍馬のすべて』新人物往来社、一九七九年、一一七頁。

追記

一　本稿の執筆は、平成二十一年度科学研究費補助金（若手研究B）「徳川外交の連続性――『近世』から『近代』へ、幕臣筒井政憲における経験の蓄積を中心に」によって可能になりました。

二　忠震会事務局長森野進様には、資料の入手にあたり格別のご厚意を賜りました。記して感謝申し上げます。

坂本龍馬と福井・熊本藩

塚越俊志
Tsukagoshi Toshiyuki

はじめに

日本人にとって人気のある日本の歴史上の人物の三人といえば、幕末期に活躍した薩摩藩士西郷隆盛と戦国時代を終息させ、統一政権を樹立しようとした織田信長、そして今回、取り扱う坂本龍馬の名前が挙がる。いずれも司馬遼太郎作品の影響[1]によるものと思われる。

この龍馬人気の火付け役というべきものは司馬遼太郎氏の『竜馬がゆく[2]』であり、これが漫画やドラマ化されることで、日本人の龍馬像が形成されていったことはよく知られていることである。しかし、こうした司馬氏の描く龍馬像が先行して、龍馬研究の方は跡付けになっているような気がする。

また、龍馬研究は専ら郷土史家による研究が中心であるという現状である。そうした中、外国人で龍馬を研究したものにマリアス・ジャンセン氏[3]がいる。ジャンセン氏は「維新の物語を進めるのに、坂本龍馬のまたやせまい範囲で中岡慎太郎の、経歴と思想を吟味するという方法をとった[4]」と記した上で、世界の近代史の中の一大テーマに龍馬を位置づけようと試みた。最近では松浦玲氏が龍馬の研究を行っており[5]、幕末史の流れの中で龍馬の生涯を位置づけようとした。その中には、もしも龍馬が生きていたならば、「公議」構想はどうなっていただろうか[6]、という考えが常にあることがうかがえる。

こうした研究史を踏まえた上で、ここでは福井藩、更に

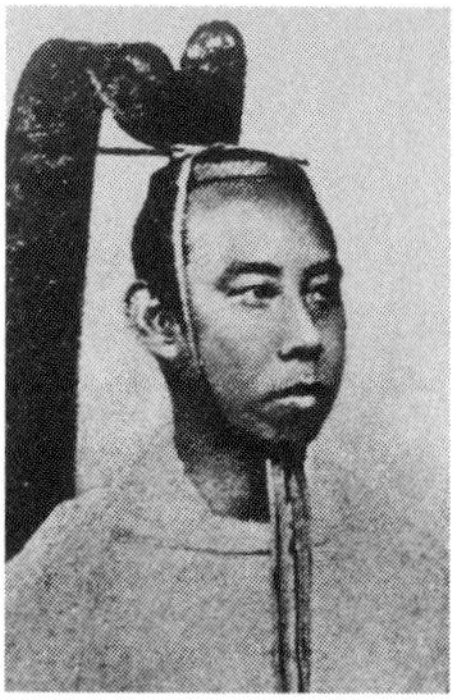
松平春嶽（1828-1890）

は熊本藩と坂本龍馬との関係を明らかにしたいと思う。これまで両藩を龍馬の関係から論じたものは少なく、この関係を明らかにすることが必要だと考えたからである。なぜならば、福井藩との接触が坂本龍馬の政治的な活動の始まりであり、以後、龍馬が亡くなるまで福井藩との関係の中から、龍馬の政治的な活動が続くからである。

龍馬といえば、世界の海援隊を作り、世界を相手に商売をするというイメージがある。その際に重要な点は、藩としてではなく、日本として国を意識し、世界を見ていることである。こうした龍馬の世界への視野の形成過程にも福井・熊本藩との関係があったものと思われる。

そこで、今回は、龍馬が活躍するそのきっかけを作った福井藩での動向、更には福井に招聘され福井藩の政治顧問となった熊本藩士横井小楠との関係から、熊本藩との関係も視野に入れ、龍馬研究を進めていきたい。

福井藩主松平春嶽は、将軍継嗣問題において、一橋派にくみし、安政の大獄の際に、江戸霊岸島の福井藩邸で隠居・謹慎となっていた。その後、文久二（一八六二）年に政事総裁職に就任するも、翌年には辞任し、その後も政局に影響力を持ったまま明治維新を迎える。

一方、熊本藩では藩の主導権争いが続き、藩政改革が遅れていた。熊本藩の中心であった時習館の封建主義に対して、天保期に横井小楠が実学党を結成するが、内部矛盾から勤王党が出現。実学党と勤王党は保守的な学校党と対立した。

こうした中、坂本龍馬の存在が両藩の政治動向のみならず、日本の政局を大きく変化させていくことになるのである。

松平春嶽との出会い

坂本龍馬は天保六（一八三五）年一一月一五日に、高知城下本丁筋一丁目に生まれた。弘化三（一八四六）年に、小高坂村楠山庄助の塾に入塾するが、まもなく退塾している。嘉永元（一八四八）年に城下築屋敷の小栗流日根野弁治道場に入門し、同六年に「小栗流和兵法事目録」を授与されている。

坂本龍馬は嘉永六年に桶町の千葉定吉道場に入門し、安政五（一八五八）年には、「北辰一刀流長刀兵法目録」を授かり、土佐に戻っている。その後、万延二（一八六一）年九

中根雪江（1807-1877）

村田氏寿（1821-1899）

勝海舟（1823-1899）

月には、土佐勤王党に加わり、武市瑞山らと行動を共にした。そして、文久二（一八六二）年三月二四日、沢村惣之丞と共に脱藩した。この後の龍馬たちの足取りに関しては、四月一日に下関の「白石正一郎邸に姿を見せた」という記述が、平尾道雄氏によってなされているが、[7]『白石正一郎日記』には龍馬が来たという記述は見当たらない。

　その後、七月二三日に大坂で土佐藩士樋口真吉と会って[8]一両を贈られている。更に、龍馬は閏八月下旬には江戸に到着している。

　福井藩士村田氏寿の『続再夢紀事』によれば、一二月五日に、「同日、福井藩邸に帰邸後、土佐藩の間崎哲馬、坂本龍馬、近藤長次郎が来た。春嶽公は対面をして、大坂近海の海防策を申し立てました」[9]と、ある。春嶽は龍馬らに会い、意見を聞いている様子がうかがえる。春嶽は後年、このときに龍馬らが「勝、横井に面会したく、春嶽侯の紹介を請求す」[10]るとしているため、これもその日のうちに紹介状が書かれ、龍馬たちに授けられたものと考えられる。

　だが、龍馬らが実際に勝麟太郎（海舟）のもとを訪れたのは、『勝海舟日記』の一二月九日条によると、「この夜、有志三輩が来訪。形勢の議論があった」[11]と記している。つまり、春嶽から紹介状をもらって、四日後に勝を訪れたことになる。その後、同一一日には、「当夜、門生門田為之助、近藤長次郎が来た。興国の愚意を談じた」[12]と記されており、九日の「有志三輩」は龍馬、近藤、門田であると推測される。また、一一日の記述から、門田と近藤はすでに勝の門下生になったことがうかがえる。

　しかし、春嶽の回想によれば、この年の七月か八月に龍馬と土佐藩士岡本健三郎が越前藩邸を訪れたので、二人と面会した後、側用人の中根雪江に話を聞かせた[13]ことになっている。ただし、この記述は『逸事史補』によると、明治十九（一八八七）年一二月一一日に宮内大臣土方久元子爵に宛ててなされたもので、記憶もあいまいになっている可能性が高い。しかし、人物が岡本健三郎であることから、慶応三〔一八六七〕年時のものと混同したと考えられる。

では、龍馬が春嶽に会えるように、誰が紹介したかというのが問題になる。三上一夫氏は池田敬正氏の論[14]を受けて、「龍馬がこの年〔文久二年〕四月から五月にかけて九州を歴訪した際に当時熊本に帰藩していた小楠に会い、その結果、単純な攘夷主義を捨て、江戸に出て春嶽や海舟に会ったのではないか」とした上で、「春嶽の手記『逸事史補』では、龍馬がまず春嶽に会い、その紹介で勝海舟や小楠に会ったような記述であるが、実はその逆で、小楠の紹介状をもってまず春嶽を訪れたものと推論されよう[15]」と述べている。

また、飛鳥井雅道氏[16]と松浦玲氏[17]は龍馬の面会順序として春嶽―小楠―海舟という論を展開している。現在では、こちらの説が有力視されているが、やはり春嶽と龍馬を結びつけた人物についてはわかっていない。

小楠の福井藩招聘

ここで、まず春嶽と小楠の出会いについて検討してみよう。安政五年二月一九日、福井藩と熊本藩との間で話合われた結果、小楠の福井藩政治顧問招聘が実現した。三月一二日、小楠は熊本藩士河瀬典次と柳川藩士池辺亀三郎の二人を伴って、福井へ出発した。このとき、熊本藩士安場一平〔保和〕も随行している。この頃、小楠の弟子であった安場は国府に引きこもって役職にもついておらず、比較的暇であったことも影響したのだろう。この年の四月には、福井に入っている。安場は四月一一日から五月一七日まで小楠と共に福井にいた。後に、春嶽は安場を賞賛してやまず、熊本藩庁にいる安場の報告に対し耳を傾けるよう第十一代熊本藩主細川韶《よし》邦《くに》に注意した程であった[18]。

安場保和（1835-1899）

勝麟太郎と春嶽との出会いは、春嶽が政事総裁職に就いて間もない頃、文久二年閏八月二〇日、軍艦奉行並となった勝に対して、海軍を盛んにするにはどうすればよいか、尋ねたことが最初であった。勝は、春嶽の質問に対し、「ただ、幕府が武士のみを用いて、これに応じようと望むならば、どのように得ましょうか[19]。」と、幕臣のみに頼っているようでは、到底海軍力の強化はおぼつかないと答えている。両者の記述の最初は管見する限り、このときであると思われる。

しかし、ここで注目しておかなければならないのは、福井藩は安政五年六月二日に、松山藩とともに、「神奈川横浜辺り」の警衛を受け持つよう命令が下ったということである。これにより、福井藩は平沼新田から本牧本郷までを担当区域とした。同時に、福井藩は将軍継嗣問題で一橋慶喜支持に回っていた。しかし、間もなく、安政の大獄により、大老井伊掃部頭直弼から松平慶永（春獄）の隠居・謹慎が命じられ、糸魚川から松平直廉（後の一七代福井藩主茂昭）を養子とし、福井藩内の人事も大幅に入れ替わった。この年の四月に横井小楠が福井藩邸にやって来る。同一〇月二四日、橋本左内は福井に戻り、一一月二七日に、福井藩に海防割り当てを命じられた。

翌三月九日、福井藩は幕府に砲台建築の伺いを立て、勝麟太郎に相談することの許可を求めている。砲台建築に関しては、勝麟太郎への相談勝手次第となったが、結局、文久元年一〇月に福井藩が横浜警衛を解かれるまで、砲台の築造は行われていない。しかし、松山藩の伺いは通り、藩費を使用して万延元（一八六〇）年六月に神奈川砲台を完成させている。

すなわち、安政五—六年段階ですでに福井藩と小楠—勝ラインは形成されていたものと見ることができよう。しかしこの間、龍馬は江戸を離れていたため、この段階で小楠や勝に直接接触するのは不可能であったと見られる。では、誰が龍馬の仲介役になったのだろうか。ここで、考えられるルートが二つある。一つは、文久二年八月に、龍馬は再び千葉道場に入っていることから、千葉重太郎から何らかの紹介を受けたという可能性がある。そして、もう一つが高知藩ルートである。このルートは、前藩主山内容堂によるものである。容堂は安政元（一八五四）年以降、春嶽と親交を深めていたし、千葉周作とも親しかった。容堂は安政の大獄以降、品川鮫洲の別邸に閉居していた。千葉定吉は周作の弟である。龍馬と行動していた間崎や門田は土佐勤王党のメンバーであった。当時の土佐藩では、容堂—吉田東洋による「新おこぜ組」系統による藩政改革が進められていた。そのため、容易に容堂の紹介を得るのは難しいと思われる。一方、近藤は岩崎弥太郎との接触があったため、近藤が「新おこぜ組」系統にいる岩崎から何らかの形で容堂の紹介状を得たということも考えられる。しかし、それを証明することはできない。

一方、土佐藩士の多くは千葉周作道場にかよっており、周作から定吉側へ情報が流れ、重太郎と龍馬がその情報をもとに春嶽に会った可能性もあるが、いずれもこのことを証明できる史料がないため、今のところこれ以上追うことはできない。

小楠に「公」の政治を学ぶ

一方、横井小楠と龍馬がいつ福井で会ったかというのは、史料から追うことができない。小楠に面会した龍馬は、「肥後人横井平四郎と共に幕府の振るわざると、政の私制に出るとを論[20]」じたり、「大いに天下の形勢を論じ、同じく力を王室に致すことを約束する[21]」ということになった。そして、「直柔（坂本龍馬）は平四郎と共に松平春嶽公へ迫ることが度々あった[22]」と記されており、その内容は、「幕府が尊王の意を興起するならば、まず全国の有志の者達に尊皇攘夷の志を表したほうがよいことを建言す[23]」るというものであったり、「今幕府は外夷の措置を失し、有志の士それぞれに尊攘の説を唱える。幕府が今にしてこれに従事しないようであれば、天下の志士は必ず先んじてこれを行うだろう[24]」ということであった。

ここで、龍馬と小楠は政事総裁職春嶽に対して、一二月「摂海防禦及び神戸海軍局設立の議を決定した。よって勝氏にこれを担当させせよう[25]」ということになったのである。この背景には、小楠の「国是七条」の提言があり、この中の六項目目に「海軍を盛んにして兵威を強くせよ[26]」という提言があることからも明らかであろう。この一見すると、攘夷を説いているかのような論調は、「富国強兵」を推し進める上で、「開国」をし、更には外国と交易をするといった意味合いがこめられているものとみられる。徳富蘇峰は、小楠の開国論を、「世界を打って一丸となす底の開国論で、その論は甚だ（理想が）高く、その真意を了解する者は、ごく稀であった[27]」と評価している。

小楠の進言もあり、春嶽は、一四代将軍家茂に対して、先ず「尊王の誠意を発揮する[28]」ように告げた。そこで、第一とすべきものとして掲げたのが、「日本国の治めるべき条理の国是を定めなければ、どのような台命であっても、上京のことはお断り申し上げなければなりません[29]」として、道理がなければ将軍が上洛するにあたり、春嶽も上洛することはできないと述べ、小楠の説く「国是七条」を幕府に納得させようと試みている。更に、春嶽の考えの中には、「兼て評議している通り、御出勤して、幕府の私を捨てられ、これまでの御非政を改めるようにして頂きたい[30]」と発言していることからも、幕府は「私」のための政治しか行って

大久保忠寛（1818-1888）

いないので、「公」の政治を行う大切さを説き、「公」のための政治であるならば、幕府が中心になって政治を行ってもよいと考えていたようである。もちろん、この考えにも小楠の影響がみてとれる。

ここで、公議政体論にのっとった「公」の政治を実現するために、まずは参勤交代を三年に一回とした方が良いという施策を出し、幕府もこの要求をのんでいる。

この真意を幕閣内で理解できたのは、側用取次に就任していた大久保越中守忠寛であったように思われる。文久三年正月に龍馬らは忠寛に初めて会い、彼の「公明正大之道」[31]に感服している。

龍馬の福井行きが、人脈を広め、政治的な視野を広めるきっかけとなった点は今後の龍馬を考える上でも重要な点であり、龍馬の公議與論というような考え方は福井藩を訪れたことによって形成されたといっても良いだろう。そして、龍馬が福井藩で学んだものは、「公」のための政治実現構想であったといえよう。

幕府の海軍創設構想

安政二（一八五五）年、幕府はオランダ人海軍大尉ペルス＝ライケンや同大尉カッテンディーケらを招聘し、長崎伝習所で、操練術等の海軍技術を学ばせた。この成果を実践する場として安政七年の遣米使節団の護衛を目的とした咸臨丸の太平洋横断が行われた。

安政四年には築地に海軍教授所が設置され、同六年には御軍艦操練所と改称された。軍艦頭取には勝麟太郎や向井将監、矢田堀景蔵らが就任したことで知られている。

文久元年には幕府によって「海陸御備向並御軍制取調用掛」が設置され、本格的な海軍創設構想が検討された。軍艦奉行木村摂津守喜毅は全国防衛のための大海軍創設計画を考案していた。

文久二年三月に龍馬は脱藩し、まもなく勝に会っている。一二月には、勝が摂海を巡回して要所に砲台を築造するため順動丸[32]に乗っていた時、龍馬・千葉重太郎・近藤長次郎の三名が随行し、龍馬は福井藩家老岡部造酒助に陸奥陽之助（後の宗光）を託した。

文久二年には勝から幕府に対して海軍整備は不可能であ

るという答申がなされている。その理由は、「皇国全州が安全か危険か、当今最大の急務であるけれども、そのことは本当に容易ではない[33]」とした上で、六つのポイントを挙げている。①軍艦製造の職人が乏しいということ。②操船に熟達している者が少ないこと。③天文測量按針の技に長けている者が多くないこと。④船上鉄造銃砲を鋳造する場所が乏しいだけではなく、その技に長じている者が多くはないこと。⑤製造の入費に耐えられないこと。⑥たとえ軍艦を製造したとしても、封建的税制であっては経費償いの道は後を立たないということ、であった。

龍馬が海軍操練所に入ったのは幕府からの正式な認可が下りる前の文久三年一月のことであった。勝は一月一五日、下田港に着いた時、山内容堂と同港で会ったので、龍馬ら脱藩者九名を預かる黙許を得た。この時の会見について勝は、「文久三年春、将軍が京都に入る。正月松平慶永侯が、また海路から入る。私は慶永侯と同艦した。帰途下田港に入る。時に容堂山内侯もまた海路で入り、同港に滞留した。私を迎えて京都の状況を聞いた。私はその見聞したことを答えて、かつ容堂侯に願い出ていうことには、『容堂侯家の士で、近日過激であるとの理由で亡命し、罪を得ようとしている者が多い。坂本龍馬以下八、九名が、現に私の門下に隠れている。彼らはもとより悪意はない。願うことならば容堂侯の寛典で、その罪を赦してもらえないだろうか。もし許容を承ったならば、実に望外の幸いであろう[34]』」と記している。その後、二月二五日には土佐藩京都藩邸から脱藩の罪が許された。

勝は、龍馬に「海軍の興起をしないなどということはない所以を談じ[35]」たことが伝わっており、龍馬に海軍を盛んにする必要性を説いている。これに感銘を受けた龍馬は後に亀山社中や土佐の海援隊をつくることにより、貿易と海防を試みる第一歩を踏み出したのである。

福井藩の海軍強化策

神戸海軍操練所は、文久三（一八六三）年四月二四日に、幕命が下り、設置に至っている。勝は創設目的として、「同志を募り、仲間を立て、国として紛擾しないものはない[36]」と記している。このことからも幅広い人材を集めようとしていたようだ。

この建設費は同年五月、龍馬が福井に春嶽を訪ね、福井藩から得た資金を元にしたとされている。『海舟日記』の五月一六日条によれば、「龍馬子を、越前へ遣わした。村田生〔氏寿〕へ一書を付けた。これは、神戸へ土着を命じられ、海軍教授のことにつき、費用が供出できず、助力をお願いしたいから

由利公正（1829-1909）

である[37]」と費用の援助を求めている。このとき、龍馬は福井で春嶽・小楠・村田氏寿[38]・三岡八郎（後の由利公正）・長谷部甚平などと面会している。ちなみに、春嶽はこの年の三月二一日に政事総裁職を辞任している。

福井藩が海軍強化に力を入れようとしたのは、小楠が文久二年に大目付岡部駿河守長常に「海軍を盛んにしたならば、兵力を強くすることにつながる[39]」と述べていることからも明らかである。そして、この海軍力強化のために参勤交代を和らげて、費用を海軍建設に使えるような体制造りを求めたのである。これは同時に春嶽も共有する考え方であった。福井藩が海軍力を盛んにするように働きかけたのは、「開国」によって、各大名が貿易を行い、更には海防を強化することを予想していたからにほかならなかった。そのためには、幕府がその道筋をつけ、技術や情報、資金を各大名に提供できるシステムをつくり、日本の「富国強兵」を進展させることが必要になる。そこで福井藩がその主導権を握ろうという意図があった。そして、勝もこうした考えに近い考えを持つ人物であった。その二人の思惑が一致したからこそ、福井藩は積極的に援助をしようとしたのである。

三岡によると、「龍馬君我藩に来遊。小楠横井翁の家を訪れる。私はそこで会い、共に時事を討論し、話は数時間に及んだ。これ私が君を知った初めてにして意気投合するようである[40]」と記されている。恐らく、この初めての出会いのときに、龍馬が三岡に対して、「君がため、捨つる命は惜しまねど、心にかかる国の行末[41]」という歌を吟じたものと見られる。

この勝からの融資依頼は、福井藩にとっても魅力的なものだったように思われる。当時の福井藩は、小楠と三岡が中心となって、財政改革に成功していたが、この改革は、藩内の生産物を長崎口や松前口で交易して巨額の富を得るというものであった。海運・貿易に重点を置いていた福井藩にとって、海軍操練所の存在は将来性を期待できるものであったと思われる。また、海軍操練所には元治元（一八六四）年頃、小楠の甥の左平太と忠平、小楠門人の岩男内蔵允らが入所したのみならず、幕府が福井藩から黒龍丸[42]を

買い上げ、操練所に配備するなど、福井藩とのかかわりが見えてくる。

土地代を含め施設建設費と他の家屋を移築した勝の屋敷など合わせても総額四〇五両であったという。

これまでの龍馬関係史料の中で、この資金を海軍操練所の開設資金と説明しているものが見受けられるが、海軍操練所はあくまでも幕府の施設であり、経費は幕府が出す年間三千両の運営維持費でまかなわれていたのである。

しかし、幕府供出の資金以外にも他の資金源が必要であった。そうした点で、福井藩の存在は勝にとって重要なものだったにちがいない。

このように、龍馬や勝が海軍操練所を創設するにあたり、一番頼りにしていたのが、春嶽であり、小楠であった。お互いの考えが合致して誕生したのが、海軍操練所であったように思われる。

文久三年一〇月には、龍馬と勝門下の佐藤与之助が副所長となった。土佐藩からは望月亀弥太・千屋寅之助・高松太郎らが入門し、龍馬の紹介で陸奥陽之介も入門した。

神戸海軍操練所は、当初は幕府が資金を出す予定だったが、結局は、福井藩からの援助と勝の私費によって運営された。私費による経営である上に、関西の攘夷派の志士達に開国の必要性を説くための私学校という性格を帯びていることから、攘夷的思想を持った入門者が多かったわけである。

元治元年九月に勝が関東に呼び戻され、軍艦奉行を免職された後、彼が情報源として利用したのが、薩摩・福井両藩士であった。

ここにおいて、神戸海軍操練所は閉所になった。勝は閉所の命令が出る数カ月前から、副所長の龍馬ら数人を、薩摩藩の在京家老小松帯刀直廉に託して、国元の大久保一蔵(後の利通)の所へやるようにした。これは在京の西郷とも相談の上であった。このことから、勝はすでに海軍操練所が閉所になることを見越して薩摩藩に救いの手を差し出してもらったようである。

なぜ、勝は福井ではなく、薩摩に助けを求めたのかというと、史料には書かれていないが、龍馬達に何かあっても薩摩の特殊な事情で、幕府の官吏にそう簡単に捕まることはないという判断をしたものとみられる。また、同時に薩摩藩の軍備が整いつつあったので、龍馬を薩摩に預けておくことで、薩摩の海軍力の向上に役立てようとしたのかもしれない。

この後、福井藩は幕府に対して勝と大久保忠寛らが幕閣に登用されるように度重なる要請を行っていく。福井藩は大久保・勝という二人の幕臣に期待を持っていたことがうかがえる。

また、その後、海援隊が組織される中で、福井藩関係者として武生出身の福井藩の家老本多家家臣山本龍二（後の関義臣）、腰越次郎（後の大山董）、三上太郎、小谷耕蔵、渡辺剛八（後の大山壮太郎）、佐々木栄が加わっている。彼ら六人のうち、小谷船長をはじめ、渡辺、腰越は紀州藩の明光丸と衝突したいろは丸事件に関わった人物であった。それだけでなく、長崎では、弟の自宅を海援隊本部として提供していた小曽根乾堂は福井藩御用商人兼長州藩取引商人であった。このように、龍馬は福井藩関係者達の援助を受けながら、最期まで活動をしていた。

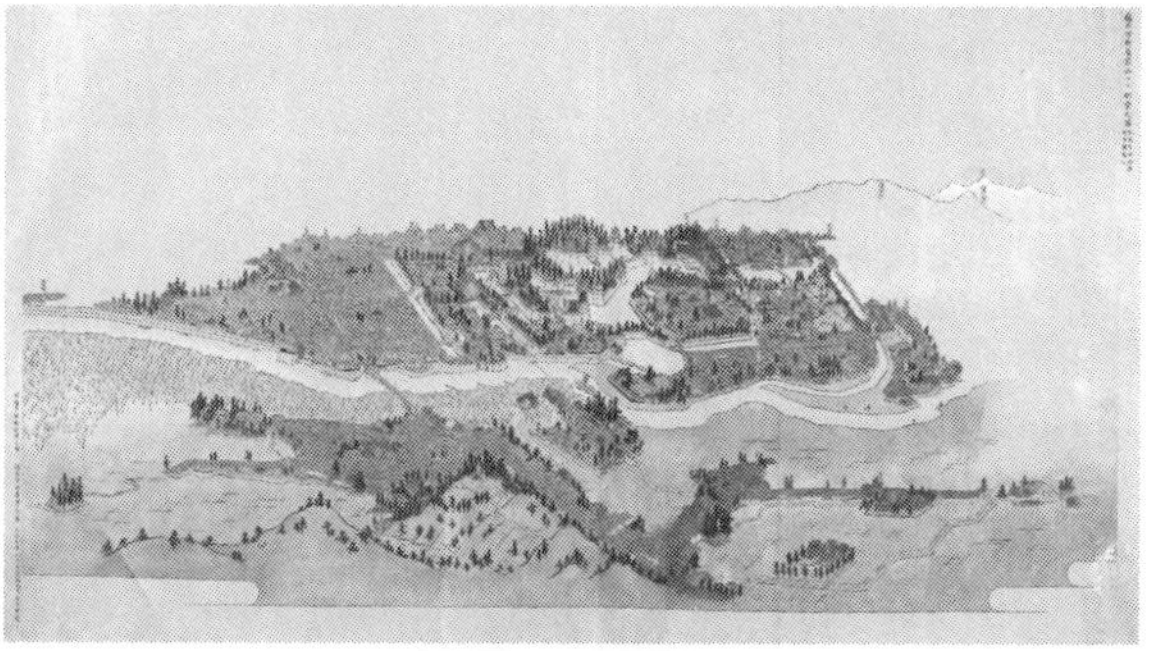
福井城下眺望図

福井藩の攘夷派一掃計画

春嶽は政事総裁職を辞任して帰藩し、文久三年四月一五日に隣の加賀・小浜両藩に使いを出し、京都の退勢挽回を図るため、積極的な政治工作に打ってでた。加賀に派遣されたのは、家老本多飛騨・番頭牧野主殿介・奉行三岡八郎であった。一方、小浜に派遣されたのは、家老松平主馬・側用人酒井十之丞・寺社兼町奉行長谷部甚平であった。

この時の様子について、加賀藩に記録が残っているが、この時三岡が「先だってより攘夷のことについて毎度朝廷から御沙汰があったが、春嶽様は現今の時節、攘夷はよろしくないとの意見である。その理由は、先年幕府によって条約が結ばれ、外国側に何の違反もないのに勝手に条約を破るというのは道理に合わない。その上、現在の日本海岸はいまだ十分な防備もできておらず、現実問題としてやはり攘夷は不可能であるといわざるをえない[43]」という説明をした後、これについて加賀藩の意見を承りたいという意向を伝えている。小浜藩に対してどのような話をしたかは不明である。

松平定敬（1847-1908）

福井藩は京都の攘夷派を一掃するためには、隣藩の武力も利用して、「開国」路線の公武合体へ国是を展開させたいという意思表示をしようとしていたように思われる。

更に同五月一三日には、中根雪江が在京老中板倉周防守勝静に会い、「公武合体」をより確実なものにするための京都工作をしようと試みた。

しかし、その後、一橋慶喜の将軍後見職辞任や天誅組や水戸天狗党の乱等といった攘夷事件により、工作が軌道に乗らなかった。

こうした情勢の中、文久三年七月下旬、龍馬は大坂西町奉行松平大隅守信敏と謀り、春嶽の上京を促すために福井藩に赴いた。このとき、「一夕横井平四郎の家を訪れ、共に三岡八郎を訪れた[44]」という。このとき、三人は「時事を話し合って、夜の明けることを知らなかった[45]」という状態であった。この談話の内容は詳しくはわかっていないが、その内容は、後の由利の談話からうかがうことができる。その内容は、幕府の存続の可否や幕府財政に関わることであった[46]。恐らく、龍馬が福井を訪れた目的でもある春嶽の上洛の話も出たものとみられる。

では、龍馬がなぜ春嶽に上洛を求めたかというと、それは当時の京都の状況が大いに関係している。文久三年の京都は治安が乱れていた。尊攘派による「天誅」が横行し、斬殺や暴行が繰り返され、収拾がつかない状態であった。そのため、京都では将軍後見職一橋慶喜、京都守護職松平容保、京都所司代松平定敬といういわゆる一会桑政権で乗り切ろうとしていた時期であった。

小楠の「挙藩上洛計画」

こうした上洛に素早く反応したのが、横井小楠であった。小楠はこの機を見て、「挙藩上洛計画」を実行へ移そうとした。福井藩内では、「挙藩上洛」と藩主茂昭の出府（参勤交代）延期の問題で、藩論が真二つに割れていた。穏健派の狛山城・中根雪江らは慣例重視により、「挙藩上洛」には反対していた。その一方で、本多飛騨、松平主馬、長谷部甚平、村田氏寿、三岡八郎らは、小楠の「挙藩上洛」を支持した[47]。

この上洛にあたり、小楠は精兵四千余の出動計画を伝えるが、それは藩の軍事力の大半を使用するという前代未聞の計画であった。このときの派兵・出陣の方法は五隊に分かれ、一番手は家老本多飛騨、二番手は家老松平主馬、三番手は藩主茂昭、四番手は春嶽、五番手は家老岡部左膳と側用人酒井十之丞の名があがっている。

兵を用いた上洛計画自体は、文久二年四月一六日に、薩摩藩主後見役島津久光が、幕政改革意見を朝廷に提出するため、率兵上洛を果たしている。これに加え、同八月二一日の生麦事件の報復として、文久三年七月、イギリスが薩摩藩に対して軍艦を派遣していた。

更に、文久三年五月に、老中格小笠原図書頭長行は水野痴雲を従え、大坂の一橋慶喜を迎えるため、千五、六百の軍勢を率い、海路、大坂に向かい入京しようと試みた。しかし、二条城にいた一四代将軍家茂に制止され、老中格を罷免の上幽閉されたのである。この時、幕府は、制海権を掌握し、最新の陸軍を用意していたこともあり、幕権を回復する最大のチャンスではあったが、実際に武力を背景とした行動をとらずに失敗に終わった。このことは幕府崩壊への流れを止められないものとなっていった。

英字新聞『日本貿易新聞』(第四四号)にも、一久留米藩士による文久三年七月の福井での探索を伝えているが、それによると、藩公父子出発の陣触れが六月一〇日に出て、五隊に分かれ家中衆一万、農兵一五〇〇という数字をあげ、出動人員をかなり過大評価している。親藩として、富国強兵のもと、軍事力強化を図ってきた福井藩を他藩は、驚異的な軍事力として評価したに違いない。

小楠の計画は、軍事力を背景にした上京を行い、国政の主導権を握って、将軍、関白、諸大名臨席の下で日本の代表が外国の公使と談判する「国際会議」を開催して国論を統一するという計画(48)であった。

この計画は、国際会議を通じて「開国」か「鎖国」かを最終的に確定して西洋諸国に対応しようというものである。小楠は、たとえ「鎖国」となろうとも、手順をしっかり踏まえている以上は、「理」は日本にあり、国内が分裂したまま「大義」もないのに欧米諸国と戦争になるという最悪のシナリオを極力避けるように注意を払っている。

五月二四日の大評定で、この「挙藩上洛」が決定されると、福井藩は熊本藩や薩摩藩にも共同行動を持ちかけ、同時に京都の様子を探らせた(49)。

六月四日、牧野主殿介と青山小三郎が、また六日には村田が、他藩に福井藩の意図を伝えるためそれぞれ京都に派遣されている。

同八日、中根は家にこもって出仕しなかったため、同一四日に蟄居謹慎処分とされた。

小楠は、在京の村田と青山宛に、藩議が一波乱したことにつき、「雨降って地固たまるのたぐいで、上洛計画もいよいよ実行できる見通しがついて喜ばしい限りだ[50]」と、紛糾する事態を収めたことに、絶対の自信を見せたのである。

同二一日、村田は薩摩藩の吉井仲介（後の友実）を訪問し、牧野、沼田勘解由を訪れた。

同二九日、龍馬が村田のもとに来た。勝の使いで福井藩に騎兵銃一挺を贈っている。

「挙藩上洛計画」の失敗

しかし、一四代将軍家茂の帰府などの事情が絡み、六月末には上洛計画に異論が起こり、藩論は大いに揺らいだ。

六月二九日、龍馬は姉の乙女にあてた手紙の中で、「この時節はよほど、芽を出し、一大藩によくよく心中を見込まれて、頼まれて、今何事かできそうなので、二、三百人ばかりの兵を私が預かりましたので、人数をきままに使えるようになった[51]」と報告している。ここで示されている「一大藩」は、福井藩のことであり、龍馬は京都で下工作をしていることや村田との接触から、クーデタに協力を求められたことがうかがえる。

更に、この書簡の続きには、「日本を今一度、洗濯をしなければならないということを神願（心願）している[52]」というのである。それにのっとって、日本の国是を確立するためには、「洗濯」して反対勢力を一掃することもやむを得ないという、クーデタによる大改革による日本の未来を見据えたものになっている。

七月一日には、龍馬と近藤長次郎が来て村田に面会した。同四日、村田は京都を出発し、六日暁に福井に到着した。

この間七月四日には、小楠は福井から熊本の嘉悦氏房と安場保和に手紙を書いて、クーデタ協力要請を行っている。

更に、七月六日に福井に帰ってきた村田の報告で、「挙藩上洛」は時機にあわないとされた。七月八日（推定）とされる村田から龍馬に送られた書簡には、「唯今、京都の熊本藩邸に小楠を訪ねましたところ、昨夜（七月七日）申し合わせた通り伏見で待つと申して、今日、八つ時（午後二時）頃出発したとのことです。

小生（龍馬）においても一言、神戸へ連絡したいこともあり、また先刻申しました件もありますので、京都の薩摩藩邸へも早急に参りたいと考えています。

それ故に、今夜、横井を追って伏見に下り、明朝上京いたしますので、薩摩藩の吉井仲介へ書状を一封、今夜中に届けて頂くようお願いもうしあげます[53]」とある。書簡にあるように七月六日に村田が福井に帰ってきていることから、七月八日に京都の熊本藩邸に向かうというのは難しいように思われる。しかし、小楠が七月七日に伏見に行ったという記録はないため、本当に伏見に小楠がいたかどうかは定かではない。

七月一〇日、朝八時、村田は福井を出発し一二日朝五時に京都に到着した。この日、村田は吉井を訪れている。

このクーデタには熊本と薩摩藩両方の協力がなければ、成功する見込はなかったが、薩摩藩は八・一八のクーデタをすでに計画しており、その準備段階に入っていたため、福井藩に応じる用意はなかったものと見られる。福井藩の情報の中には、こうした薩摩の動きが入っていなかったのではなかろうか。

結局、福井藩内部の慎重論が大勢を占めたため、七月二三日をもってこの計画は中止になった。こうしてクーデタは幻に終わったのである。一番の原因は薩摩藩と熊本藩に協力の約束を取り付けられなかったことである。それと、江戸の幕府と京都の一会桑の不調和が春嶽を動かしにくくしていたこともあげられよう。

また、先進的な議会制度を中心とした国家体制を目指そうとする春嶽、勝、小楠、龍馬、三岡らの考えと他藩の考えが相容れない状態であったこともまた事実だろう。

その後、福井藩では改革派の松平主馬・本多飛騨・長谷部甚平・千本藤左衛門・村田氏寿・三岡八郎・牧野主殿介らが、一旦解職・転職・蟄居となった。

八・一八政変の起こる前の一一日に松平大隅守から勝宛の書簡には、「さてこのたび坂本龍馬は大義を論じ、越公〔春嶽〕も上京のつもりであった。しかしながら、宿所高台寺を焼かれ、遅行計り難く、かつ気力が少なくなったのを憂い云々[54]」とあり、このことから背後に勝が関係していたものと見受けられる。

小楠は失意のうちに八月一一日、福井から熊本へ帰っていった。熊本に戻った小楠は、いわゆる「士道忘却事件」の責任を問われて、知行を召し上げられ、士籍を剥奪されて沼山津に蟄居した。

その後、京都では八・一八のクーデタが実行され、公武合体派政権が復権した。同年九月末から一二月にかけて薩摩藩の島津久光、福井藩の松平春嶽、土佐藩の山内容堂、宇和島藩の伊達宗城らが上京し、一会桑らと共に「参預」

に任命されるも、政策上の意見の不一致などから元治元年三月には解体してしまった。

この間、九月二三日の『海舟日記』には、「聞く、越前邦内、漸く異議起こり、中根靭負〔雪江〕・村田巳三郎〔氏寿〕・三岡八郎・青木甚兵衛の輩は皆退けられ、政令、また一変しようと望む勢いがある。横井先生の建議は変らないだろうか。歎くべし。昔から、俗吏国を誤り、主を辱めていることとは、我が書が至るに及んで、有志共は大いに悦び、酒を置いて同志を会す(55)」と記している。このことから、勝が小楠の「挙藩上洛」計画に対して賛成の意を持っていたことがうかがえる。

この「挙藩上洛」は圧倒的な軍事力を背景に朝廷を制圧した場合、福井藩主導の政治体制が京都に誕生しただろうが、同時に幕府より上手に出ることが考えられた。「公武合体」を主とし、幕府と朝廷の調整役を担う春嶽にとってこのクーデタ計画は簡単には実行できない状態であったといえよう。

このようにして、龍馬と福井藩は親密な関係のもと、日本を見据えた行動をとるのである。

小楠との長州をめぐる意見の相違

福井藩と熊本藩との関係は前述した通りだが、同時に福井藩は柳川藩を味方に引き込むことによって熊本藩への影響力を強めていった。春嶽の実姉純子は柳川藩主立花鑑寛の正室であった。横井小楠を福井藩に招聘するためには、熊本藩の反実学党勢力に警戒をする必要があり、そのため近隣藩を福井藩の味方につける必要があった。こうして柳川藩をいわば刀の鞘とすることで、春嶽は西日本の動きを牽制したのである。このことは後の薩摩藩との交易関係においても重要なことで、柳川・熊本両藩を味方に引き込んで、薩摩藩への監視機能を担わせるという、非常に戦略的な福井藩の西日本政策が見受けられるのである。

また、春嶽は長崎聞役の機能を十分に活用するために熊本藩と柳川藩に接近したものと見られる。この二藩への接近は春嶽の情報網つくりの一環だったのかもしれない。

元治元〔一八六四〕年二月一四日、龍馬はイギリス・フランス・オランダ・アメリカの四カ国による下関砲撃の事後処理で、イギリス・オランダと交渉するために、長崎出張を命じられた勝に随行して、船で同地へ向かった。一行は、佐賀関から陸路で熊本を目指し、二月一九日に熊本城に入った。

そして、勝はこの日、龍馬を小楠のもとに遣わした。その理由は、「海軍塾の情報を伝え、金品を贈る。龍馬の話により横井は『海軍問答書』を執筆[56]」したというのである。しかし、『土藩坂本龍馬伝』によると、「熊本に泊まった時、直柔が密かに近藤長次郎を伴って横井平四郎を訪問し、共に天下の事情を論ずるにその意は符節を合わすようであった[57]」と記されており、前の記述とは異なる。

いずれにせよ、知行を取り上げられた小楠のために金銭的な支援をすることが今回の目的であった。また、『海軍問答書』を執筆した目的を、「海軍に過ぎたる強兵あること無し[58]」と断言している。

勝と小楠が重要視した神戸海軍所の設立は、幕府のみならず、京都を守る上でも重要な拠点であり、日本の海軍基地としての構想があったように思われる。

同年四月六日に、勝は再び龍馬を小楠のもとに派遣した。小楠はこのとき、甥の左平太と忠平の兄弟及び熊本藩士岩男内蔵允を海軍操練所に入れることを勝に依頼した。龍馬は小楠から託されたこの三人の熊本藩士を伴って、勝一行に合流し大坂に向かった。

同年八月二日、幕府は七月一九日の「蛤御門の変」（禁門の変）の処分として、「第一次長州征討」を諸侯に命じた。これには中心的な薩摩・会津両藩をはじめ、多くの西南各藩が参加した。

この長州藩の処罰をめぐる龍馬と小楠の意見対立と訣別の原因はここにある。小楠は薩摩・熊本・福井三藩の結束と主導により、時勢を変化させることが可能であると考えていたようである[59]。これに対し、龍馬は小楠の路線に長州を加えようとしていた。

慶応元（一八六五）年三月一二日には、勝・小楠らの願望とは裏腹に神戸海軍操練所は廃止された。一〇月二一日、勝に江戸召還命令が出された時に、勝は龍馬らのことを薩摩藩士西郷隆盛に依頼している。そして龍馬は陸奥陽之助らと共に、頭髪・服飾と薩人風に変装して、大坂薩摩屋敷に潜んだ[60]。

この間、龍馬は五月一六日に、鹿児島を発った後、陸路熊本を目指し再び小楠のもとを訪れている。この時、『徳富一敬筆記』には、「龍馬が言うことには、天下の事衰退を救ってはならない、感慨の話が多い。一人薩の大久保一蔵とことを共にしよう。今日のことは、先生に一々明言しないので、静かに成り行きを見守っていて下さい。先生もまた強いてそのことを問わなかった」[61]と記している。小楠を一旦現在の時勢から切り離して、傍観者ないしは静観者として位置づけているのである。

龍馬は小楠に「薩長同盟」の成り行きを見守って欲しいとし、これが完結すれば、小楠と仲違える理由はないのである。龍馬は身分的には自由な身であり、小楠は自由に各地を訪れられる状態ではなった。こうした事情も議論の対立を招いたものとみられる。

その後、龍馬は五月二四日に大宰府延寿王院で三条実美に、二六日には、東久世通禧に会い、二七日には再び五卿に会って、薩長連合策を進言した。二八日に大宰府を出立し、閏五月一日、下関に向かい、土佐藩出身の脱藩浪人中岡慎太郎らと共に薩長同盟の斡旋に動き出した。これにより、小楠は一時歴史の表舞台から退き、龍馬が歴史の表舞台に顔を出すのである。

その後の第二次長州征討の時期になると、勝から小楠に対して「肥後藩は手を引かれたし」[62]との依頼が行われた。戦闘や交渉ごとは別に任せ、政治制度を作り上げるときに再び小楠が登場する場があるだろうから、それまでは傍観者的役割を担うように依頼されたのである。

以上、見てきたように龍馬は、熊本藩を政治的中立の立場に置くことにより、薩長同盟という基盤を作り、対幕府包囲網を形勢していこうとした。そのため、そのプロセス上から小楠を一旦、歴史の表舞台から遠ざけざるを得なかったといわざるをえないだろう。

龍馬の大政奉還論

慶応二（一八六六）年六月、幕府による第二次長州征討が始まり、龍馬は長州藩に味方して戦争に参加した。この戦争を通じて、龍馬は幕府の滅亡が間近に迫っていることを肌で感じ、八月下旬、福井藩士下山尚に長崎で面会し、大政奉還をするように春嶽から幕府へ働きかけてもらえないか、[63]と進言している。下山は熊本・長崎への遊学が目的だった。

一方、この頃、福井藩と薩摩藩は交易を介した交流を強めており、薩越同盟が形成されていたことが高木不二氏によって明らかにされている[64]。薩摩藩が慶応元（一八六五）年冬以来、福井藩に融資して交易品として扱っていたのが生糸と茶である。

横井小楠は、熊本藩の藩論として第二次長州征討の中止を幕府に建白し、その際併せて「御建白大意」[65]を提出した。

恐らく、龍馬が下山に示したものはこの小楠の「御建白大意」ではなかっただろうか。

下山は帰藩後、「十月二四日、朝登庁して春嶽公に謁見し、政権返上の大事を決定することである。（中略）春嶽公は襟を正し、徐《おだや》かに言った。そうであるならば、私も思うところがある。あなたの方から宜しく執政に告げてください[66]」と、春嶽は行動に移そうとはしなかったことを伝えている。

慶応三年一月一日に、小楠は、『国是十二条』を書き表した。この内容は、①天下の治乱に関わらず、一国は独立して本となす。②天朝を尊び、幕府を敬う。③風俗を正す。④賢才を挙げて、不肖を退く。⑤言語を開き、上下の情を通じる。⑥学校を盛んにする。⑦士民を仁す。⑧信賞必罰。⑨富国。⑩強兵。⑪列藩を親す。⑫外国に交わる[67]、というものである。この構想は福井藩士松平源太郎経由で、春嶽に伝えられている。

この小楠の考えでは「幕府」が重要な位置を占めている。更に、「一国独立」をうたい、このために「富国強兵」が必要であるという点では、『国是七条』の延長線上としてとらえることができ、基本的な考えは変っていないといえる。

同五月には、信州上田藩出身の赤松小三郎は、春嶽宛の意見書で、公武合体論に立ち、内閣制・二院制ともいうべき主張を展開している。

同六月に、龍馬が『船中八策[68]』を提示している。内容は、①政権奉還、幕府政治の終結。②議会制度と公議制。③人材の登用と旧来の行政の改革。④国の交際と平等条約の締結。⑤昔の律令を参考にし、将来恥ずかしくない法を作る。⑥海軍の増強と国防。⑦近衛兵の設置。⑧為替レートの設定。以上、「八策は方今天下の形勢を察し、これを宇内万国に徴するに、これを捨て他に済時の急務あるなし。苟もこの数策を断行せば、皇雲を挽回し、国勢を拡張し、万国と並行するも亦難しとせず。伏して願わくは公明正大の道理に基き、一大英断を以て天下を更始一新せん」、という説明がなされている。

この『船中八策』は小楠が文久二年に著した『国是七条』に共通する部分も確認される。例えば、小楠は文久二年七月に幕府に建言した『国是七条』の中で、「大いに言路を開き、天下と公共のまつりごとをなせ[69]」と書いている。龍馬は慶応三年六月に後藤象二郎と共に起草した『船中八策』の中で、「上下議政局を設け、議院を置いて万機を参賛するようにしなさい、万機宜しく公議に決定すること[70]」と書いている。

国論を統一して内乱を防ぎ、日本の独立を維持していこうという、勝、大久保忠寛、小楠、春嶽に共通した考え方が龍馬に受け継がれ、アレンジされたものとなった。

しかし、大久保忠寛の大政奉還論(71)は、龍馬のものとは違っていた。龍馬の大政奉還論は欧米列強に対抗するための方策としては幕府を倒し、強国日本を作ることが念頭にあった。これに対して大久保の大政奉還論は、王政復古を望むものではなく、朝廷の攘夷政策が不可能であることを悟らせることにあった。朝廷は攘夷に固執したが、日本にそれを成し遂げるだけの国力はない。それゆえに、一旦、徳川政権を朝廷に返し、一大名に戻って、後は朝廷に任せてみようという苦肉の策から生じたものであった。

龍馬は「倒幕」をする上での大政奉還論の立場であり、大久保は幕府を護持するために、一旦政権を返上し、再び幕府が政権を執ることを見通した上での大政奉還論であったとみることができよう。

また、春嶽の政治構想としては、文久二年に政事総裁職就任前後に起草されたと推定される『虎豹変革備考』(72)がある。主な項目は、①公武一和のこと。これは、幕府が朝廷を崇拝し、その職務を全うすることが肝要であると説いている。②衰季挽回維持のこと。諸侯は一年を四分して一季ずつ輪番上京する。将軍は三年に一度、五年に一度は朝観をすること。老中は一年代りで京都に勤番することを説いている。③芟去《さんきょ》幕私のこと。幕府は朝廷や諸藩を疎んじてはならない。④大攘夷定策のこと。有名な諸侯を挙げて下院で公共の論を議論して朝廷に伺いを立てた方がよい。朝廷の前では、幕府も諸侯も同等。⑤救天下の困弊のこと。貨幣制度の改革と旅行の弊害を取り除くことを説いている。⑥武備張宣のこと。江戸・横浜の防御と見附番の充実。⑦士気を高めること。⑧公共の論と上下院を設置することを説いている。以上のことから、幕府の権力一点型、即ち「私」を改め、朝廷を中心とした議会体制、即ち「公」の政治体制実現を目指していることがうかがえる。また、この内容を見ていくと、龍馬の船中八策に生かされている部分がある。例えば、議会制度と公議制、人材の登用と旧来の行政の改革、国防、貨幣制度の改革などは、春嶽の政治構想を踏襲したものと見てよかろう。春嶽の構想に抜けているのは、対外政策の面であり、国内の政治体制の変革を要求したものであることが理解できる。

同九月になると、津山藩出身の津田真道から「日本国総制度」ともいうべき構想が挙がった。これは、徳川氏が全国を統括する「総政府（行政府）」の長として軍事権をも掌握し、立法は「総政府」と「法制上下両院」で分掌（分掌の具体案は明記されていない）し、この両院に諸大名や全国民の総代（一〇万人に一人）が参加するというもので、一五代将軍徳川慶喜を中心とした全国政権構想といえるものである。

この津田案と共通しているのが、同一〇月一八日の老中格兼陸軍総裁松平縫殿頭乗謨《ぬいどのかみのりかた》（後の大給恒）の意見書である。彼の案は、朝廷と中央政府との関係が明らかになっていないが、各藩の「私権」を中央政府に収めて軍事力もそこに集中させるというものであった。主な構想は「上下の議事院を作り、国政はその議を経る」というものである。

龍馬の大政奉還論は、開成館を創設して藩の殖産興業、富国強兵を推進していた土佐藩の新リーダー後藤象二郎と慶応三年一月に知り合ったことで具体性を帯びていった。同六月には、後藤と龍馬の努力によって、薩土盟約が結ばれ、両藩は王政復古と大政奉還のために協力しあうことを約束した。[73] 龍馬も盟約の場に臨席していた。同一〇月には、後藤と龍馬の努力で山内容堂の名前で大政奉還の建白書が幕府に上申され、一〇月一四日に慶喜は政権奉還を朝廷に奏聞して認められた。[74]

慶喜が目指したフランス型「大君制」

同一〇月一三日、津和野藩出身の西周助（後の西周）は、二条城の大広間に召し出され、大広間の廊下に障子屏風をめぐらして、その中にいた慶喜の求めに応じて、フランス第二帝政国家三権の分立やイギリス議院制度などの梗概を述べ、それを手記にまとめ翌日提出している。

慶喜が大政奉還の直前まで、ヨーロッパの統一国家権力のあり方や議院制度に関心を持っていたことがうかがえる。

こうして、生み出されたのが西の『議題草案』である。ここでのタイトルについて、何の会議に出す議題であるのかというのが問題で、これは、後藤象二郎、春嶽が構想した在京の有力者諸侯会議の議題ということで、この会議に提出する草案であると見られる。[75] この構想は、「大君」に政治・経済・軍事、更には司法等の権力が集中する仕組みである。大坂に「公府」を置くというのは、当時、西南雄藩が西日本経済圏を掌握しようという動きがあったため、ここをおさえる必用があったからであり、江戸の直轄とともに全国の政治・経済支配の中心にするという意図が見えてくる。この「大君」制国家とでもいうべき構想は、議会制度を取り入れて権力を「大君」慶喜に集中させようとする新しい徳川国家の統治体制の創出といってもよい構想であった。

一方、大政奉還をめぐって井野辺茂雄氏が「容堂の腹の底では議政府の議長みたいなものを御前に願って、やはり徳川家が政治の中心であるかのごとき形でやって行きたいというような計画をいたしておりました。何かそんな風な事柄につきまして……[76]」という質問に対して、慶喜は、「何かあったか知らぬが、しかしそれは容堂の方にあるのだ。こちらにはない[77]」と否定している。こうした慶喜と容堂の質疑応答の背景には、慶喜には「大君制国家」構想があり、仮に大政奉還をしたとしても朝廷での政治はできず、すぐに慶喜のもとに政権が来るという腹積もりがあったに違いない。

西周（1829-1897）

また、慶喜は大坂開市に各国公使を呼び、盛大なセレモニーをあげていることから、国際社会には、あくまでも徳川政権が真の政権であるというアピールをしている。つまり、慶喜の「大君制国家」構想は、外交権を掌握した徳川幕府が下敷きになったものであったように思われる。新政府が誕生して早々に明治天皇が旧幕府の条約をそのまま引き継ぐと宣言したことからも、外交権の掌握が当時の政局の中で、重要なものであったといえよう。

福井藩や龍馬の考えていた政治体制はイギリス型の合議制議会国家であり、慶喜の志向した「大君制」はフランス型の皇帝専制政治であった。

一方、龍馬だが、大政奉還を受けて、三条家家士尾崎三良と共に新政府の職制案である『新官制議定書』を作成し、今後の局面の展開に対応しようとしていた。そして、同年一〇月二四日には、後藤の依頼によって福井に旅立ち、一一月一日には春嶽に拝謁して上洛を要請し、翌日には福井藩の財政立て直しに一役かった三岡八郎が、城下山町の旅館「莨屋」に宿泊した龍馬を訪問し、新政府の経済問題について話し合いをしている。この時に龍馬は、「時勢は目下の概略（大政奉還・王政復古）を語[78]」り、三岡は、「ことがここに及ぶことは幸い甚だしいことである、今より大いになす方がよい[79]」と答えたという。

五日に帰京した龍馬は、すぐに土佐藩重臣に春嶽の返書を手渡すと、次に『船中八策』をベースとした『新政府綱領八策』[80]を起草して、新国家の進むべき道を示すなど、精力的に活躍していた。ここにも「二院制議政所」構想を盛り込むなどといった小楠との共通性が見受けられる。

龍馬亡き後の明治維新

しかし、一五日の夜、龍馬は近江屋を訪ねてきた中岡慎太郎と面談中に襲撃され、暗殺されてしまった。

その後、慶応四年一月七日の三岡の『議事之体大意』には、「一、貢士は期限を以て賢才に譲るようにしなさい」「一、万機公論に決し、私に論じてはならない」[81]の二条目は、龍馬の遺志を受け継いだものとしてとらえられる。更に、参与福岡藤次（後の孝悌）の『会盟』[82]では、順番が入れ替わって、岩倉具視に提出されることとなる。この段階では、小楠や龍馬が重視した「二院制議事所」の語句が消え、「万機公論」となっている点に注目できる。

この後、龍馬の構想とは裏腹に戊辰戦争による「討幕」が薩長中心で展開される。まず、「大君制国家」が支持されなかったのは、大政奉還の直前の構想で諸藩に流布していなかった点が挙げられる。その一方で、大政奉還され、新政府の道筋を立てたにも関わらず、薩長はなぜ「討幕」を行わないといけなかったのか。新政府構想をめぐって、土佐の容堂、福井の春嶽、宇和島の伊達宗城、薩摩の島津久光らは連携をとって、平和裏に政権の移行を目指そうとした。しかし、その一方で、藩士クラスでは、薩長土の軍事同盟がなされ、更に近代軍備を備えた佐賀藩が加わり、討幕へと向かう。

むしろ武力討幕を唱えていたのは中岡慎太郎の方であり、薩長両藩士はどちらかというと、龍馬よりも中岡の姿勢を重視していたと思われる。慶応期の動きを見ていった場合、龍馬よりも中岡の方が武力討幕よりの思考を持つ勢力に接近している。慶応三年に中岡は「時勢論」を著し、「勇ある者は勇を振るい、智謀ある者は智謀を尽し、一技ある者はその芸を尽し」[83]て、幕府を討ち日本の危急存亡を脱するべきだと説いている。

戊辰戦争では、幕府軍が圧倒的な兵員数をもっており、これに親藩や譜代が加われば、勝利は間違いなく幕府側が収めていたものとみられる。しかし、一つには、この戦争では、外国公使達の動きが勝敗の鍵を握っていた。もう一つには天皇の存在が鍵であった。天皇は将軍よりも上位にあるという共通の認識があるため、天皇の命と称すれば、何もできなくなる。そして、一番大きな要素は、諸藩の動向であり、多くの藩が「公武合体」を支持していたため、「討幕」は容易な状況ではなかった。しかし、財政難の藩が多かったため、財政面の補助を取り付ければ、どちらにも立場を変える可能性があったことなどが考えられる。

こうした中で、「大政奉還」の報せを受けた福井藩の周辺では、政局の見極めがつかなくなった近隣諸藩が福井藩を頼って使者を派遣してきた。大野藩、鯖江藩、勝山藩である。福井を入れた四藩連合構想を練るも、明治元年閏四月の新政府による「政体書」に各府・藩・県は「隣藩あるいは外国」と「盟約」を立ててはいけないと明記されたため、もろくも計画は崩れ去ってしまった。恐らく、この福井藩の動きを察知した薩摩藩が対策をうったものと見られる。

春嶽は大政奉還や王政復古クーデタにおいては、藩主でなかったこともあり、福井藩を直接動かせる立場にはいなかった。しかし、春嶽は慶喜の辞官納地などを円滑に解決するよう努力をした。更に、戊辰戦争が勃発して慶喜が朝敵とされても、慶喜の助命と徳川家存続のために尽力しているのである。

また、春嶽は「公武合体」はあくまで「君臣の大義を明らかにし、御祖宗〔家康〕以来の規則があるけれども、全て天下の御政道は、〔孝明天皇の〕叡旨を守る」[84]ことが第一であり、この方針に則って「公」の政治を行わなければならないと考えていた。この考え方が慶喜の考え方とは違っていたため、政事総裁職を辞任し、更に、王政復古以降は天皇の命の遵守を第一とした上で、徳川家の存続を求めていくこととなったように思われる。幕府の崩壊はやむを得ないが、新政権の中に政治にかかわれる一つの存在として徳川家の存続を求めたものと考えられる。

龍馬自身は「討幕」に関して、慶応三年八月三〇日の夜に土佐藩士佐々木高行を訪れて、唐突に「このたびのこともしならずば、耶蘇教をもって人心を扇動し、幕府を倒さん」[85]と語ったことが記されている。このことから、龍馬は「倒幕」は考えていたものとみられるが、「討幕」は幕府の出方次第であったのではないかと思う。その最終手段が大政奉還であり、これを受け入れた以上は、龍馬にとって「討幕」は不必要であったと思われる。

むすびに

龍馬が最初に訪れた大藩福井藩は幕末政治史において「公武合体」を推奨する徳川親藩であったが、春嶽の下に優れた人材が整っており、龍馬はこうした交友関係から、世界を広げ、様々な所に情報網を広げ、人の輪を広げていった。

しかし、龍馬は幕末期に福井藩を訪れたことで、政治的な思考力をより高め、日本の将来を描けるようになった。春嶽や龍馬が小楠の考えを実現しようと動いたことが明治維新以降の日本の道筋をつけることとなり、その方向性を示した後、維新後の福井藩は新たな人材に日本の未来を託し、中央政権から距離を置くようになっていった。

最後に、龍馬は松平春嶽や横井小楠などとの交流を深め、イギリスの政治組織を日本に取り入れようとしたことがうかがえる。また、勝麟太郎との出会いによって、海軍の技術を学び、海外に出る準備も整った。龍馬が目指したものは、「富国強兵」「殖産興業」をおし進め、日本という国家を世界に通じるところにまで発展させようとしたのではなかろうか。

龍馬が亡くなった後、新政府には龍馬と関わりのあった小楠や三岡が政府の中心に入っていくこととなる。小楠は明治政府の参与になっていたが、明治二（一八六九）年に京都で暗殺された。

三岡は由利公正と名を改めて、まずは『五箇条の誓文』の起草にあたり、これを福岡孝悌が修正し、最終的に長州藩の木戸孝允が加筆修正を加え、発布に至る。一方で、維新後、新政府の徴士・参与となり、御用金取扱を命じられ、会計基金三〇〇万両の募債と金札の発行を提議した。金札発行の際に部下の失策から引責帰藩を余儀なくされたが、この間に、アメリカ人教育者・宣教師グリフィスを招聘して洋学（福井藩理化学教師となる）を盛んにし、外国留学を奨め、商家の子弟も藩学に入学させたり、藩の財政整理を行うも、明治三年に再上京を果たし、賞典録八〇〇両を永世下賜され、同四年東京府知事となった。同八年、元老院議官に任命され、晩年には貴族院議員となっている。龍馬の見込んだ通り、財政面において由利の活躍は期待されていたが、不運な形でその職を追われることになってしまった。

松平春嶽は、新政府で内国事務総裁や議定等を務めるも明治三年からは一切の官職に就くことはなかった。

グリフィスは春嶽を「将来を見通した改革者」[86]と評価し、春嶽と小楠の関係をジョージ・ワシントンと彼のブレーンだったアレクサンダー・ハミルトンに匹敵する関係であると見ていた。そして、小楠の死を「リンカーンのように、彼の苦労は暗殺をもって報われた」[87]と評しているように、小楠は文久期にはすでに新日本の新しい像を提示し、春嶽も彼の意見に賛同している。

こうして、龍馬が親交を深めた福井藩関係者は明治初期の段階では新政府の中心から外れており、龍馬の意志を受け継ぐ福井藩関係者はいなくなってしまった。福井藩としては何とも悔しい思いをしながら、明治新政府の政策を見守ることとなる。

一方、熊本藩は龍馬と小楠の死によって、遅ばせながらの藩政改革が軌道に乗ることとなる。熊本藩においては、その後、小楠の弟子達が中心となって藩政をリードしていく。まさに小楠が残した人材が実った瞬間であった。

幕末維新期の福井藩の位置は時には調整役に回り、時には中心的な役割を担うといった影響力の強い藩の一つであった。松平春嶽を柱とした福井藩に龍馬も支柱的な役割を果たし、幕末維新期の変革を遂行していった。

よって、龍馬が福井藩を訪れてそこで得た物は「日本の未来」の在り方であり、福井藩に滞在したことでその道が示されたといっても過言ではない。

注

(1) 西郷隆盛に関しては、司馬遼太郎『翔ぶが如く（一）―（十）』文春文庫、二〇〇二年新装版、織田信長に関しては、同『国盗り物語（一）―（二）斎藤道三前後編』新潮文庫、一九七一年、及び同『国盗り物語（三）―（四）織田信長前後編』新潮文庫、一九七一年などがある。

(2) 司馬遼太郎『竜馬がゆく（一）―（八）』文春文庫、一九九八年。

(3) マリアス・ジャンセン（平尾道雄・浜田亀吉訳）『坂本龍馬と明治維新』時事通信社、一九六五年。

(4) 前掲、『坂本龍馬と明治維新』二頁。

(5) 松浦玲『坂本龍馬』岩波新書、二〇〇八年。

(6) 前掲、『坂本龍馬』二〇三―二〇四頁。

(7) 平尾道雄『坂本龍馬海援隊始末記』新人物往来社、一九七六年。

(8) 樋口武（真吉）『遺倦録』（岩崎英重編『維新日乗纂輯一』所収、日本史籍協会、一九二五年）一六一頁。

(9) 村田氏寿『続再夢紀事三』（日本史籍協会編『続再夢紀事一』東京大学出版会、一九七四年復刻）二七九頁。

(10) 松平春嶽『逸事史補』（松平春嶽全集編纂刊行会『松平春嶽全集一』原書房、一九七三年）三四五―三四六頁。ただし、春嶽はこの時来た人物を坂本龍馬と岡本健三郎と書いており、人物は違うが、その後の記述はこの時のものである。

(11) 勝海舟『海舟日記I』（勝部真長・松本三之介・大口勇次郎編『勝海舟全集一八』勁草書房、一九七二年）二一頁。

(12) 前掲、『海舟日記I』二一頁。

(13)『春嶽手記』（山崎正董『横井小楠傳中巻』日新書院、一九四二年）二七五頁。

(14) 池田敬正『坂本龍馬』中公新書、一九六八年、六五―六七頁。

(15) 三上一夫『幕末維新と松平春嶽』吉川弘文館、二〇〇四年、一九〇頁。

(16) 飛鳥井雅道『坂本龍馬』平凡社、一九七五年、一五〇―一六〇頁。

(17) 松浦玲『勝海舟』中公新書、一九六八年、九六―九七頁。

(18) これに関しては、明治元年五月二一日に春嶽が熊本藩庁の長岡護美に送った書簡からも見てとれる（細川家編纂所編『改訂肥後藩国事史料巻八』鳳文書舘、一九九〇年復刻、六八六頁）。

(19) 前掲、『海舟日記I』四頁。

(20) 山口県立文書館所蔵『土藩坂本龍馬伝』（平尾道雄監修・宮

地佐一郎編『坂本龍馬全集』（全一巻）光風社書店、一九七八年）八七六頁。
(21) 木村幸比古「坂本龍馬の事歴」（霊山歴史館『紀要第五号』一九九二年）六四頁。
(22) 前掲、『土藩坂本龍馬伝』八七六頁。
(23) 前掲、『土藩坂本龍馬伝』八七六頁。
(24) 前掲、木村論文、六四頁。
(25) 前掲、『土藩坂本龍馬伝』八七六頁。
(26) 山崎正董『横井小楠遺稿』日新書院、一九四二年、九七―九八頁。
(27) 徳富猪一郎『近世国民史第四八巻』文久大勢一変下編、時事通信社、一九六五年、八頁。
(28) 徳富猪一郎『近世国民史第四七巻』文久大勢一変中編、時事通信社、一九六五年、四四頁。徳富猪一郎（蘇峰）の父は横井小楠第一の弟子として有名な徳富一敬であり、彼も父の影響を受け、小楠を非常に高く評価している。
(29) 前掲、『近世日本国民史第四七巻』四六頁。
(30) 前掲、『近世日本国民史第四七巻』二五二頁。
(31) 岩崎英重編輯『坂本龍馬関係文書第一巻』北泉社、一九九六年復刻、六八―六九頁、及び同編輯『同第二巻』北泉社、一九九六年復刻、一九七頁。
(32) 順動丸は、一八六一年にイギリスのデプトホルトで建造された全長七二メートル、三六〇馬力、四〇五トンの鉄製外輪蒸気船で原名はジンキー。文久二年一〇月一三日、幕府が一五万ドルで購入した。
(33) 田村栄太郎『史料からみた勝海舟』雄山閣、一九七四年、一〇九頁。
(34)「山内容堂侯瓢画」（勝海舟『亡友録・清譚と逸話』明治百年叢書、原書房、一九六八年）一〇八―一〇九頁。
(35) 勝海舟『追賛一話』（勝海舟『氷川清話・幕府始末・追賛一話』幕末維新史料叢書二、（新）人物往来社、一九六八年）三六〇―三六一頁。
(36) 開港三十年記念会編『神戸開港三十年史（上）』明治百年叢書、原書房、一九七四年、一二六頁。
(37) 前掲、『海舟日記Ⅰ』五九頁。
(38) 村田に関する基本的な研究に高木不二「越前藩士村田氏壽論――『関西巡回記』『西遊日誌』を中心に」（明治維新史学会編『明治維新の人物と思想』吉川弘文館、一九九五年）があるので参照されたい。
(39) 前掲、『近世国民史第四八巻』一五―一六頁。
(40)「由利公正覚書」（前掲、『坂本龍馬全集』所収）七二六頁。
(41) 前掲、「由利公正覚書」、七二五―七三二頁。
(42) 黒龍丸は、一八六三年にアメリカのワンバで建造された全長五一・五メートル、一〇〇馬力の二本マスト木製スクリュー蒸気船で、原名コムシング。文久三年五月、長崎で福井藩が一二万五〇〇〇ドルで購入。翌元治元年七月一九日、勝の斡旋で幕府が同額で引き取り、神戸海軍操練所練習船にあてた。大砲二門搭載。
(43) 前田育徳会『加賀藩史料藩末篇上巻自嘉永元年至文久三年』一九五八年、一三七七頁。
(44) 前掲、『坂本龍馬関係文書第二巻』二〇四頁。
(45) 芳賀八弥『由利公正』八尾書店、一九〇二年、二四〇頁。
(46) 前掲、『坂本龍馬全集』七二九―七三〇頁。
(47) この二派の対立については、由利正通編兼発行『子爵由利公正傳』一九四〇年、一三六―一四一頁に詳しい。
(48) 前掲、『横井小楠遺稿』四一五―四二四頁。
(49) 京都には、五月七日、中根雪江が向かい、朝廷・幕府の要人や諸雄藩の重臣に会ったりして、同月三一日に帰藩している。彼の判断では、「挙藩上洛」は時機尚早であると報告している（日

本史籍協会編『続再夢紀事二』東京大学出版会、一九七四年復刻、九—四〇頁)。
(50)三上一夫『幕末維新と松平春嶽』吉川弘文館、二〇〇四年、一一三頁。
(51)宮地佐一郎『龍馬の手紙』講談社学術文庫、二〇〇三年、七五—七六頁。
(52)前掲、『龍馬の手紙』七八頁。
(53)前掲、『龍馬の手紙』八九—九四頁。
(54)前掲、『坂本龍馬関係文書第二巻』二〇四頁。
(55)前掲、『海舟日記Ⅰ』一〇六頁。
(56)前掲、『坂本龍馬全集』九二〇頁。
(57)前掲、『坂本龍馬全集』八七七頁。
(58)山崎正董『横井小楠』遺稿編、大和学芸図書復刻版、一九七七年、二三一—二四頁。
(59)前掲、『横井小楠』遺稿編、四五〇—四五一頁。
(60)前掲、『坂本龍馬全集』九二一頁。
(61)前掲、『坂本龍馬全集』九二二頁。
(62)前掲、『横井小楠』遺稿編、四七四頁。
(63)前掲、『坂本龍馬全集』六六五頁。
(64)高木不二『横井小楠と松平春嶽』幕末維新の個性二、吉川弘文館、二〇〇五年、一五一—一五二頁にそのポイントがまとめられているので参照されたい。
(65)堤克彦「史料紹介　服部直道(倫太郎)写『小楠先生遺稿』」(熊本近代史研究会編『近代熊本第二三号』一九九二年)八一頁。
(66)前掲、『坂本龍馬関係文書第一巻』二二三—二二四頁。
(67)前掲、『横井小楠』遺稿編、八九—九〇頁。
(68)前掲、『坂本龍馬全集』三九四頁。
(69)前掲、『横井小楠遺稿』九八頁。
(70)前掲、『龍馬の手紙』五八八頁。
(71)前掲、『坂本龍馬全集』八六三頁。
(72)松平春嶽全集編纂刊行会『松平春嶽全集二』原書房、一九七三年、九二—一〇〇頁。
(73)前掲、『坂本龍馬全集』五二八頁。
(74)前掲、『龍馬の手紙』四八一—四八六頁。
(75)岩下哲典編『徳川慶喜——その人と時代』岩田書院、一九九九年、五二頁。
(76)渋沢栄一編(大久保利謙校訂)『昔夢会筆記』平凡社、一九六六年、二五九頁。
(77)前掲、『昔夢会筆記』二五九頁。
(78)前掲、『坂本龍馬全集』七二六頁。
(79)前掲、『坂本龍馬全集』七二六頁。
(80)前掲、『坂本龍馬全集』三九六—三九七頁。
(81)家永三郎監修『日本史料上』東京法令出版、一九七三年、三八七頁。
(82)前掲、『日本史料上』三八七頁。
(83)中岡慎太郎筆「時勢論」、一冊、霊山歴史館蔵、一二・三センチ×八・九センチ(厚さ〇・五センチ)、福井市立郷土歴史博物館平成一六年三月二一日—五月五日展示図録『天下の事成就せり——福井藩と坂本龍馬』(二〇〇四年)七七頁及び九九頁による。
(84)前掲、『近世国民史第四八巻』一七九—一八二頁。
(85)東京大学史料編纂所編纂『保古飛呂比　佐々木高行日記二』東京大学出版会、一九七二年、四六四頁。
(86)グリフィス(亀井俊介訳)『ミカド——日本の内なる力』研究社出版、一九七二年、五六—六五頁。グリフィスは福井藩にいたこともあり、第八章として一章分を松平春嶽の記述に費やすほどに彼の評価は高い。
(87)前掲、『ミカド』六五頁。

III　龍馬をめぐる人々

木戸孝允／千葉重太郎

坂本家と才谷屋――父母／兄弟姉妹／乙女

土　佐――中浜万次郎／河田小龍／山内豊信／武市瑞山／岡田以蔵／中岡慎太郎／後藤象二郎／岩崎弥太郎／福岡藤次／佐々木高行

師　匠――千葉定吉および千葉家／佐久間象山／徳弘孝蔵

幕　臣――杉浦正一郎／大久保忠寛／佐藤政養／勝海舟／永井尚志

京　都――お龍／お登勢／中川嘉兵衛／井口新助／岩倉具視／姉小路公知／七卿

薩　摩――西郷隆盛／大久保利通／小松帯刀／吉井友実／五代才助

長　州――木戸孝允／久坂玄瑞／高杉晋作／印藤聿／三吉慎蔵／伊藤助太夫

亀山社中・海援隊――近藤長次郎／長岡謙吉／中島作太郎／陸奥宗光

いろは丸事件関係者――国島六左衛門／高柳楠之助／岩橋轍輔

福　井――小曽根乾堂・英四郎／腰越次郎／小谷耕蔵／山本龍二

長崎と外国人――大浦慶／グラバー／サトウ／浜田彦蔵

「龍馬と海援隊隊士ら」（「高知県立坂本龍馬記念館」提供）

世の人はわれをなにともゆはばいへ
わがなすことはわれのみぞしる
（龍馬詠草二　和歌）

木戸孝允

冨成博 *Tominari Hiroshi*

密度の高い信頼関係

意外に思えるけれども、坂本龍馬と木戸孝允との交わりは三年にも満たない。剣名高く、尊王攘夷運動の指導者として世に知られた長州藩のエリート桂小五郎が、幕府の追及をかわすため、藩主の命で木戸貫治（一年後にはさらに準一郎）と改名したのは、坂本龍馬とはじめて顔を合わせる五カ月前の慶応元（一八六五）年九月二十九日であった。つまり二人の交流はほとんど木戸孝允時代なのである。

桂小五郎は嘉永五（一八五二）年から安政五（一八五八）年まで足かけ七年、江戸斎藤弥九郎の道場で修行を重ねた。坂本龍馬は嘉永六年と安政三年の前後三年ばかり江戸の千葉定吉道場に入門している。二人がどこかの時点で試合したと想像することは、不可能ではないが何の実証もない。

慶応元年閏五月上旬、坂本龍馬は桂小五郎に会うため下関へやってきた。たまたま中岡慎太郎や土方楠左衛門たちが、禁門の変で逃亡した但馬から帰ってきたばかりの桂小五郎と、西郷吉之助を下関で会談させ、薩長和解を図ろうと工作していた。

下関会談は西郷の都合で流れてしまったが、そのあと桂や腹心の井上聞多《もんた》、伊藤俊輔《しゅんすけ》と坂本、中岡が、長州の武器調達をめぐって談合を続ける間に、桂と龍馬はすっかり深い信頼で結ばれた。それが翌慶応二年

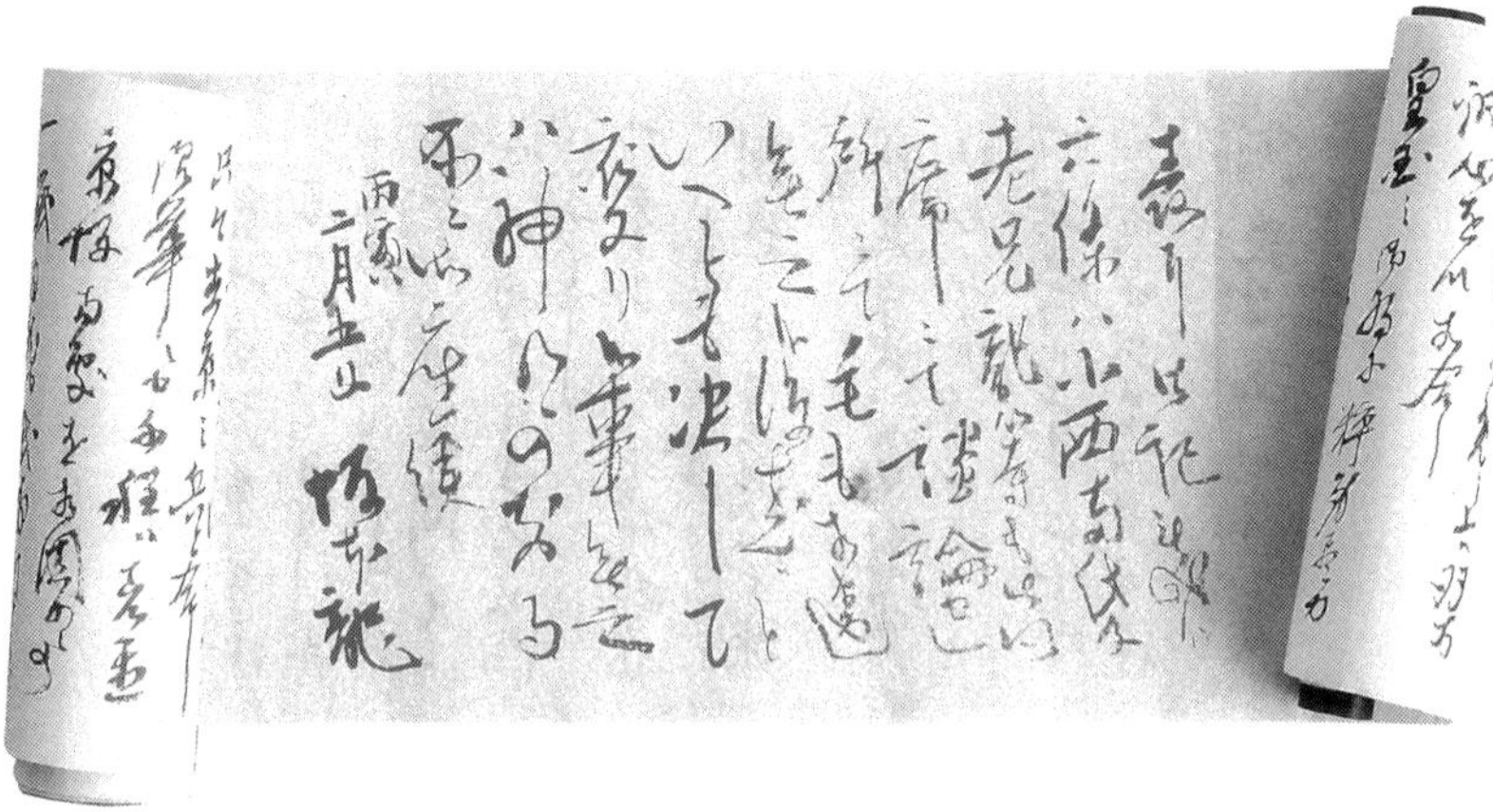

薩長同盟盟約の裏書き（複製）
（桂小五郎宛　慶応2年2月5日）

一月二十一日の薩長密約につながった。

京都近衛町の近衛家別邸を借りた薩摩藩家老小松帯《たて》刀《わき》の寓居で、小松、西郷と木戸が龍馬を交えて結んだ盟約の内容は、木戸が後に龍馬の確認を求めた書簡によると六カ条に整理されている。そのうち重要なのはつぎの三カ条である。

一、戦と相成候時は直様一千余の兵を急速差登し、只今在京の兵と合し浪華へも千程は差置き京坂両処を相固め候事。

一、兵士をも上国の上、橋会桑等も只今のごとき次第にて勿体なくも朝廷を擁し奉り正義を抗《こば》み周旋尽力の道を相遮り候ときは終に決戦に及ぶほかこれなしとの事。

一、冤罪も御免の上は双方誠心をもって相合し／皇国の御為皇威相輝き御回復に立至り候を目途に訖《きっ》度《と》尽力仕るとの事。

文久三（一八六三）年堺町門の変直後の、八月二十九日の朝廷沙汰書は、長州藩士の九門出入りの禁止、藩主父子の上京停止、京都藩邸吏員は一両人を残して帰藩することを申し渡した。叡慮《えいりょ》を奉じて率先攘夷を決行してきた長州に対する、このようないわれのない罪を免除するため、薩摩は朝廷に周旋尽力することを約束したのである。その際一橋、会津、桑名が妨害すれば決戦も止むをえない。長州の冤罪が晴れた上は、薩長協力して皇威回復のために誠心を尽す。これが盟約の骨子であった。

薩土同盟と薩摩の動向

長州藩主父子の官位を復し、毛利敬親《たかちか》隠居、家督を広封《ひろあつ》に命じ、十万石の削封は取消す、という最終の長州処分が朝議で決定したのは慶応三年五月二十四日であった。ところが幕府の体面にこだわる徳川慶喜は、長州から寛大な処分を求める嘆願書を差し出させ、それを受けて幕府が処分を申し渡す、という手順にこだわった。長州は嘆願書提出を拒否して、長州処分問題はまったく動かなくなった。

すでにその前の五月二十一日京都小松邸に、小松帯刀、西郷吉之助、吉井幸輔、土佐の乾《いぬい》退助、中岡慎太郎が集まって、武力討幕の談合を進めていた。さらに六月十六日には島津久光、西郷隆盛が、状況探索のため京都薩邸に潜伏していた長州藩士山県小介、品川弥二郎、島尾小弥太を呼んで、長州処分を妨害する幕府との決戦に踏み切る決意を告げた。

あたかも前日十五日、大政奉還による政治改革の基本方針について話し合った「船中八策」を持って、土佐藩参政後藤象二郎と坂本龍馬が、長崎から着京した。後藤は在京土佐藩士の賛同を取りつけると、島津久光に入説して賛意を得た。ここから武力討幕と大政奉還が微妙に絡みあってくる。

六月二十二日には京都三本木の吉田屋で、薩摩から小松、西郷、大久保一蔵、土佐から後藤、福岡藤次、寺村左膳、真辺栄三郎が出席し、中岡と坂本も陪席して薩土盟約が結ばれた。表向き「制度一新、政権を朝廷に帰す」という政治目標を掲げるに留めているが、あきらかに大政奉還を目指す同盟であった。

後藤は六月二十六日芸州藩家老辻将曹に会って同調を求めると、七月五日老公山内容堂に大政奉還建白を建言するため高知へ向かった。

薩摩の態度はあきらかに矛盾に満ちている。薩摩不信感が残っている長州藩内でも動揺が起った。上方へ使者を派遣して薩摩の真意を糺した。西郷は、あくまで武力討幕の方針に変わりないことを強調した。

大政奉還路線と武力討幕路線を、二者択一の対立路線と見れば、薩摩の動向はたしかに理解しにくい。しかし小松、西郷、大久保にしても木戸にしても、両者を王政復古に至る並行路線と見做して、徳川の政権返上は大いに歓迎しているのだ。ただそれと討幕とは別なのである。大政を奉還しようがしまいが、幕府会桑の追討はあくまで行う。名目は朝廷をないがしろにしてきた積年の罪を糾弾すること、実質的には旧幕勢力の温存を許さないということであろう。それはのちに「討幕の密勅」として実現される。

木戸孝允（1833-1877）
（明治二年於京都撮影）

薩摩は薩土盟約を結んだものの、一方で徳川慶喜がすんなり大政奉還に応じるとは思っていない。建白書を受け取っても、ぐずぐずと実施を長引かせ、そのうち討幕派がチャンスを失ってしまうのを待とうとするのではないか、それをいちばん警戒していた。

後藤の帰国後も、土佐の藩論さえなかなか決まらない。二カ月たった九月九日、ようやく後藤が山内容堂の建白書を携えて再上京してきた。西郷に討幕挙兵を延期してほしいと申し入れた。西郷は拒絶した。薩土同盟は決裂した。

木戸の大芝居論

山内容堂が高知で大政奉還建白を容認した八月二十日、長崎では、イカルス号事件究明のため来崎した海援隊隊長坂本龍馬と土佐藩大監察佐々木高行が、折から長崎に出張してきた木戸孝允と会談していた。話題は当然大政奉還が中心となる。

翌二十一日、木戸は前日の謝礼の手紙を龍馬に送って、こう述べている。イギリス通訳官サトーから聞いた話に「西洋にては古より公論と存じ込み天下に相唱え行われざるとてその侭捨て置候事は老婆の理屈」と申すけれども、「後藤君御上京に相成候はば日ならず公論天下に相立ち申すべく／とかく初めは脱兎の如く終は処女の如く相成、何卒この度は終始脱兎と申す処をひたすら祈願奉り候」と、土佐の大政奉還建白が老婆の理屈にならないよう、最後まで脱兎の勢でやり遂げてほしいと奨励した。しかしその上でさらに気がかりだったのか、九月四日にもう一度助言の手紙を書く。

この度の狂言は大舞台の基を相立て候次第に付是非ともうまく出かし申さずては相済まず／乾頭取の役前、この末は最肝要と存じられ候。何卒万端の趣向、ここにおいては乾頭取と西郷座元ととくと打あわせに相成居、手筈きまり居候事最も急務かと奉存候。この狂言食違い候ては世上の大笑いと相成候は元より、終に大舞台の崩れは必然と奉存候。

王政復古の大芝居が成功するには、用意万端、討幕の軍備までしっかり整えて対応することが肝要。「狂言に食違いが生じたときは芝居大崩れになる」とは、天皇を幕府方に奪われたら、討幕軍も一朝にして賊軍となることを意味している。

慶応元年の薩長盟約の第一条に、薩摩の大軍を東上させて京坂を固める、とあるのも、幕府が天皇を擁して彦根か大坂城に移さないよう牽制するためであった。堺町門の変で天皇を公武合体派に抑えられたばかりに、攘夷派の総崩れとなり、長州も京都から締め出された苦い経験が、木戸の骨身にしみている。

「その期その期に先んじてうまく玉を我が方へ抱え奉り候御儀千載の一大事にて自然万々一にもかの手に奪われ候ては、たとへいかようの覚悟仕り候とも現場の処四方志士壮士の心も乱れ芝居大崩れと相成り、三藩（長薩芸）の亡滅は申すに及ばず、終に皇国は徳賊の有に相成り再び復すべからざるの形勢に立ち至り候」（慶応三年十一月二十二日品川弥二郎宛書簡）。木戸孝允のこの切実な思いは、薩長盟約に同席した坂本龍馬には充分通じていたはずである。

イカルス号事件が解決すると、龍馬は大量のライフル銃を買い込んで、海援隊がチャーターした芸州船震天丸に積み、九月十八日長崎を出航した。小銃は武備不足の土佐藩に買い取らせるつもりであった。二十日下関に寄港すると、大久保利通といっしょに西下していた伊藤俊輔と会って、薩土同盟が破れたこと、大久保が山口で薩長出兵協定を結んだことを聞いた。大久保日記によれば、このとき木戸と大久保は、天皇を備前に移す計画まで相談している。龍馬は下関から山口の木戸へ手紙を書いた。

小弟思ふに是より（土佐へ）かへり、乾退助に引合い置き、それより上国に出候て、後藤象二郎を国へかへすか、又は長崎へ出すかに仕るべしと存じ申し候／その上この頃の上国の論は先生に御直にうかがい候得ば、はたして小生の愚論と同一かとも存じ奉り候。

討幕論と自分の考えと根は同じ、と言っているが、山内容堂の命のまま一兵も連れないで再上京した後藤では、大政奉還も王政復古も成就おぼつかない、と龍馬は感じている。ただし「是ノ賊ニシテ討タズンバ何ヲ以テカ上先帝ノ靈ニ謝シ万民ノ深讎《しんきゅう》ニ報インヤ。賊臣慶喜ヲ殄戮《てんりく》シ、以テ速ヤカニ回天ノ偉勲ヲ奉ジテ、生靈ヲ山嶽ノ安キニ措クベシ」（討幕の密勅）というところまで突き進む意志はなかった。

大政奉還を見つめた龍馬

十月三日後藤象二郎と福岡藤次が、山内容堂の名による大政奉還建白書を老中板倉勝静《かつきよ》に上提した。一方十月八日には、薩摩の大久保一蔵、長州の広沢兵助、芸州の植田乙次郎が大納言中山忠能《ただやす》を訪ねて、討幕の勅令を請願する上書を呈している。

十月十三日徳川慶喜は在京四十藩の重役を二条城に集めて意見を聴取した。坂本龍馬は会議へ赴く後藤象二郎に激烈な書簡を送って励ました。

建白の儀万一行はざれば／海援隊一手を以って大樹（慶喜）参内の道路に待受け、社稷のため不倶戴天の讐に報じ、事の成否に論なく先生に地下に御面会仕り候／万一先生一身の失策のため天下の大機会を失せば、其罪天地に容るべからず、果たして然らば小弟亦薩長二藩の督責を免れず、豈いたずらに天地の間に立つべけんや。

重臣会議で異論は出なかった。小松帯刀などは「卓絶の御英断」と慶喜を褒めあげた。大方の予想に反して、慶喜は十月十四日あっさり大政奉還上書を朝廷に差し出した。即日朝議が開かれ、十五日政権返上勅許の沙汰が下された。

大政が返還されると、龍馬は新政府の機構人事と財政計画に没頭した。薩長への討幕密勅の降下も知らず、武力討幕などまったく頭になかった。そのさなかの十一月十五日夜、訪ねてきた中岡慎太郎とともに幕府見廻組の兇刃に倒れた。

大久保利通は鹿児島から高知へ廻って山内容堂に上京を促し、この日京都に着いている。長州では、数千人の薩摩東上軍を満載した薩摩艦三隻が周防三田尻に寄港した。長州藩世子毛利広封、木戸孝允、広沢真臣ら要路は長州諸隊とともに、薩摩藩士島津茂久《もちひさ》、西郷隆盛を乗せた残りの一隻が到着するのを待っていた。

だがその興奮の渦中で、木戸は一つの不安を感じていた。伊藤博文へつぎのように訴える。

たとへ干戈《かんか》に及び候が上策にもせよ、元来干戈を以てするは止むをえざるに出で候事と申す儀は四海一様の公論にて／愉快に乗じ怒怨に過るの徒、その中《ちゅう》を得ず公論をかえって敵に与へ、千載一時の大機会を相失し事、古来その例少からず／兎角今日の状態にては、殊に御国の弊《へい》は尾大《びだい》の形にて、手足の強きにまかせて相動き候を心部これを制する能はず、これまたこの勢を醸成す。

天下の公論をわきまえず、激情に走っていたずらに武力行使をもてあそぶのは、中道の均衡を破り尾大の弊を醸し出す。

木戸は、長州諸隊だけでなく、武力倒幕派への危惧をその向うに見ていた。新政府の中枢《すう》に慶喜を据えようと想定していた龍馬を、徳川はみずからの手で殺してしまった。公議政体を目指す土佐藩は、もっとも頼むべき人物の命を守ることができなかった。そして木戸もまた、討幕派の暴走を喰い止めるため、西郷を正面から説得できるかけがえのない盟友を失ったのである。「国家の一大不幸」という慨嘆は、まさに木戸のいつわらざる本音であった。

千葉重太郎

宮川禎一

Miyakawa Teiichi

龍馬入門の史料は乏しい

坂本龍馬の事績は文久二年の土佐出奔ののち、文久三年三月の手紙を皮切りに没する慶応三年十一月まで、数多い彼の書簡を通じてかなり良く分かっている。それに対して、嘉永六年の江戸第一次修行時代のこと、安政三年からの第二次江戸修行の様子は史料が乏しすぎる。そのため断片的な史料やのちの伝承などから想像するしかない。小説でもこのあたりは想像ばかりである。

特に龍馬が剣を学んだとされる北辰一刀流の千葉定吉の道場、一般に「桶町千葉」と呼ばれる道場で龍馬がどのように剣術を学んでいたのか、などを裏付ける史料は皆無と言ってよい。「龍馬は江戸で砲術を学んでおり剣術ではない」との説さえ生まれている。考えてみれば小説では道場の様子を眼前にするように描いてはいるが、それが何に裏づけられるかは心もとない。なにかありそうなのだが何なのかは分からない。

龍馬が千葉道場で学んでいた証拠は少ない。①安政五年正月発行の「北辰一刀流長刀兵法目録」一巻。②推定文久三年「十六日付」坂本乙女宛龍馬書簡一通。③清河八郎筆「玄武館出席大概」一冊。

①は図録などでは良く掲載されるもので、千葉周作・定吉・重太郎・佐那・里幾・幾久の名が書かれているのが特徴。長刀は剣術の一部だが剣術そのものではないので、別に失われた目録はあったのであろう。②の

手紙（北海道坂本龍馬記念館蔵）では龍馬は「長刀順付ハ千葉先生より～」と記しており、千葉定吉を指すとされる。龍馬が手紙で「千葉先生」と書いた唯一の部分である。③は清河八郎記念館が所蔵するもので、「玄武館」すなわち千葉周作・道三郎のお玉ヶ池千葉道場の出席者の一覧である。そこに「坂本龍馬」の名前も見える。門弟三千余人を数えた千葉本家の玄武館なので、正式の門弟ではなくとも稽古に出向いただけではないかとされる。

千葉道場の名前はとても有名であるが、明治以降に剣道家たちが懐かしんで記した文章や千葉勝太郎が明治終わり頃に記した「千葉周作先生小伝」にたよるだけである。剣術の歴史的研究を参照しても、幕末期隆盛を極めた玄武館や桶町千葉道場の様子を示す同時代史料はなかなか存在しない。

『征東日誌』にみる剣術修行の様子

そんな状況の中で「桶町千葉道場」の様子を窺うことのできる史料を丹波山国隊の取締藤野斎《いつき》が記した『征東日誌』のなかに見ることができる。戊辰戦争の研究では良く知られている記録だが、千葉道場の様子を記したものとして重視すべきものである（この内容は筆者の「山国隊と千葉重太郎」『歴史読本』九月号、平成二十一年、を参照いただきたい）。

丹波山国隊と桶町千葉道場の接点は因幡藩士千葉重太郎にある。慶応四（明治元）年に江戸（東京）で因幡藩預の山国隊の世話をしていたのが千葉重太郎なのだ。藤野斎の記録には両者の濃密な交流の記録が見られ、重太郎の発言や性格までが分かるのである。慶応四年の七月には山国隊員を十二名ほど桶町千葉道場に入門させている。その目的は「撃剣指南を乞う」ためであった。山国隊員はすべて農樵兵《のうしょうへい》であり、射撃は得意だが剣術の素養は皆無だったらしい。そのために白兵戦での剣術の必要性に迫られていたのであろう。千葉道場の側では戊辰戦争の只中という塾生の閑散期による経済的窮乏を救う意味でこの山国隊員らの入門は歓迎されるものであったと推測される。

藤野の記録にみる千葉道場での剣術修行だが慶応四（明治元・一八六八）年の七月から十一月にかけての記録から見てみよう。

七月十一日には重太郎は藤野ら山国隊員らを（自宅

に）招待し、宴席を開いた。「令妹之を饗応せられ」とあるので重太郎の妹がその場に同席していた。

七月二十一日には重太郎が山国隊の詰め所（因幡藩添屋敷）に来て色々な話をした。この時道場での剣術修行の件を相談したのであろう。

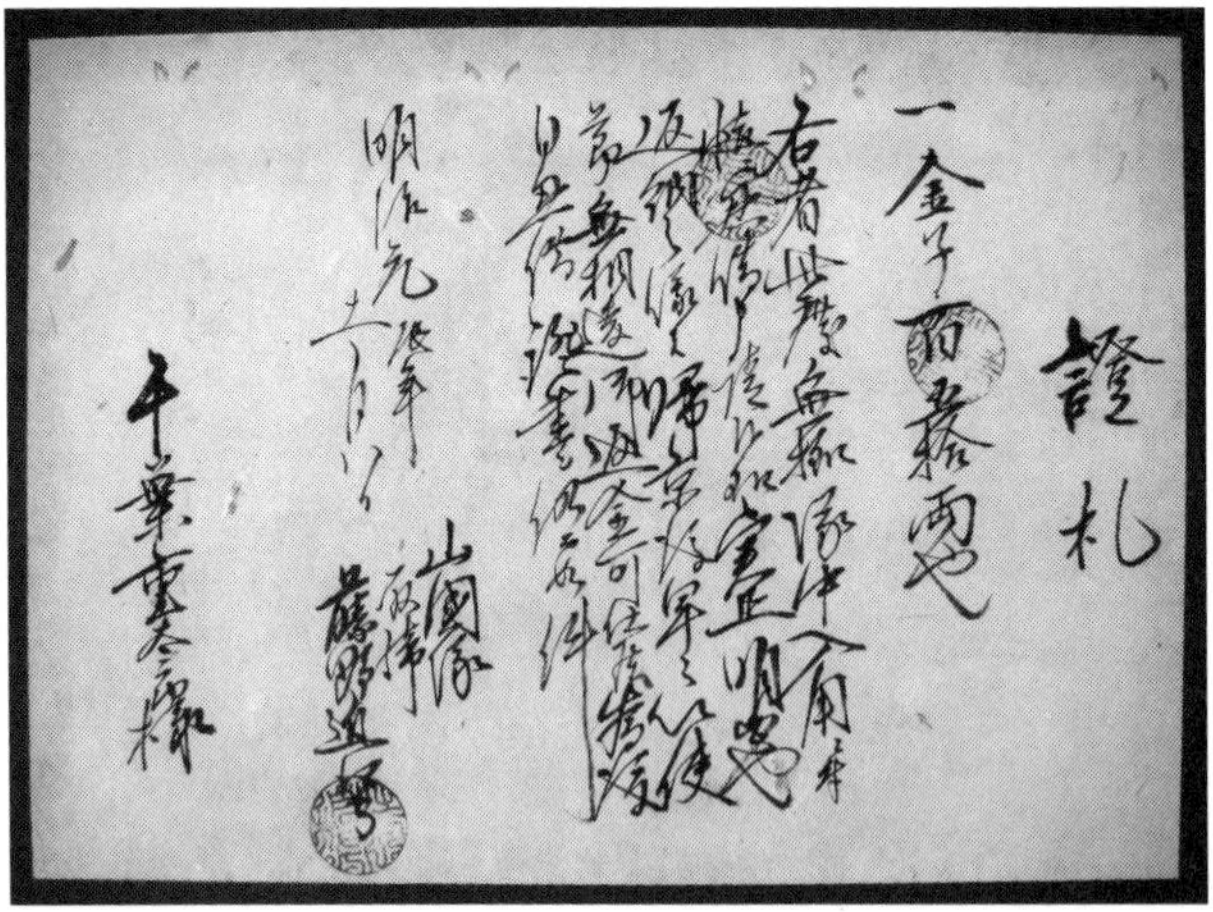
證札
一金子百五拾両也
明治元辰年九月廿日
山国隊 藤野斎
千葉重太郎様

山国隊の藤野斎が千葉重太郎から百五十両を借用した際の証書
（山国隊軍楽保存会蔵）

七月二十五日に「桶町千葉道場へ撃剣指南入門を乞う」とある。「近江（藤野）衆を拉して参向せり」と記される。

七月二十六日は入門式の日。「千葉道場へ入門の銘々を引率し、藤野・辻参向し束修金子匹並二重繰台三本を進呈す。之例なりと。依之、一隊快宴を開き之を励賞す」とある。入学金（束修金）と扇子三本入りの「繰台」を差し出したようだ。この道場入門式のしきたりは師弟の契りを交わすもので現在の結納に似たような儀式である。ちなみに江戸時代の剣術道場入門作法は富永賢吾『剣道五百年史』に比較的詳細に紹介されている。

七月二十七日から稽古である。十二名を半分に分けて、交互に稽古に出かけた。八月二十一日からは午後八時からの稽古であった。

九月九日には「千葉東一郎氏へ金一千疋を謝議す」とある。道場で実際に山国隊員に稽古をつけたのが千葉東一郎であることが分かる。この千葉東一郎は千葉周作の庶子とされる。千葉重太郎に代わって先生の立場にあったようだ。この金一千疋の謝礼は二両二分であり、藤野斎の「買物割付帳」にも記載された支出である。この九月には道場へも謝礼金を二両払っている。

すなわち道場の使用料が二両、先生への謝礼が二両二分であったのだ。ただし山国隊は十名余の団体での稽古であるので、龍馬のような個人の月謝がいくらなのかはこれでは分らない。

十月十三日の夜に桶町方面で火事があったので、藤野は山国隊員の五名を派遣して千葉道場に向かわせた。さいわい道場は延焼を免れたが、隊士の一人が「非常の働きをなした」と千葉重太郎から特別の謝辞があった、とある。道場が単なる稽古先ではない。深い人間関係があっての出動である。

重太郎は江戸っ子気質

千葉重太郎のひととなりもこの『征東日誌』から伺うことができる。この明治元年に重太郎は四十五歳。全体的な印象は落ち着いた世なれた人であり、志士のような無鉄砲さは感じられない。また単なる剣客ではなく、鳥取藩の周旋方を務めるような実務能力も備えていた。さらに藤野斎との金銭交渉の過程をみると会計的な能力にも長けていたようだ。

もっとも注意されるのは、話好きの江戸っ子気質が読み取れることである。『征東日誌』には九月八日の夜に山国隊の部屋にやってきた千葉重太郎が戊辰戦争の東北での戦いの様子を長々語ったあと「夫ヨリ談話殆ド滑稽ニ出、一隊頗ル棒腹シ不知夜半ヲ過ルヲ」と藤野は記している。すなわち滑稽譚で山国隊員を大笑いさせるような話術をもった面白い人なのである。

山国隊の京都帰還が迫った十一月五日に藤野斎は千葉重太郎宅を訪ねたが、重太郎がまだ帰宅していなかったので「令妹三人へ種々世話相成候段謝辞ヲ述」とある。この「令妹三人」の中に龍馬の婚約者だったと言われる千葉佐那が含まれていたことは間違いないだろう。明治元年十一月五日に千葉佐那が千葉道場に居たことは佐那の履歴の確実な定点である。

桶町千葉道場の場所

この桶町千葉道場の所在地は、慶応四年段階では確実に桶町である。ただし千葉定吉の屋敷が別の場所であったりするので、龍馬が学んだとされる嘉永〜安政年間も桶町であったとすることはできない。道場所在地の移動は考えられることである。しかし慶応四年には道場が桶町であったことは明らかであり、一般に「桶町千葉道場」と呼ばれていたことも藤野斎の記録から分かるのだ。加えて因幡藩の記録『池田慶徳公御傳記』の明治三年六月二十六日条には千葉重太郎の住所を「桶町三拾壱番地面」としている。桶町の番地は明治三年の地籍図（『第壹大區六七小區圖』）が残っており、三十二番地（百四十坪余）が外堀通りに面したところ、三十一番（百十七坪余）はそこから一区画東側に入っている。両方とも南北に対して東西の狭い細長い敷地である。この明治三年の地籍図の人名は三十二番・三十一番とも同じ「藤田藤一郎」となっている。この頃転入したのであろうか。想像ではあるが、千葉重太郎宅は記録どおり三十一番地。千葉道場は外堀通りに面した三十二番地なのではなかろうか。桶町千葉とはこの外堀通りに面し、通行する者にはだれでも「あの千葉道場」と分かる好立地にあったと思われる。現在の八重洲ブックセンターの北隣付近かと推定される。ただしこの桶町千葉道場の確実な所在地については今後の史料による検証を待ちたい。

山国隊が滞在した因幡藩添屋敷は八代洲川畔の因幡藩上屋敷、すなわち現在の丸の内帝国劇場付近、の北隣である。そこから桶町千葉道場までは土佐藩上屋敷の前を通り、外堀にかかる鍛冶橋を渡って、左折して少しの場所である。稽古に通うのもそう遠いことではなかったのだ。

龍馬を勝に紹介

千葉重太郎一胤は文政七（一八二四）年に生まれた。勝海舟よりひとつ年下である。明治四十年に養子の千葉束が書いた「千葉一胤履歴」によれば勝海舟とは文久元年以前からの旧知の仲である。その記述を信じる限り、勝海舟の回想に有名な文久二年の年末に龍馬とともに勝を斬りにいったなどとは決して思えない。千葉重太郎は龍馬を勝海舟に後輩として紹介することができたのである。明治十六年に書かれた坂崎紫瀾の『汗血千里駒』でも「当時龍馬もまた小千葉（重太郎）の紹介により始めて勝氏に対面し～」と記されているのである。

このように龍馬が千葉重太郎と関係深いことから千葉定吉・重太郎の道場で龍馬が修行したことは認められるだろう。

北辰一刀流の玄武館そして定吉・重太郎の桶町千葉

は門弟の数も多く、幕末期に隆盛を極めたのだが、残念ながら同時代の史料に乏しい。具体的にどのような稽古のカリキュラムがあったのかは分らない。この北辰一刀流の免状・目録の類は各所に分散しているのだが、鳥取県立博物館には比較的まとまって収蔵されている。しかし目録の類からは修業過程があるていど想像できるくらいである。

東京雑司ヶ谷霊園の千葉家墓所
（左が千葉定吉墓、右が千葉重太郎墓）

千葉重太郎のその後

重太郎は維新後、明治五年には北海道開拓使に出仕した。明治八年二月の開拓使日誌には権大主典千葉一胤が七重村官園（現七飯町）の担当者に任じられたと記されている。実際に北海道での開拓使による事業に関わっていたのだ。また明治十五年からは京都府御用掛に採用されている。当時の京都府知事北垣国道との関係からの採用とみられる。北垣は鳥取藩士であった。

重太郎は明治十六年には現在の京都府庁舎の前にあった北垣知事肝煎りの「体育演武場」の責任者を務め、演武場へ通ってくる京都の学生生徒に剣術を教えていた。この際、千葉重太郎の部下に、晩年自分が龍馬を斬ったと述べた元京都見廻組の渡辺篤がいたことは歴史のもつ不思議な因縁である。

重太郎は明治十八年に京都で没した。そして婿養子の千葉束によって東京の雑司ヶ谷霊園に墓が建立されたのである。

坂本家と才谷屋——父母／兄弟姉妹／乙女

塚越俊志
Tsukagoshi Toshiyuki

坂本家の家族

坂本龍馬直柔《なおなり》は天保六（一八三五）年、土佐国高知城下本丁筋一丁目（現高知市上町一丁目）に生まれた。生家は郷[1]士坂本家である。父は養子に入って郷士坂本家の三代目を継いだ八平直足《はちへいなおたり》、母の幸《こう》は家付で二代目直澄の娘であった。

坂本家は、弘治・永禄年間（一五五五―一五七〇）、山城（京都）生まれの太郎五郎が、現在の南国市才谷《さいだに》に移り住み農業を営んだのが始まりと伝えられる。四代八兵衛の時、商業を始めるため城下へ出、城下屈指の豪商「才谷屋」となったと言われている。

坂本家は明和七（一七七〇）年三月に「才谷屋」から分家し、翌年五月には土佐藩の新規郷士に取り立てられ、一六一石八斗四升の領地と一五石五斗の家禄が与えられた。城下周辺に数か所の農地・山林を領有しており、郷士としても裕福な家であった。

当時の土佐藩では、関ヶ原の戦いの後、土佐を支配した山内氏の武士を上士（士格）とする。郷士の中から累代の功績を藩に認められ、上士となった家柄を白札とする。戦国時代、土佐を領有していた、長宗我部氏の旧臣（一領具足）を下士（軽格）とし、郷士の株を売って居ついた浪人を地下浪人とする身分格差が生じていた。

龍馬の誕生日について、『土陽新聞』に連載され、単行本化された坂崎紫瀾の『汗血千里駒』（明治十六（一八八四）年）と、弘松宣枝の『阪本龍馬』（明治二十九年）は、「一〇月一五日」とし、瑞山会編の『維新土佐勤王史』（大正元（一九一二）年）は「一一月一〇日」、千頭清臣の『坂本龍馬』（大正三年）は「一一月一五日」としているが、何れも確たる証拠はない。それでも現在は、「一一月一五日」説が有力視されている。

龍馬の兄姉は、二十一歳年上の長男権平、十七歳年長で高松家（安芸郡郷士高松順蔵）へ嫁いだ長女千鶴《ちづ》、築屋敷住居の徒士といわれる柴田作左衛門に嫁ぎ、弘化二（一八四五）年九月一三日に亡くなった二女栄《えい》、三歳年上で龍馬と最も親しかった、本丁筋二丁目の医師岡上樹庵に嫁いだ三女乙女《おとめ》、これに父母、祖母、七歳年下で長男権平の子春猪《はるい》という家族構成であった。また、龍馬が十二歳の弘化三年、母の幸が病死（享年四十三歳）した後、五十歳の父八平は、後妻に二人扶持切米七石の御用人北代平助の娘伊与を迎えた。伊与も再婚で婚家の廻漕業下田屋川島家（川島貞次良と結婚した）を里親として坂本家に嫁いだのである。龍馬は継母の伊与から、厳しい躾を受けたようだ。

姉・乙女の存在

龍馬の成長に欠かせない家族が姉乙女である。乙女は身長約五尺八寸（約一七六センチ）、体重三〇貫（約一一三キロ）ともいわれる巨体の人物で、剣術から馬術・弓術・水練を得意とし、更に和歌や絵画・音曲までこなしたといわれている。

龍馬の父母、祖母、叔母の繋累には、和歌の道に通じた者が多く、慶応元（一八六五）年九月九日の手紙の中で龍馬は、姉乙女、姪おやべに宛てて「短冊箱に母上、父上の御歌、おばあさんの御歌、権平兄さんの御歌、おまえさん(乙女)の御歌が箱にあります。なにとぞ父上・母上・おばあさんなどの亡くなった年月日を、皆短冊の裏へ書き記して送ってほしい(2)」と書いている。いつ死ぬかわからない身の龍馬にとって、位牌代りに和歌を手元に置くことで常に家族と一緒にいるという想いを持ったのだろう。

また、龍馬には詠んだとされる漢詩がほとんど無く、和歌だけが残っているのはこうした家族構成が影響したものと見られる。

また、よく分かっていないが、龍馬は母幸の亡くなる弘化三年に城下小高坂の楠山庄助の塾に入門した。しかし程なくして、学友との喧嘩が原因で退塾しており、これ以降、正式に漢籍等を学ぶことはなかったとされている。その代わりに、姉乙女から書を習い、和歌を学んだ。このこともまた、龍馬が漢詩ではなく、和歌を多く残した原因であると思われる。

龍馬の一三五通にものぼる書簡の中、最も多いのは姉乙女宛のもので一三通ある。内容は、ユーモアにあふれているだけでなく、甘えたり、時にふざけたり励まし合ったりと、姉を気遣うと共に、姉弟の愛情に満ち溢れたものとなっている。

龍馬は愛した女性の中に乙女の面影を感じていたようである。その女性の一人が千葉佐那である。龍馬が江戸に遊学した際に通っていた千葉定吉道場の長女である。佐那は剣術や薙刀を修め、男よりも力が強かったといわれている。女性のたしなみとして一三弦の琴を弾き、絵も上手で、気立てがよく、口数が少ない物静かな女性であったといわれている。文武両道の佐那に乙女の姿が重なったようで、龍馬好みの女性であった。

また、龍馬の妻となった楢崎龍は町医者の娘だが、勇ましい女性であった。父の死後、没落し、妹が大坂に女郎として売られてしまった時には妹を単身取り返しに行ったことがある。このように男勝りで家族思いの龍は、姉乙女と性格が似ていたものと思われる。

本家・才谷屋

才谷屋は、初めは堺町に呉服店の開業、鬢付油の製造の他、古鉄座の指定を受けていたこともあり、鉄製品を取扱っていた。この他、下関や備前方面に出かけ、米の買い付けも行っていたようである。酒の原料として良質な備前・備中の米を買って酒造業を営んでいた。更に、武家や町人に金を貸し付ける金融業も営み、その結果、享保年間には才谷屋が集めた田地は三町四反（一万二百坪）にもなった。享保十六（一七三一）年に二代八郎兵衛は本丁筋の町年寄となり、藩主に御目見ができるという特権も得ている。

才谷屋は六代八郎兵衛の時に、長男兼助と次男八次に財産分与が行われた。兼助には郷士株が与えられ、その三代後裔が龍馬である。

才谷屋は城下町の周辺に山林も所有しており、（現高知県高知市神田）神田村の水谷山は通称才谷山と呼ばれていたようである。この山にある和霊神社は才谷屋が宝暦十二（一七六二）年に建立したもので、龍馬が土佐藩を脱藩する際に、この神社に参拝している。土佐郡柴巻村には坂本山と呼ばれる、かつて坂本家が所有していた山林があったことも知られている。

しかし幕末には、才谷屋の家財が傾き、嘉永二（一八四九）年には酒造業を手放し、仕送屋を専業とした。藩士は商人から家禄米を担保に金銭を受け取っていたが、このような仕事を行っていたのが仕送屋である。この職は体制が安定していてはじめて機能するもので、幕末の動乱期にはかなり不安定なものであった。結局、仕送屋を専業にしたことが打撃となり、才谷屋はやがて衰退していくことになるのである。

龍馬亡き後の坂本家

龍馬亡き後、その意志を引き継いだのが、龍馬の甥の高松太郎（明治四年に龍馬の跡を継ぎ、坂本直と名乗る）であった。彼は、海援隊にも所属しており、明治元（一八六八）年には権判事として、箱館府に在勤し、長年龍馬が夢見ていた蝦夷地入りを果たした。高松は、明治新政府に蝦夷地経営の建白を提出したほか、五稜郭の戦いにも参戦した。以後、宮内省にも出仕したが、明治二十二年にキリスト教信奉を理由に免職となっている。

坂本家は龍馬の兄権平の跡を直寛（高松順蔵二男。龍馬の甥）が継ぎ、明治三十一年、一家で北海道に移住した。この直寛系統で八代目の坂本家の当主となったのが、画家として有名な坂本直行である。直行氏の絵は今でも北海道の銘菓六花亭の包装に使われている。「いつの日か、花柄包装紙に描かれた草花でいっぱいの森を作りたい」という構想から作られたのが、二〇〇七年九月に北海道中札内にオープンした「六花の森　坂本直行記念館」である(3)。

坂本家の墓所は、丹中山（現高知市歴史墓地公園）に存在している。ここには、父八平、母幸、兄権平、姉栄・乙女、甥直、その他先祖をはじめ龍馬につながる二一人の霊が眠っている。しかし、龍馬の墓はここにはなく、暗殺された地の京都霊山護国神社敷地内にある。

坂本家の眠る墓の周辺一帯の山は、民間業者による開発が進められ、二カ所に分かれていた坂本家の墓地も統合を余儀なくされた。

龍馬の行動の原点

龍馬の育った高知は下級武士、職人、商人、医者達が一緒に暮らす町であったこと、そして才谷屋の商人の遺伝子を受け継いだことが身分にかかわらない亀谷社中や海援隊を組織する下地になったものと見られる。

また、商人としての経済的政治的発想から蝦夷地開拓計画や薩長同盟などができたものと見られる。

継母伊与の実家川島家に龍馬と乙女はよく遊びに行っていた。川島家には「ヨーロッパ」というあだ名を持つ川島猪三郎がおり、龍馬達は世界地図などを見せてもらい、世界の話を聞いていたという。それは、恐らく天保十五（一八四四）年に箕作省吾によって作成された『新製輿地全圖』であると小美濃清明氏は見ている。[4]

龍馬は坂本家の山林を管理していた田中良助とも親しく、よく遊びに行っていた。田中家の裏には八畳岩と呼ばれる大きな岩があり、高知城下を眺望できるだけでなく、太平洋までも一望することができた。

こうした、龍馬の親族達との付き合いが、彼の視野を広げ、国境のいらない、誰とでも話し、誰とでも会い、身分にとらわれない龍馬の行動範囲を形作っていったものと見られる。

生まれ育った環境が龍馬の行動の原点となり、土佐を出て様々な場所で会った多くの人物達の影響を受けて龍馬は更にその活動を活発にしていったものと見ることができよう。

注

（1）土佐では、山内一豊が高知に入って以来、彼等の系統だった者達を藩士、元土佐の大名だった長宗我部氏の系統だった者達を郷士と呼んだ。

（2）宮地佐一郎『龍馬の手紙』講談社学術文庫、二〇〇三年、一四六頁。

（3）坂本直行記念館については、六花亭ホームページ http://www.rokkatei.co.jp/facilities/index2.html を参照。

（4）本書七五頁参照。

土佐――中浜万次郎／河田小龍／山内豊信／武市瑞山／岡田以蔵／中岡慎太郎／後藤象二郎／岩崎弥太郎／福岡藤次／佐々木高行

塚越俊志
Tsukagoshi Toshiyuki

漂流民との交流

龍馬を考える上で、重要な土佐藩の人物は、中浜万次郎であろう。万次郎のことは、絵師河田小龍から聞いて、龍馬にとっては憧れの存在となっていた。龍馬と万次郎の関係を井伏鱒二氏は、「坂本竜馬なんかの外国に対する見方は、ポルトガルからもってきたものと異うだろう。アメリカ式だろう。それは、坂本竜馬が土佐にいたとき、ジョン万次郎が中村にいてお互に知り合いになっていたね。土佐藩が船を買いにいかすだろう、上海に。土佐藩から金を出してもらって坂本竜馬と一緒に行っているんだ。それから、幕府が神戸に海軍の学校をこさえた時、そこの校長は勝海舟、副校長が坂本竜馬、そしてジョン万次郎は実習をする教授だったんだから、かなり付き合っていたと思うんだ。竜馬はジョン万次郎から随分勉強していると思っているんだ。坂本竜馬の生き方は一風変わっているだろう。どうも、ジョン万次郎の影響じゃないかなと思うな。（中略）坂本竜馬でもジョン万次郎でも、アメリカ風だと思うね[1]」と書き記している。こうした見方は龍馬と万次郎の関係を見る上でも一般的になっている。

また、春名徹氏は、龍馬が万次郎から影響を受けたものとして、吉田文次の『漂客談奇』と河田小龍の『漂巽紀略』を挙げている。とりわけ、『漂巽紀略』は龍馬や海援隊士に影響を与えたとしている[2]。

実際に龍馬と万次郎との接触は確認できないが、土佐出身の国際的な人物である万次郎は龍馬に国際的視野を広げさせるきっかけを与えた人物であったことに違いはないようである。

また、同じ漂流民という点で、田中彰氏が指摘するように、龍馬はジョセフ・ヒコ（浜田彦蔵）と接触をしており、このことが彼の西洋的な考えを広げている(3)。

龍馬は当時の洋学者や幕府の外国方の人材と会った形跡がないことから、こうした漂流民達の情報を頼りに視野を広げていったと見ることができよう。

土佐勤王党の面々

嘉永六年から文久二年にかけての龍馬の脱藩を見る上で重要な史料に『福岡家御用日記』がある。その中で、坂本家は、藩の家老福岡家の御預郷士となっていたので、維新前、福岡宮内（孝茂）などは、例年正月一二日、墓参りの途中に坂本家へ立ち寄り、権平に盃を捧げ、本家の才谷屋市太郎へは特に肴を贈るのを恒例としていたという記述が残っている。このように龍馬は、藩家老とも接点があり、郷士としては人的関係では恵まれていたといえよう。

文久元（一八六一）年八月、龍馬は土佐勤王党盟約に名を連ねている。龍馬の名は九番目に出てくる。勤王党樹立目的は、将軍継嗣問題によって隠居に追いやられた**山内豊信**（容堂）の「意志」を継ぐというものであったが、自分達で旗揚げする日程は決まっておらず、まだ準備段階の同志集団であった。しかし、結成後、まもなく土佐藩参政吉田東洋を暗殺し、藩論を転回させて藩主山内豊範の上洛に成功する。

武市瑞山は幼少の頃から、叔父で国学者の鹿持雅澄の影響を受けて尊皇心が強く、朝廷の話になると感涙を流す程であった。

文久二年八月から一年間が、武市と勤王党の全盛期であった。白札郷士から藩応接役に抜擢され、尊攘派急先鋒の中山忠光や姉小路公知と親交を深める一方、岡田以蔵らの刺客を放ち、敵対勢力の暗殺を行っていた。翌年の八・一八の政変で武市と勤王党員は土佐に呼び戻され、投獄された。岡田以蔵が拷問に耐えられず吉田東洋、井上佐一郎暗殺を自供し、首領とみなされた武市は切腹となった。龍馬は文久二年に脱藩をしていたため、武市に追従することは無かった。

岩崎弥太郎
（1835-1885）

ここで、土佐藩郷士岡田以蔵と龍馬の関係について触れておこう。岡田以蔵は、高知城北江ノ口川沿いの七軒町に住み、城下の新町田淵にある武市の道場で剣術修行をした。後に瑞山に随い、江戸の桃井春蔵道場に入門して鏡新明知流を修めている。しかし、文久元年の土佐勤王党盟約には岡田の名前は無い。恐らく、後に「人斬り以蔵」と呼ばれるように暗殺業を家業にしていたことも大いに関係しているものと見られる。

文久三年以降、龍馬の世話により勝麟太郎の護衛役をつとめたことが知られている。やがて、岡田は無宿人の鉄蔵として京都で処分を受け、土佐へ送り帰され、激しい拷問の末、斬首されている。

龍馬をめぐる人物でよく知られているのは中岡慎太郎である。中岡は文久元年に結成された土佐勤王党に一七番目に加わっている。翌年には、容堂の護衛として、「五十人組」に伍長として参加し、入京している。その後、容堂の命で江戸へ行き、久坂玄瑞らと交流したことから、長州藩との人脈ができた。これが、契機となって薩長同盟締結の際には長州藩に積極的に働きかけを行ない、この同盟を成立させている。

慶応三（一八六七）年、海援隊の隊長となった龍馬に対し、中岡は陸援隊の隊長となっている。海援隊は商業活動を行うのに対し、陸援隊は経営とは無縁で、武力討幕に向けた陸戦部隊であった。しかし、一一月一五日に近江屋で会談中に襲撃され、二人共落命した。陸援隊本部に第一報をもたらしたのが龍馬と懇意にしている本屋、菊屋の倅峰吉であった。そこで、陸援隊の幹部をつとめていた田中光顕はこの報せを受け、すぐに現場に駆けつけ、中岡に声をかけるも翌々朝、亡くなった。ちなみに田中の叔父である那須信吾は、文久二年の龍馬の脱藩を助けた人物であるが、天誅組の変で壮絶な戦死を遂げている。

この間、慶応三年四月、後藤象二郎に招かれ、土佐商会に入り、商務を担当したのが、二〇一〇年の大河ドラマ『龍馬伝』のキーパーソンである岩崎弥太郎である。『龍馬伝』では、岩崎の眼を通して見た龍馬が描かれる。

ここで、岩崎は天性の商才を発揮し、龍馬や後藤が国事に忙しいため、長崎を引き上げる際に海援隊の資金七

後藤象二郎
（1838-1897）

万両と土佐商会の一六万両の物資、及び船舶の全てを委託され、三菱の基礎を築いていった。勝海舟が土佐藩の人物の中で、高い評価をしているのが、坂本龍馬と岩崎弥太郎である。[4]

大政奉還をめぐって

後藤象二郎は、義叔父の吉田東洋に学び、その引き立てで近習目付の地位にあったが、文久二年、武市らにより東洋が暗殺され、後藤は失脚した。その後、江戸で戸塚静海や大鳥圭介に英学を学んだ。そして、元治元（一八六四）年に土佐藩の大監察となり、吉田東洋殺しの武市ら土佐勤王党を悉く投獄したが、その取調べは苛烈極りないものであったという。

龍馬と後藤の初対面は慶応三年一月であったといわれている。この時の両者の立場は追う者と追われる者の立場であった。龍馬は脱藩中の身であり、後藤の義叔父であった東洋は龍馬の所属していた勤王党によって暗殺されていたからである。

こうした状況で何故二人は旧怨なく会えたのだろうか。そこには、二人の思惑が互いに混じり合っていたということが考えられよう。それは、龍馬率いる亀山社中は経営難で建て直しに躍起になっていた時期であったし、一方、後藤が関わっていた土佐藩は貿易による財政立て直しや薩長同盟に乗り遅れていたために、龍馬の持つ海軍技術や、貿易商人や薩長の人脈が欲しかった。後藤は土佐藩が中央政界で力を持つためには、龍馬の協力が不可欠だと判断していたのである。このような利害関係から、龍馬の説く公議政体論を受け入れ、容堂の許可を得て、**福岡藤次**（後の孝悌）と共に一五代将軍徳川慶喜に「大政奉還」を勧告して成功させている。

福岡藤次は後藤と共に吉田東洋に学んだ人物である。安政六年、土佐藩の大監察をつとめた。武市の尊王攘夷論を聞いて、「書生論に過ぎない」と一顧だにしなかったといわれている。慶応三年には藩の参政をつとめている。福岡は常に後藤を前面に押し立て、一歩退いたところで行動したといわれている。福岡を有名にしたのは、五箇条の誓文の起草に参画したことである。由利公正の草案を修正し、第一条を「列侯会議を興し万機公論に決すべし」としたことが知られている。

慶応三年七月二七日に藩主山内豊範は大政奉還に至らなかった場合の武力討幕を考慮して、重臣を召集して会議を開き、二八日までに小銃購入を決定し、龍馬に「大義料」として慰労金五〇両を下している。

慶応三年八月三〇日、龍馬は夜になって土佐藩の大監察をつとめ、藩の武力討幕派と大政奉還派との仲介役であった**佐々木高行**のもとを訪れている。この時、龍馬はキリスト教を利用して、人心を扇動し、幕府を倒そうと持ちかけた。これに対し、佐々木は神道と儒教によるべきであると反対し、龍馬は更に、今日に至ってはそんなことで目標を達することはできない、と反論したという。議論は続いたが、お互いに無知を重ねた議論であるということに気づき、馬鹿げた議論だと大笑いして終わったとしている。

佐々木高行
(1830-1910)

坂本龍馬と土佐藩の人々の関係は、幕末の動乱を考える上で重要なものである。龍馬は勤王党に属し、志士龍馬を胎動させた。それは、幡多郡中村の郷士樋口慎吉が文久元年一〇月一一日の日記に「坂龍飛騰」と記していることからも明らかであろう。

一方、幕末の最期の段階で、龍馬は大政奉還等の構想を打ち出して、土佐藩を動かすなど、土佐藩に新しい風を吹き込み、中央政治に影響力を持つように動いた。

龍馬が土佐にもたらしたものは、激動の時代を駆け抜け、時代を切り開くエネルギーであろう。そして、このことは明治の自由民権運動と三菱財閥という二つの大きな動きとも結びついているということができよう。

注

(1) 川澄哲夫編・鶴見俊輔監修『中浜万次郎集成』小学館、一九九〇年、一九四頁。

(2) 川澄哲夫編・鶴見俊輔監修『中浜万次郎集成』小学館、一九九〇年、二三〇頁。

(3) 田中彰編『日本の近世』(第一八巻 近代国家への志向)中央公論社、一九九四年。

(4) 勝海舟(江藤淳・松浦玲編)『氷川清話』講談社学術文庫、二〇〇〇年、八六頁。

師 匠——千葉定吉および千葉家／佐久間象山／徳弘孝蔵

塚越俊志

Tsukagoshi Toshiyuki

千葉定吉道場

龍馬には、剣術の師匠、砲術の師匠といった様々な師匠達との出会いがあった。嘉永元（一八四八）年、龍馬は高知城下築屋敷の小栗流の道場を開く日根野弁治に入門した。龍馬はめきめき力をつけ、やがて、道場の試合では兄弟子達にも勝てるようになり、嘉永六年三月には、小栗流の初伝である「小栗流和兵法事目録」を得るまでに至った。この目録が授与される前後に、龍馬は江戸の修行を考えていた。

初めて江戸に行ったのは、嘉永六年四月である。安政三（一八五六）年、二度目の江戸行では築地の土佐藩中屋敷を拠点に北辰一刀流の**千葉定吉**道場へと通った。定吉は千葉周作の実弟で、周作のお玉ケ池の道場「玄武館」とは別に桶町（最初は新材木町にあった）に道場があった。

嘉永六年四月に定吉は鳥取藩の江戸屋敷で剣術師範として仕えていたことから、龍馬に剣術を教えたのは、定吉の長男**重太郎**だと考えられる。

龍馬は重太郎と共に勝麟太郎に会いにいき、勝の門下生となった。後に勝は鳥取藩主池田慶徳から学生を委託されているが、これは定吉の跡を継いで鳥取藩剣術師範となった重太郎の周旋があったに違いない。重太郎は維新後、鳥取県の役人となり、後に京都に移り住んでいる。

定吉は計算に明るく経営の才能があり、この人がいなければ、北辰一刀流と玄武館があれ程に成長したかどうか、といわれている。具体的には、目録を「初目録」、「中目録免許」、「大目録皆伝」という三段階にし、門人の負担を軽減したのである。また、各大名からの支援もあり、隆盛を極めていったという。

定吉は明治十二（一八七九）年一二月五日に亡くなっている。定吉は、生年が分かっていないため、何歳で亡くなったかは不明である。重太郎は同十九年九月一八日に亡くなった。享年五十八歳、後に正五位を贈られている。父子の墓は東京都豊島区雑司ヶ谷霊園にある。碑銘を揮毫したのは山岡鉄太郎であった。山岡は玄武館で学んだこともあり、千葉家とは深いつながりがあったのである。

嘉永六年六月三日、ペリー艦隊四隻が浦賀沖に現れた。五日に、幕府から土佐藩に「達」が出され、龍馬も土佐藩の警備役として鮫洲抱屋敷の警備に動員された。土佐藩が大砲を配備したのは、この鮫洲抱屋敷の中であった。

佐久間象山（1811-1864）

吉田東洋が中心となって一一月一三日、幕府に砲築造の「願」を提出した。

吉田東洋は嘉永四年に藩外を遊歴し、同六年に土佐藩の大目付に起用されたのを機に、以降山内豊信に重用された。しかし、翌安政元年、山内家の親類松下嘉兵衛殴打事件により、免職。家禄も没収された。この後、謹慎生活の中私塾を開き、間崎哲馬や乾退助（後の板垣退助）、後藤象二郎らを育成した。安政五年の将軍継嗣問題を契機に参政に復帰。翌年から藩政改革を実施し、以後、西洋砲術導入、文武振興、身分制の簡略化を図っていった。こうした急進的な改革は藩内保守派を刺激し、文久二（一八六二）年四月八日、高知城下で土佐勤王党により暗殺されている。

佐久間象山塾

文久二年一二月一日、龍馬は小挽町に砲術塾を開く松代藩士佐久間修理象山の門人帳に土佐郷士大庭毅平、谷村才八と共に名前を見せている[1]。龍馬が入門したきっかけは、六月のペリー艦隊来航による土佐藩の急な砲台設置の動きとも連動している。

象山は元々朱子学者であったが、蘭書を研究し、江川太郎左衛門（坦庵）について西洋砲術を学び、大砲の設計・鋳造にかかわった。

龍馬は直接象山から学んだわけではなく、教えを受けたのは塾頭で「牧野備前守様御家来」(長岡藩士)の小林虎三郎であった。虎三郎はオランダ語が堪能で、象山に代わって原書講読を担当した。また、「及門録」から、幕臣勝麟太郎、大洲藩士武田斐三郎、会津藩士山本覚馬、長州藩士吉田大次郎(松陰のこと)、熊本藩士宮部鼎蔵、長岡藩士河井継之助、福井藩士橋本左内らの名前が確認できる。ちなみに象山は勝の実妹順を妻としている。

嘉永七年、吉田松陰の密航失敗により、四月六日、象山は北町奉行に呼び出され、尋問を受けた。これは、松陰の荷物から象山の漢詩が見つかったからであった。これにより、象山塾は閉鎖に追いやられる。

同年一月一四日、ペリー艦隊七隻が浦賀に再来航し、一六日、ペリー艦隊は神奈川沖に進出した。象山は松代藩軍議役として横浜に出陣し、龍馬は鮫洲抱屋敷に新築された浜川砲台に配備された。土佐藩の警備陣は指揮官が仕置役寺田左右馬であった。約六〇〇人の配備の中に龍馬がいたことになる。

龍馬達が配備していた大砲は射程距離が短く、ペリー艦隊には届かない。砲術を学んだ龍馬には圧倒的な軍事力の差が理解できたのである。

このことが龍馬を西洋文明理解へと導いたのである。浜川砲台でアメリカを実見した経験が彼の視野を広げ、後の活動に大きな影響を与えたのである。

その後、象山は、元治元(一八六四)年七月一一日に、「開港の密勅」の草案をもって京都の山階宮邸に伺候し、本覚寺(五条寺町・真田藩宿舎)にまわって帰宅しようとした。馬丁の半平が轡をとる西洋鞍を置いた馬に乗って木屋町近くの三条小橋に差し掛かったところを熊本藩士河上彦斎ら尊攘派志士に斬殺された(享年五十四歳)。

勝は後に象山を「佐久間象山は、物識りだったヨ。学問も博し、見識も多少持って居たよ。しかし、どうも法螺吹きで困るよ。あんな男を実際の局に当らしたらどうか……。何とも保証は出来ないノー。(中略)顔付きからして既に一種奇妙なのに、平生緞子の羽織に、古代袴の様なものをはいて、いかにもおれは天下の師だというように、厳然と構えこんで、元来覇気の強い男だから、漢学者をもって威しつけ、洋学者が来ると漢学をもって威しつけ、ちょっと書生が尋ねて来ても、じきに叱り飛ばすという風で、どうも始末にいけなかったよ(2)」と語っている。勝は妹婿象山に対して好意的ではなかったかのような語りであるが、象山の才能に嫉妬していたようにも見える。

西洋砲術塾へ

六月二三日に高知へ戻った龍馬は、高島秋帆の孫弟子であり、佐久間象山の兄弟弟子となる徳弘孝蔵（董斎）の西洋砲術塾へ向かった。徳弘家の史料『濱稽古径倹覚』（高知市民図書館所蔵）には、安政二（一八五五）年一一月六、七日に仁井田浜で行われた、門下生による砲術稽古で龍馬が「十二斤軽砲」を撃ち見事七丁の地点に命中させていることが記されている。兄の権平も安政二年に徳弘道場に入門しており、兄弟そろって西洋砲術習得に努めたようだ。

また、閏七月には日根野弁治から「小栗流和兵法十二箇条幷二十五箇条」を授けられている。今回のものは中伝の目録であり、文久元年には、免許皆伝の「小栗流和兵法三箇条」を授与されている。

龍馬は、この時点で剣士であるのと同時に時代の先端を行く西洋砲術家となったといえよう。

安政元年一一月、龍馬は高知城下築屋敷三丁目に住む絵師河田小龍のもとを訪れている。小龍は長崎や江戸に留学した経験を持ち、城下有数の知識人として知られていた。更に、同郷の中浜万次郎について書いた『漂巽紀略』の著者でもあった。ここで、龍馬は当時の時勢について語り合ったとされているが、小龍は龍馬と面会した回数が少なく、龍馬の手紙の中には小龍の名前は一切出てこない。

しかし、小龍は龍馬に優秀な人物を紹介している。後に同志となって活躍する近藤長次郎、長岡謙吉、新宮馬之助は何れも小龍の門下生であり、この頃から龍馬と交流を深めていったようである。

情報を得る場としての道場

安政三年七月になると、龍馬は再び江戸での剣術修行を高知藩庁に願い出て、許可を得た後、八月二〇日には高知を出発した。そして再び千葉定吉道場に入門した。龍馬が道場に再入門したのは、武術の修行のみならず、そこに集まる情報を手に入れる意味合いもあったのだろう。当時の道場には様々な藩の武士達が出入りをするため、情報を集めるには一番適した場所であった。

この間、武市瑞山と同宿であった。この時期、龍馬と瑞山両名の親類にあたる澤辺琢磨が酒に酔い金時計を盗むという事件が起こっている。龍馬と瑞山は協力して事件解決につとめ、切腹覚悟の琢磨を逃亡させた。箱館に逃れた琢磨はロシア正教会に入信している。宣教師ニコライが箱館ロシア領事館付司祭として来日したのが、文久元年であることから、琢磨は文久元年以降に洗礼を受けたものと見られる。琢磨は後にニコライ堂長司祭となっている。

安政五年正月、龍馬は千葉定吉政道から「北辰一刀流長刀兵法目録」一巻を授けられている。これは「長刀《ちょうとう》術」の免許ではなく、「薙刀」の目録である。

また、龍馬は玄武館にも足を運んでいたようである。それは、出羽郷士清河八郎の『玄武館出席大概』(3)の記述から明らかである。これは安政四、五年頃の玄武館に在籍していた者の名前を記したもので、この中の「土州藩」の項目に龍馬の名前を確認することができる。末尾部分には、千葉重太郎の名前も見られ、相互の交流がはかられていたものと見られる。

千葉周作の玄武館は、隣に碩学東條一堂の「瑤池塾」という私塾があった。玄武館の門弟達は、剣術と一緒に隣の「瑤池塾」で学問も身につけられるという、まさに文武両道を学べる環境であった。更に、玄武館は水戸藩との関係が深く、龍馬は尊王攘夷を唱える諸藩士や浪士達とも接触する機会があった。

修行を終えた龍馬は、九月には高知に戻っている。その後、安政六年に再び徳弘道場に入門し、翌年には門田為之助が徳弘道場に入門している。

その後、西洋砲術を身に着けていく中で文久二年に勝麟太郎に接触したことは龍馬にとって更なる飛躍につながったといえよう。

坂本龍馬の眼を西洋に、そして新しい時代に向けさせたのは、ペリー来航による西洋との接触と西洋砲術の習得が大きく影響している。更に西洋砲術を学ぶことで、西洋文明の受容にも励んだ。龍馬が「国際派」として名を挙げるようになったのは、修業時代に出会った師匠達の教えがあったからにほかならなかったのではなかろうか。

注

(1) 京都大学附属図書館所蔵『及門録』によって確認ができる。
(2) 勝海舟（江藤淳・松浦玲編）『氷川清話』講談社学術文庫、二〇〇〇年、七八―七九頁。
(3) 原書は、清河八郎記念館に所蔵されている。

幕臣——杉浦正一郎／大久保忠寛／佐藤政養／勝海舟／永井尚志

塚越俊志
Tsukagoshi Toshiyuki

杉浦正一郎

龍馬と幕臣の関係では、勝海舟、大久保忠寛、永井尚志らが有名である。しかし、彼ら以外にも龍馬との接点が見出せる幕臣がおり、目付杉浦正一郎や勝の弟子佐藤政養らの動向に触れながら、幕臣との関係を見ていく。

まず、最初に見ていきたいのは、目付筆頭の杉浦兵庫頭正一郎との関係である。杉浦との出会いは、龍馬が勝に師事していた時期である。文久三（一八六三）年一月二二日、杉浦は松平春嶽の随行として順動丸に乗り、二三日、品川を出帆、二九日に大坂天保山に到着した。艦の指揮を執っていたのが、軍艦奉行並勝麟太郎であった。この時、勝の門下生であった龍馬と会っている。杉浦の『経年紀畧』には、「順動丸艦中に於いて坂本龍馬に初めて逢う、歓話を尽くす[1]」とある。この頃は、尊王攘夷運動が最も活発化した時期でもあった。幕閣の中枢にあった杉浦は日々の出来事を日記に記しているが、それは維新動乱期でもあった。

しかし、杉浦は龍馬のことを既に知っていたようである。一四代家茂の上洛の日程がさし迫った文久二年一二月一二日、杉浦は「浪士掛」に任命された。この時点から、勝手掛兼外国掛目付杉浦の役目の中に浪士取締も含まれた。杉浦は日記とは別に「浪士一件」という記録帳を一冊残している。幕府は尊王攘夷に荒れ狂う浪士達を、逆に別の浪士達を利用して制圧しようと試み、「浪士組」

大久保忠寛
（1818-1888）

の結成を進めた。この浪士組候補者一二名の中に「土州産・当時浪人・坂本龍馬」がいたからである。実際には、名前の挙がった龍馬や松浦武四郎らは参加していない。龍馬はこの時点で勝の門下生として、政治活動を行なっていた。

この後、文久三年一月一二日、浪士取締頭取に鵜殿《うどの》鳩翁《きゅうおう》と松平主税助が任命され、配下の浪士取締役には、一橋家奥詰窪田治部右衛門と講武所剣術世話心得山岡鉄太郎が任命されている。山岡は千葉周作の門にいたこともあるため、龍馬も山岡を知っていた可能性がある。また、山岡は戊辰戦争の時に、勝の使者として単身、東海道を上り、慶応四年三月九日、駿府で薩摩藩の西郷隆盛と会見し、江戸城無血開城の下地を作った人物としても知られている。

文久二年には目付（途中から次席）、文久三年七月に筆頭目付として行動していた時期に杉浦の記録によく出てくるのが、文久二年五月に大目付、七月頃御側用取次に就任していた**大久保越中守忠寛**である。幕府内では、大久保―杉浦による幕府再建策が進められていたのである。こうした中で、文久三年一月二五日に龍馬は大久保のもとを訪れている。確かに、春嶽や勝とも交流があるが、大久保が職務上一番関係の深い杉浦と出会って「歓話を尽くす」とあることから、龍馬は杉浦から大久保の情報、もしくは紹介状をもらったのではないかと推測される。

すなわち、大久保忠寛と坂本龍馬の関係を考える時、幕臣杉浦の存在は重要なものであるといえよう。

龍馬の書簡中に大久保は二度登場する。一度目は、慶応二（一八六五）年一二月四日、兄権平一同に宛てたもので、「当時天下の人物と云うは、徳川家には大久保一翁、勝安房守[2]」とある。大久保は龍馬を「真の大丈夫」と評していたこともあり、お互いに認め合った存在であることがうかがえる。

二度目は、慶応三年八月下旬に土佐藩の大監察佐々木高行に宛てたもので、この中では大久保に心酔し、傾倒の深さが見られる。

一五代将軍徳川慶喜が大政を奉還し、龍馬が亡くなった後、大久保は会計総裁となって、勝と共に江戸城無血開城にあたっている。

海舟の門人・佐藤政養

他に、龍馬と関係深い人物は海舟の門人佐藤与之助政養《よのすけまさよし》である。佐藤は嘉永七（一八五四）年に勝の塾に入門した。更に長崎海軍伝習所にて天文・測量・航海術等を学んだ。万延元年、勝が咸臨丸で遣米使節団に随行した際には、塾の留守役を任されている。また、横浜開港の建言書を提出し、これが認められている。

文久三年二月二五日、将軍家茂の乗艦を見越して勝の指揮する順動丸は大坂から江戸に戻っていたが、着いてみると既に将軍上洛は陸路に変更されていた。将軍の出発を見送った後、船は誰も乗せずに西へ戻った。その際勝は塾頭の佐藤を伴っている。

このように勝との関係が深かった佐藤は、勝が海軍を追われている間、海軍に関わることはなかった。しかし、文久三年、勝が軍艦奉行並に就任すると、佐藤も二等軍艦組出役として海軍に戻っている。この身分のまま、佐藤は大坂表台場取立御用の命も受けている。このように常に勝の手足となって動いているのが佐藤である。

同年四月二四日、神戸海軍操練所の設営が認められた。操練所完成までの間、勝は大坂に私塾を設置し、その塾頭に佐藤を任命している。文久四年二月、神戸海軍操練所が、ほぼ完全な姿を見せた。同三月には人員構成も決まり、ここで教授方に佐藤が就任している。龍馬の神戸海軍操錬所構想が練られていく中で、中間に佐藤が入り、周りに情報を発信していくのである。龍馬や勝が操練所を離れていても、佐藤がいることによって、運営が滞ることはなかったのである。

勝の軍艦奉行罷免により、神戸海軍操練所が閉鎖された時、最後の処理に佐藤が関わっている。土佐人を薩摩藩に預けたことを勝に伝えたのも佐藤であった。しかし、報告の中に龍馬の名はない。これは一つには、龍馬が神戸にはいなかったということを意味しており、もう一つは、勝は龍馬のことは重々承知だから、報告しなくても大丈夫と判断したためであろう。

勝と龍馬が接触する時はそこには必ず、佐藤の存在があった。勝と龍馬との関係を見ていくには、勝の一番弟子である佐藤の存在をしっかり把握することが必要であろう。

師・勝海舟

続いて、勝海舟と龍馬との関係を見ていくこととする。龍馬が勝に会ったのは、文久二年一〇月頃である。

脱藩中の龍馬は、九州を廻った後、大坂を経て江戸の桶町にある千葉道場に達し、千葉重太郎と共に赤坂氷川町坂下の勝の屋敷を訪れている。

龍馬は勝を暗殺しに行ったというのが定説だが、当時政事総裁職をつとめた前福井藩主松平春嶽が、暗殺をしに行くような人物を勝に紹介するとは考え難い。春嶽は橋本左内や横井小楠の様なすぐれた人材を発掘するなど人材登用に長けていた人物であるから、龍馬の人物像を見抜き、勝のもとに置くのが得策であると考えたからこそ春嶽は龍馬を勝に紹介したのではなかろうか。

勝海舟
(1823-1899)
『幕末・明治・大正　回顧八十年史』(東洋文化協會)所収

龍馬が文久三年五月一七日、姉乙女に宛てた書簡の中で、「この頃は天下無二の軍学者勝麟太郎という大先生の門人となり、ことのほかかわいがられていて、まず客分のようなものになった(3)」ことを伝えている。

龍馬は勝が発足させた神戸海軍操練所に土佐にいた頃からの仲間達を次々と参加させ、後の亀山社中や海援隊の母体を築き上げる。龍馬が勝から海軍術を学んだことは、龍馬の活動を広げる点でも非常に意義のあることであった。

勝が失脚し、神戸海軍操練所が崩壊した時、勝は龍馬の保護を薩摩藩に依頼した。それ以後、龍馬と勝が会うことはなかった。

「ヒタ同心」永井尚志

最後に永井尚志について、見ておこう。永井は老中阿部伊勢守正弘の時に抜擢され、嘉永六年に目付となり、安政元(一八五四)年には長崎に出張し、長崎海軍伝習所の監察となっている。この間に、勝も伝習に参加している。同四年、江戸に帰り、勘定奉行となっている。同五年からは外国奉行として、ロシア・イギリス・フランスとの通商条約締結を行っている。同六年、軍艦奉行になるも、安政の大獄で失脚。将軍継嗣問題の際には、福井藩士橋本左内の新政権構想の中に、補佐役として永井の名が挙がっており、当時の雄藩からも実力が認められた官僚であった。

　元治元（一八六四）年、大目付となり、第一、二次長州征討の処理にあたり、一五代将軍徳川慶喜に抜擢され、慶応三年二月若年寄格、同年一二月、若年寄となっている。

　龍馬は、慶応三年一〇月一一日、入京中の永井を訪ね、大政奉還を採用することを説得し、不採用ならば、兵を用いることを伝えている。そして、永井の説得により、慶喜も大政奉還に傾いたと言われている。

橋本左内
（1834-1859）

永井尚志
（1816-1891）

　龍馬は永井のことを「ヒタ同心」であるとしている。龍馬にとって永井は、共に新国家を組み立てる仲間であった。

　このように、幕臣と龍馬との関係を見ていくと、目付杉浦正一郎がキーパーソンとなり、幕臣達との間に立っていることがわかる。それは、幕府の主だった政策には目付が関与しており、その中心に杉浦がいたからである。そしてもう一つは、杉浦と幕臣との関係が龍馬を結びつけた可能性が高いためである。

注

（1）小野正雄監修『杉浦梅潭目付日記』みずうみ書房、一九九一年、六七頁。
（2）宮地佐一郎『龍馬の手紙』講談社学術文庫、二〇〇三年、二五〇頁。
（3）前掲、『龍馬の手紙』、六四頁。

京都——お龍／お登勢／中川嘉兵衛／井口新助／岩倉具視／姉小路公知／七卿

小田倉仁志
Odakura Hitoshi

妻・お龍と出会う

坂本龍馬の人生において、京都とは人的交流の舞台であると言える。薩長盟約はもとより、志士と交流を行ったのも、妻となった楢崎家のお龍と出会ったのも京都である。京都という幕末動乱の中心地は、龍馬がさまざまな人物と交流する場所となったのである。

京都に縁のある人物で、龍馬に関係した人物として真っ先に挙げられるのは、龍馬の妻お龍であろう。楢崎あるいは奈良崎、名前もお春、お鞆《とも》、お良と書かれる。お鞆という名前は、龍馬が付けて改めたものという。[1] 先祖は、長州の武士であったとお龍は述懐している。[2] 現在知られている龍馬の書簡での初出は慶応元（一八六五）年九月九日付。[3] それより先に龍馬と知り合っている。お龍の談話によれば元治元（一八六四）年とも思われるが、[4] それ以前という説もある。[5] 龍馬の評価では「おもしろき女」[6] とあり、佐々木高行によれば「同妻ハ有名ナル美人ノ事ナレ共、賢婦人ヤ否ハ知ラズ。善悪トモ為シ兼ヌル様」[7] との印象を受けている。美人かつ男勝りの女性であったことは間違いのないようで、桐野利秋に見初められたり、[8] 強盗と渡り合ったりしたこと[9] 等が伝えられている。

寺田屋事件では龍馬らに奉行所役人による捕縛の危険を通報し、さらに伏見薩摩藩邸に急を報せたことは有名である。龍馬自身も姉乙女宛の書簡で「今年正月廿三日夜のなんにあいし時も此龍女かおれハこそ龍馬の命ハたすかりたり[10]」と書いている。龍馬からお龍に宛てた手紙はお龍が処分してしまったため[11]現存するのは一通だけであるが、その手紙にはお龍への配慮が滲み出ており、お龍への深い愛情を感じさせるものである[12]。

最初は料亭の扇岩《おうぎいわ》で働き、のち龍馬の紹介を受け寺田屋で働いた。龍馬の妻として薩摩に下り、その後は長崎の小曾根家や下関の伊藤家に寄宿した。龍馬の死後は三吉慎蔵宅、高知の坂本家、京都、東京を転々とし、最終的には再婚して西村ツルと改名し横須賀に住んだ[13]。坂本家では正式な妻とは認められていなかったとの説もあり[14]、龍馬家を継いだ高松太郎（坂本直）も妾として冷たく扱ったようだ[15]。晩年は深酒を繰り返し、誰かに頼ることしかできない女だったと坂本尚子氏は指摘している[16]。

龍馬を支えた女将・商人たち

このお龍を女中として匿い、龍馬の寺田屋遭難の舞台となった寺田屋の女将がお登勢《とせ》である。寺田屋については『伏見叢書』に詳細な記述があるが、それによればこのお登勢は、伏見の南浜町にあった代々続く旅籠屋・船宿であった寺田屋を、六代目寺田屋伊助の死後、女手一つで切り盛りした女傑である。それだけでなく、任侠に富み、当時、大坂と京都を往復する勤王の志士はほとんどお登勢の庇護を受けたと言う[17]。

寺田屋が龍馬と関係するようになったのは、薩摩藩からの依頼であった[18]。お龍の回顧によれば、寺田屋には志士を匿うための秘密の部屋や秘密の梯子、脱出用の通路があったらしく[19]、重要な人物はその近くの部屋に入れて警戒していた。また、『伏見叢書』では「龍馬初メ薩摩屋敷ヨリノ依頼ニヨリとせヨク之ヲ庇護シ、龍馬ハ常ニ寺田屋ニ在リテ薩長連合ヲ策シ、遂ニ其目的ヲ達シタリ之レ皆とせ女ノ任侠ニ負フ処多大ナリ[20]。」とあり、龍馬がここで薩長盟約について考えを巡らせたと書いている。『伏見叢書』の成立は昭和十三（一九三八）年なのでこの話の信憑性は乏しいが、伏見の人々の間にはそのような話が伝わっていたのだろう。

龍馬の寺田屋での生活は楽しいものであったらしく、子供相手に遊んだ逸話も残っている[21]。『伏見叢書』にいわく、「伏見ノ旅宿ハ汽車ノ開通ヲ第一回ニ、電車ノ開通ヲ最後トシテ、殆ド大部分ヲ失ヒシモ、独リ此寺田屋ノミ猶継続営業セルモノ、実ニ此ノ名物タル名ニヨリ得タル余慶ナランカ[22]」とあり、寺田屋存続の理由を志士の

楢崎龍（1841-1906）とされる人物（個人所蔵）

活動の拠点、そして幕末の事件の現場となったことに求めている。

他に、龍馬と関係の深い京都の町人として、酢屋の中川嘉兵衛と近江屋の井口新助がいる。酢屋は「三條下ル東入ル北側」[23]にあった材木商である。慶応三（一八六七）年の書簡では「京と三條通河原町一丁下ル車道すやに宿申候」[24]とある。海援隊の京都での屯所となった所で[25]、龍馬の死後も高松太郎が宿泊していた[26]。土佐藩の主要産業は材木であったことから、酢屋との関係がもたれたものと思われる。

近江屋は、龍馬及び中岡慎太郎が殺害された場所である。河原町通三条下ル蛸薬師角にあった醤油業で、土佐藩の御用達であった[27]。当主の井口新助は篤実な人柄だったと伝わる[28]。土佐藩にとって近江屋は、兵站部とサロンを兼ねたような存在であったと[29]『坂本龍馬関係文書』にはある。龍馬の酢屋からの移転時期は諸説あるが、慶応三（一八六七）年十月八日以降が有力という[30]。ものの本によれば、龍馬が殺害された二階部分の間取りは八畳が二間、六畳が二間であったようだ[31]。龍馬は当初土蔵にいたが、風邪をひいたため母屋に移り、そこで襲撃を受けた[32]という。

公家との面会・交遊録

さらに、龍馬に関係の深い公家として挙げられるのは、例の七卿のうちの五卿と岩倉《いわくら》具視《ともみ》、姉小路《あねがこうじ》公知《きんとも》（一八三九―一八六三）であろう。五卿とは、三条《さんじょう》実美《さねとみ》、三条西《さんじょうにし》季知《すえとも》、東久世《ひがしくぜ》通禧《みちとみ》、壬生《みぶ》基修《もとなが》、四条《しじょう》隆謌《たかうた》を指す。文久元（一八六一）年の八月十八日の政変で京都を追われた尊攘派の公家で、長州へ落ち延びた後元治二年一月に大宰府に移った人々である。八月十八日の政変で京都を追われた尊攘派の公家は前記の五人の他に錦小路《にしきのこうじ》頼徳《よりのり》、沢《さわ》宣嘉《のぶよし》の二人がいるが、錦小路頼徳は元治元（一八六四）年四月に病没し、沢宣嘉は但馬生野の乱に参加、その後行方をくらました。そのため、龍馬が直接面識を持ったのは、大宰府に移った五卿である。龍馬は彼らに、慶応元（一八六五）年五月に謁見している。「坂本龍馬手帳摘要」では「謁ス」と簡略した書き方しかしておらず[33]、親しく話をしたものか単に顔を拝しただけなのかははっきりしない。『三條西季知筆記(34)』では慶応元（一八六五）年五月頃の記事に坂本龍馬の名は見えず、誰かが謁見したという記述すらない。彼らにとっては、それほど意味のある謁見ではないと感じたのかもしれないが、この周辺について『三條西季知筆記』では間違いもあり（元治二（慶応元年、一八六五）年一月二十日からは壬生基修の日記に基づいて書いたとあるので(35)、壬生基修が書かなかったと思われる）、後考が待たれるところである。『三條実美公年譜』では、「五月二十五日坂本龍馬来テ公等ニ謁ス」「龍馬ハ土州ノ士藩ヲ脱シ京摂間ニ在リテ国事ニ周旋ス是日来謁幾ナラスシテ又長州ニ赴ク(36)」とあり、東久世通禧の日記では、「五月廿五日　土州藩坂本竜馬面会、偉人ナリ奇説家ナリ(37)」とある。日付に異同はあるものの「坂本龍馬手帳摘要(38)」にも記述があり、また閏五月十四日付の西郷隆盛宛渋谷彦介蓑田新平書簡では「坂本龍馬爰許《ここもと》へ差入、私共江曳合《ひきあわせ》之上五卿方江致拝謁」とあるので(39)、会ったことは間違いない。東久世通禧が「奇説家」という言葉を使ったということは、ある程度龍馬も論を説いたとも考えられるが、『三條西季知筆記』の日記には記述はないため、五卿全員に説いたのではなく、東久世通禧のみに説いたのかもしれない。

岩倉具視
（1825-1883）

　以後直接の交渉はないが、龍馬は五卿を気にかけており、慶応三（一八六七）年二月二十二日付の三吉慎蔵宛書簡には「朝廷より三条卿を初メ五卿を御帰京の事被仰出候よし(40)」と情報を書き送っている。三条実美も龍馬死去を知った時、和歌を一首詠み追悼したという(41)。

　岩倉具視が坂本龍馬と会ったのは、『岩倉公実記』によれば同三年六月二十五日のことである。それ以前の四月二十一日以降に中岡慎太郎は岩倉と対面し討論を行っている。その中岡慎太郎の紹介で、龍馬が来たのが六月二十五日。「慎太郎ハ坂本龍馬時ニ才谷梅太郎ト称ス土佐ノ人ヲ拉シテ来リ具視ニ謁シ与共ニ王政復古ノ籌策《ちゅうさく》ヲ討論シ三條実美等ト内外相応センコトヲ商《はか》ル（中略）是ヨリシテ具視慎太郎龍馬ト会晤《かいご》シ以テ機密ヲ計議ス(42)」とある。岩倉具視の日記にも、同日に龍馬と中岡慎太郎が来訪した記事が見える。

　廿五日天晴
　早朝石川誠之助横山寛三（中岡慎太郎のこと）坂本龍

馬 才谷梅太郎 等両人入来内々出会種々内話之事○夕
方一応帰村之事若江家用向伝調之事[43]

　これらを見ると、早朝から中岡慎太郎と坂本龍馬が岩倉村に隠棲していた岩倉具視と面会し、会談を行ったことがわかる。『岩倉公実記』の記述を見ると、おそらくこれが初対面であろう。次に龍馬が出てくるのは、近江屋で龍馬が殺害された時である。「具視坂本龍馬中岡慎太郎ノ変死ヲ聞キ慟哭ノ事」と『岩倉公実記』中にあり、「其報」を聞いて大いに驚き香川敬三[44]（水戸藩士。のち岩倉具視に仕え戊辰戦争にも参加。枢密顧問官、伯爵）を派遣した。龍馬は既に死んでいたが、中岡慎太郎は生きていて岩倉具視に遺言を残して死去したという[45]。龍馬が亡くなったのは同年十一月十五日。中岡慎太郎が亡くなったのは十一月十七日なので、岩倉具視が耳にして香川敬三を派遣したのは十六日か十七日、そして香川敬三は、『岩倉公実記』の記述によれば死去を知ってから岩倉具視に復命しているので、十七日までいたのだろう。『坂本龍馬関係文書』でも香川敬三は居たことが確認できる[46]。『岩倉公実記』の述べるところによれば、岩倉はこれを聞いた時、「噫《ああ》何物ノ鬼恠《きかい》カ予ノ一臂ヲ奪フ之ヲ哭シテ慟ス」[47]と慟哭したという。後の明治三（一八七〇）年一月三日、岩倉は自宅で酒宴を開き、龍馬や中岡慎太郎を含め幕末の頃を回顧している[48]。

　姉小路公知は、尊攘派公卿の一人である。文久三（一八六三）年五月二十日没。龍馬との初対面の時期ははっきりしないが、「坂本龍馬海援隊始末」によれば同年四月二十三日以前に土方久元（土佐藩士、のち朝廷に出仕し八月十八日の政変の際には三条実美に随行する。維新後は要職を歴任。伯爵[49]。）と共に京都で会っている[50]。ここで龍馬は「其ノ英邁ヲ」知ったという。後には勝海舟の使者として、蒸気機関縮図、セバストポール戦図、コノーフ氏三兵答古知機訳本を献上したことと[51]、勝海舟の家来として順動丸による摂海視察に随行したことは指摘されている[52]。『姉小路公知伝』では名が見えないが、四月二十五日の姉小路公知の帰京に随行していることは「坂本龍馬海援隊始末」にあるので、摂海視察の後、京都まで従ったのだろう[53]。

　姉小路公知は龍馬の周辺の人物にも縁が深く、姉小路公知が勅使として江戸に下向する際に、武市半平太は柳川左門と変名して諸大夫として随行し、また龍馬の甥である高松太郎が行列に加わっている[54]。

　これらの人物以外にも京都で関わった人物は多い。武士以外の人物との親交も多く、龍馬にとって新しい世界を知る舞台の一つとなったのではないかと推察する。さらに平成二十一（二〇〇九）年十二月十五日、高知県で発見された龍馬関係史料に、幕府方の寺田屋事件関係史料も含まれており、今後の研究が期待される。[55]

（なお、史料の旧字等は適宜新字に改めた。）

注

（1）「慶応二年十二月四日坂本乙女あて」宮地佐一郎編『坂本龍馬全集』増補四訂版、光風社、一九八八年、一四一―一四八頁。
（2）一坂太郎『わが夫　坂本龍馬　おりょう聞書き』朝日新書、二〇〇九年、一八一―一九五頁。
（3）「慶応元年九月九日坂本乙女、おやべあて」「慶応二年十二月四日坂本乙女あて」前掲注（1）書、五二―六四頁。
（4）安岡秀峰聞書「反魂香」前掲注（1）書、九四〇―九四一頁。
（5）坂本尚子「坂本龍馬の妻、お龍」『文献探索　二〇〇〇』文献探索研究会、二〇〇一年、二八七―二九八頁。
（6）「慶応元年九月九日坂本乙女、おやべあて」「慶応二年十二月四日坂本乙女あて」前掲注（1）書、五二―六四頁。
（7）佐々木高行「保古飛呂比」前掲注（1）書、七〇五頁。
（8）安岡秀峰聞書「反魂香」前掲注（1）書、九四八―九四九頁。
（9）安岡秀峰聞書「続反魂香」前掲注（1）書、九五四―九五五頁。
（10）「慶応二年十二月四日坂本乙女あて」前掲注（1）書、一四一―一四八頁。
（11）「慶応三年五月二十八日お龍あて」前掲注（1）書、二二四―二二六頁。
（12）同右、二二四―二二六頁。
（13）鈴木かほる『史料が語る坂本龍馬の妻お龍』新人物往来社、二〇〇七年。
（14）前掲注（2）書、一六一―一六三頁。
（15）土居晴夫『坂本龍馬の系譜』新人物往来社、二〇〇六年、一三七、一九八頁。
（16）坂本尚子「坂本龍馬の恋人たち　お龍と佐那」『文献探索　二〇〇一』文献探索研究会、二〇〇二年、二二七―二三〇頁。
（17）西野伊之助「伏見叢書」新撰京都叢書刊行会編『新撰京都叢書』五、臨川書店、一九八七年、四〇九―四一〇頁。
（18）「寺田屋と坂本（殿井力女懐旧談）」前掲注（1）書、九三四―九三五頁。
（19）川田雪山「千里駒後日譚」前掲注（1）書、五三九頁。
（20）前掲注（17）書、四〇九―四一〇頁。
（21）「寺田屋と坂本（殿井力女懐旧談）」前掲注（1）書、九三四―九三五頁。
（22）前掲注（17）書、三六一―三六二頁。
（23）岩崎鏡川「坂本と中岡の死」日本史籍協会編『坂本龍馬関係文書』二、北泉社、一九九六年、三五九頁。なお、さらに詳細な場所については、片桐一男『阿蘭陀宿海老屋の研究Ⅰ　研究篇』思文閣出版、一九九八年、二六頁にある「安永八（一七七九）年、大黒屋地図（酢屋所蔵の原図より寸法通りの比率で著者復元）」に詳しい。
（24）「慶応三年六月二十四日乙女、おやべあて」前掲注（1）書、二四四―二六三頁。
（25）新人物往来社編『坂本龍馬大事典コンパクト版』新人物往来社、二〇〇一年、一八二頁。
（26）土居晴夫『坂本龍馬の系譜』新人物往来社、二〇〇六年、一九三頁。
(27)前掲注(23)書、三五九頁。
(28)京都国立博物館編 特別展覧会 坂本龍馬生誕一七〇年記念『龍馬の翔けた時代――その生涯と激動の幕末――』京都新聞社、二〇〇五年、二七四頁。
(29)岩崎鏡川「坂本と中岡の死」日本史籍協会編『坂本龍馬関係文書』二、北泉社、一九九六年、三五九頁。
(30)前掲注(25)書、四九―五〇頁。
(31)前掲注(23)書、三七二頁。
(32)同右、三六〇頁。
(33)「坂本龍馬手帳摘要」前掲注(23)書、三頁。
(34)「三條西季知筆記」岩崎英重編『維新日乗纂輯』日本史籍協会、一九二五年、四一三―四一四頁。
(35)同右、五―六頁。
(36)宮内庁図書寮編『三條実美公年譜』宗高書房、一九六九年復刻、二六九―二七三頁。
(37)霞会館華族資料調査委員会編『東久世通禧日記』上巻、霞会館、一九九二年、四五七頁。
(38)前掲注(33)書、三頁。
(39)宮地佐一郎編『龍馬の手紙』講談社学術文庫、二〇〇三年、一一五―一一六頁。
(40)「慶応三年二月二十二日三吉慎蔵あて」前掲注(1)書、一七三―一七六頁。
(41)「慶応三年十一月(三條実美輓歌)」日本史籍協会編『坂本龍馬関係文書』一、東大出版会、一九八八年、四九六頁。
(42)「具視三條実美ト消息ヲ通スル事」多田好間編 明治百年史叢書『岩倉公実記』中巻、原書房、一九六八年、五二―五四頁。
(43)「岩倉具視日次」大塚武松編『岩倉具視関係文書』第二、日本史籍協会、一九二九年、四三頁。
(44)日本歴史学会編『明治維新人名辞典』吉川弘文館、一九八一年、二六二頁。
(45)「具視坂本龍馬中岡慎太郎ノ変死ヲ聞キ慟哭ノ事」前掲注(42)書、九九―一〇一頁。
(46)「坂本中岡両雄の兇変」前掲注(23)書、三四八頁。
(47)「具視坂本龍馬中岡慎太郎ノ変死ヲ聞キ慟哭ノ事」前掲注(42)書、九九―一〇一頁。
(48)「具視賜褒ノ祝宴ヲ開ク事」前掲注(42)書、八一二―八一五頁。
(49)前掲注(44)書、八一五頁。
(50)「坂本龍馬海援隊始末」前掲注(23)書、一九九頁。
(51)前掲注(1)書、一〇五七頁。
(52)「坂本龍馬海援隊始末」前掲注(23)書、一九九―二〇〇頁。
(53)同右、二〇〇頁。
(54)関博直編『姉小路公知伝』博文館、一九〇五年、一〇五―一〇六頁。
(55)二〇〇九(平成二十一)年十二月十六日付読売新聞朝刊(東京版)社会面。
二〇〇九(平成二十一)年十二月十六日付高知新聞朝刊一面。
二〇〇九(平成二十一)年十二月十六日付朝日新聞朝刊(大阪版)社会面。
二〇〇九(平成二十一)年十二月二十四日付高知新聞社会面 ほか。

薩摩——西郷隆盛／大久保利通／小松帯刀／吉井友実／五代才助

岩川拓夫
Iwakawa Takuo

航海技術を見込まれる

幕末、集成館事業で日本の近代化を牽引した薩摩藩であるが、その集成館事業を興した二八代当主島津斉彬の存在は龍馬の師たちに影響を与えたといえる。斉彬は嘉永四（一八五一）年の藩主就任後、磯に築いた工場群「集成館」を造った。軍事のみに傾倒するのではなく、社会基盤の整備を進め、さらには貿易品を創出して海外との交易を見据えた事業は富国強兵の先駆けといえる。これらの近代化事業の総称を「集成館事業」という。

安政五（一八五八）年、オランダ海軍の軍人らが乗った幕府練習艦ヤーパン号（のちの咸臨丸）は長崎から江戸へ回航される途中、鹿児島に立ち寄った。この船に勝麟太郎も乗船している。斉彬は鹿児島湾の入り口、山川港まで一行を迎え、艦内でオランダ士官や勝らと会見する。その後、彼らを仙巌園・集成館に招き、薩摩藩の近代化事業の成果を示した。この際、勝に自らの弟久光を紹介している。また、安政元（一八五四）年には河田小龍ら土佐藩士が鹿児島へ視察に訪れ、斉彬が製造させていた反射炉などを見学している。『坂本龍馬海援隊始末記』によると、龍馬は河田から薩摩藩の軍備増強の状況を聞き、日本刀ばかりに頼るような無謀な攘夷の限界を悟ったという。集成館事業を肌で感じ、薩摩藩の先進性と技術力を学んだ勝や河田の二人が直接的ではないものの、龍馬が近代化に目覚める素地を作ったのである。すなわち集

西郷隆盛（1828-1877）

成館事業は龍馬に間接的に影響を与えていた。

　龍馬は脱藩直後に薩摩へ向かったというが、この際は厳重な関所の警備に挫折している。龍馬が薩摩藩と実際に関わりを持つのは、神戸海軍操練所の解散を受け、元治元（一八六四）年に薩摩藩に匿われてからであった。勝の談話をまとめた『氷川清話』によると、匿われる以前に西郷隆盛と面会した龍馬は、勝に西郷の評価について馬鹿者か大利口者かのどちらかであろうといい、「少しく叩けバ少しく響き、大きく叩けバ大きく響く」と述べたという。

　しかし、この話の真偽は非常に怪しい。だが、後に龍馬が「西郷吉之助の家内も吉之助も大ニ心のよい人」と記し、薩摩の傑物として小松帯刀とともにこの西郷の名を挙げていることから、龍馬は西郷に対して好意を持っていたことはあきらかである。また、兄権平にあてた手紙では薩摩藩の小松帯刀・西郷吉之助の助けを借りて社中を運営している旨を伝えている。以後、龍馬は「薩州　才谷梅太郎」の名で薩摩藩に依拠して活動することとなる。

　彼は大坂・京都の薩摩藩邸を利用しており、龍馬の潜伏先が京都藩邸から大坂藩邸にかわる際、小松と西郷から大久保利通に「右邊浪人體之者を以て航海之手先に召使候得ば可宜」と龍馬の持つ航海術を評価し、彼を匿うように取りはからわれたことが伝えられている。これは、文久三（一八六三）年の長州藩の砲撃を受けた薩摩藩船長崎丸沈没により、宇宿彦右衛門を筆頭に多くの航海技術者を亡くしていたことが背景にある。当時は全国的な蒸気船ブームであり、特に薩摩藩は元治元（一八六四）年からの三年間で九隻もの蒸気船を購入していた。しかし、最新鋭の蒸気船とて乗組員がいなければ動かせない。そこで、龍馬をはじめとする元海軍操練所の生徒等は薩摩藩に目を付けられ、庇護を受けるとともに藩へも数名が往復した。

龍馬の行動力とネットワーク

　龍馬も慶応元（一八六五）年と翌二年の二度に渡って薩摩藩領を訪れている。徳富一敬の談話によると、最初の鹿児島行の帰路、肥後の横井小楠のもとを訪れた龍馬は、衣服大小皆大久保からもらったものである、と言ったという。また、龍馬はただ一人、大久保だけが天下の時勢を考える人物、と評価したとも伝わっている。京都・大坂で藩政を担っていた小松・西郷・大久保と親交を深めた龍馬は、長州藩へ薩長盟約に向けた重要な使者として赴くことになった。征長に関する幕府・朝廷の動向に関して、大久保から西郷に宛てられた書簡は、在藩する藩政首脳部に藩としての行動に了承を得るためのものであった。龍馬はその書簡の写しを持って西郷と共に兵庫を発し、周防上隻で西郷と別れ、長州藩士広沢真臣と面談する。これにより、薩摩藩は征長に関する藩としての方針を長州藩に伝えることに成功し、これにより、薩摩藩は意志を長州藩に告げることに成功し、慶応二（一八六六）年一月、急遽上京してきた龍馬の仲立ちのもと、長州藩代表の桂小五郎と小松帯刀・西郷隆盛らによって薩長盟約を締結することとなった。なおこの締結には大久保利通や家老の島津伊勢・桂久武・吉井友実・奈良原繁が同席している。

小松帯刀（1835-1870）

　盟約締結直後に勃発した寺田屋事件について、龍馬とともにいた長府藩士三吉慎蔵によって事情を知らされた薩摩藩邸では、吉井友実が京都より伏見藩邸に駆けつけ、西郷も一小隊と医師を派遣し、治療にあたらせている。その後、受けた傷を癒すために龍馬がお龍とともに鹿児島を訪れた際には、鹿児島城下原良の小松邸を宿泊地としていたという（『坂本龍馬海援隊始末記』）。龍馬の霧島行きには吉井が同行、霧島の栄之尾温泉で療養していた小松を龍馬夫婦と吉井が見舞っている。のちに龍馬は寺田屋事件の御礼として刀一口を吉井に贈っている。それについて、龍馬は吉井への書状の中で「吾《わ》カ《が》爲《ため》ニ　盡侯《つくしそうろう》所《ところ》、則《すなわち》國家《こっか》ニ盡《つく》ス所《ところ》タルヤ明《あきら》カナリ」と大見得を切っている。これは龍馬独特のユーモアもあろうが、両者の緊密な関係がうかがえる。

　薩摩藩は、長崎に拠点を置いた亀山社中の経営を援助し、慶応元（一八六五）年には亀山社中の近藤長次郎の頼みから薩摩藩名義でユニオン号（桜島丸）を買入することを承諾する。続いて龍馬も小松を説得してワイルウェフ号を購入して社中が運用することを認めさせた。亀山社

五代才助（1836-1885）

中時代の船舶・銃器の購入はいずれも薩摩藩名義によるものであり、それは小松の承認があってこそ成り立っていたのである。また、**五代才助**（友厚）は薩摩藩内において外交交渉の窓口として活躍し、交易に携わろうとする龍馬の活動に助力することとなる。

亀山社中は海援隊と名を改め、慶応三（一八六七）年四月に土佐藩の支援を受けるようになったが、小松・五代らは従来の関係から支援を続けている。例えば、小松は海援隊がプロシア商人から蒸気船大極丸を購入する際に、保証金を工面した。五代は海援隊と諸藩との交渉の窓口も務め、伊予大洲藩からの水夫や蒸気方の人員の借用やいろは丸事件、英国人殺傷事件の対応にも携わった。特にいろは丸事件に関しては調停役として紀伊藩と土佐藩・海援隊との間を取り持ち、八万三千両におよぶ賠償金の支払いなど海援隊に有利な条件になったのは多くは五代の功績によるものである。

志同じくする者たち

慶応三（一八六七）年六月、小松・西郷・大久保は龍馬・中岡慎太郎の仲立ちにより薩土盟約を締結し、大政奉還を計画すると同時に武力による討幕の準備にもとりかかった。この盟約を提案したのは龍馬だという説がある。土佐の人間の中でとりわけ薩摩藩の事情に通じているうえに、この年二月に長州の木戸孝允へ宛てた書簡の中では「昔の長薩土」にしたいと述べている。ここでいう昔とは、文久元（一八六一）年の武市瑞山（土佐）・樺山三円（薩摩）・久坂玄瑞（長州）らの交友のことで、龍馬は薩長盟約により薩摩と長州の手を結ばせるとともに、今度は土佐と薩摩および長州を結びつけることに成功したのである。薩土盟約の最たる目的は、慶喜からの将軍職剥奪と王政復古であった。後藤象二郎の唱える大政奉還に対して、西郷が頑なに拒み続けていたのに対し、大久保が両者を取りなすことでようやく盟約が締結されたという。しかし、薩土盟約解消後は、小松・西郷・大久保は討幕の密勅を得ようと奔走する。一方で、小松は一〇月に後藤象二郎とともに将軍徳川慶喜に大政奉還を進言し、実現させた。

　龍馬は大政奉還後のプランとしての新政府綱領八策を提示しているが、龍馬と同様に新たな日本の構想を考える薩摩藩士もいた。松木弘安（のちの寺島宗則）は慶応二（一八六六）年に、次代の政治体制として、ドイツのような連邦制度を構想しており、大名同盟構想という龍馬に近い考えを構想している。また、翌年一一月には「総テ封建之諸侯ヲ被廃候《はいせられ》」と、早くも版籍奉還の必要性を藩主茂久（忠義）に建言していることからも、その先見性は評価すべきであろう。また、五代友厚も慶応三（一八六七）年一〇月には「天下ノ大事件ハ、列国ノ公論・衆議ニ決定」すべきと考え、大名同盟を骨格とした新たな日本政府の構想を企画している。松木・五代はともに海外渡航の経験を持ち、ベルギー商社を設立して海外貿易の道を模索するなど、先進的な国際感覚の持ち主であった。このベルギー商社は薩摩藩のみならず長州藩・越前藩へも加盟を求めており、「諸大名同志合力の商社」の樹立を目論んでいた。この視点は龍馬が亀山社中や海援隊で目指すものと類似しているといえよう。

　吉井は龍馬が暗殺される前月には龍馬に近江屋から移るよう進言するも、それがなされることなく龍馬は同地にて亡くなることとなる。大久保は藩邸に匿った御陵衛士隊士が龍馬暗殺についての情報を持っていることを土佐藩に伝え、新選組による犯行と聞き、怒りをあらわにしている。薩摩藩が龍馬を育て、支援した背景には、一貫して海防のための軍事・技術力の強化と近代的な中央集権国家への変貌を志向していたことが存在する。龍馬の航海技術と幕府や長州藩とのネットワークは薩摩藩にとって非常に有益なものであった。それらを用いて薩摩藩は近代国家を形成するための道程をたどったのであるといえよう。

参考文献

桐野作人『さつま人国誌　幕末・明治編』（南日本新聞社、二〇〇九年）
佐々木克『幕末政治と薩摩藩』（吉川弘文館、二〇〇四年）
同『坂本龍馬とその時代』（河出書房新社、二〇〇九年）
高木不二「慶応期薩摩藩における経済・外交路線と国家構想」（明治維新史学会編『明治維新の新視角』高城書房、二〇〇一年）
同『日本近世社会と明治維新』（有志舎、二〇〇九年）
尚古集成館編『島津斉彬の挑戦――集成館事業――』（春苑堂出版、二〇〇二年）

長州——木戸孝允／久坂玄瑞／高杉晋作／印藤聿／三吉慎蔵／伊藤助太夫

小田倉仁志
Odakura Hitoshi

松陰門下の久坂・高杉

坂本龍馬が薩摩と長州の間を仲立ちし、薩長盟約を成立させたのは有名である。だが、龍馬と長州との関係はこれだけにとどまらない。薩長盟約の際の長州藩代表であった木戸孝允をはじめとして、龍馬は多くの長州の人士と交わった形跡があり、長州は龍馬に多大な影響を及ぼしている。

龍馬が本格的に長州と本格的に関わり始めるのは、文久二（一八六二）年のことである。一月に武市瑞山の使者として久坂玄瑞に会うため、長州に赴いたのが始まりといっていいだろう。それより以前、長州に行ったという記録はあるが、詳しいことはわからない。(1) 同二年一月十五日から二十三日まで滞在し、武市半平太宛久坂玄瑞書簡で確認される限り、「此度坂本君御出浮（ママ）被為在《あらせられ》、無腹蔵御談合《ふくぞうなくごだんごう》仕候事、委曲御聞取奉願《いきょくおききとりねがいたてまつり》候」(2)とあり親しく久坂と言葉を交わした形跡が見られる。『修訂防長回天史』では「後来坂本龍馬が長薩の間に奔走して調和を謀るに至りたるは実に此時に起因せり」(3)とこの時の龍馬の長州行を書いている（ただし、『修訂防長回天史』の日付は二月となっており、著者の末松謙澄が取り違えたと思われる）。

この当時、久坂玄瑞は二十三歳。龍馬よりも五歳年少だが、すでに吉田松陰門下の秀才として一見識を持っており、武市半平太の唱える「一藩勤王」に対して、藩を超えた形での尊王思想を持つなど、大局的に物事を捉えていた。[4] 一方、安政五（一八五八）年に水戸藩士から「誠実可也《かなり》ノ人物　併《しかしながら》　撃剣家事情迂闊何も不知トゾ[5]」という感想を受けて以降土佐から出ておらず、脱藩時の藩内の評価でも「元より龍馬は人物なれとも書物を読ぬゆへ時としては間違ひし事も御座候得は[6]」とされた、この頃の龍馬は、知識や見識が不十分であったのだろう。そこに、藩内の論者であった武市半平太とは全く違う意見を生で聞いたことは、龍馬にとって大きな衝撃となったと思われる。

この久坂玄瑞と松下村塾で同門だったのが高杉晋作である。久坂玄瑞の日記『筆廼末仁満爾《ふでのまにまに》』によれば、文久二年十一月十二日に「暢夫（高杉晋作の字《あざな》――筆者注）同行、勅使館に往、武市を訪、龍馬と万年屋一酌、品川に帰る[7]」とあり、松浦玲氏は、龍馬と高杉晋作がこの時に会っていることを指摘する。[8] おそらくこれが初対面であろう。

久坂玄瑞
（1840-1864）

高杉晋作に対する龍馬の評価は高く、のちに天下第一等の人物として、木戸孝允や勝海舟、西郷隆盛らと共に名を挙げている。[9] 高杉晋作との交流について、残された史料からはその関係は篤いものであったことが伺える。薩長盟約に向かう龍馬に高杉晋作は書を贈っている[10]し、寺田屋事件について書かれた手紙では「彼高杉（より）（史料では一字――筆者注）被送候ビストール[11]」と使用した短銃が高杉晋作から贈られたものであることを述べている。

のち、龍馬は第二次のいわゆる「長州征伐」（四境戦争、あるいは第二次幕長戦争）において小倉口で高杉晋作の指揮下に入り、戦闘を経験している。「龍船将」「私ノ乗リタル」とあるので、亀山社中が薩摩から操縦してきた長州藩の乙丑丸（書簡では薩摩藩側の名称である「桜嶋」とある）で小倉口の海戦に参加したのは間違いのない所であろう。「面白き事」との感想を兄権平に書き送っているのを見ると、龍馬にとって実に愉快なことであったに違いない。[12] また『修訂防長回天史』では「当時坂本龍馬海援隊士と共に之（乙丑丸――筆者注）を操縦し来りて馬関港に在り高杉晋作説て此戦に加はらしめしなり[13]」とある。高杉晋作の「小倉口緒戦報告書」によれば配置は「乙丑丸は庚申丸を引き門司浦に向ふ」、時刻は「凡暁七ツ時」に戦闘を開始し「朝六時過まで」とあるので、門司の付近で払暁に戦闘を行ったようだ。[14]だが、以後は高杉晋作の病状の悪化[15]もあってか、龍馬関連の史料に高杉晋作の名前はほとんど出てこない。

高杉晋作
（1839-1867）

長府藩士とも交流

長州藩の支藩であった長府藩にも龍馬は知己が多い。特に有名なのが、印藤聿《いんどうのぼる》（肇《はじめ》）と三吉慎蔵である。印藤聿は、古城春樹氏の論文によれば、中扈従《こしょう》・三五石から永代馬廻《えいたいうままわり》・一四〇石まで昇進した[16]。龍馬と知遇を得たのは、文久三（一八六三）年頃と考えられている[17]。龍馬の印藤聿宛書状の初見は、慶応元（一八六五）年十月十二日付。伊藤助太夫方から送られたものと思われる[18]。また、龍馬は印藤聿の財政能力を高く評価し、協力して竹島（現在の鬱陵島）開拓を試みようとしていた形跡があるとの指摘もある[19]。確かに同三（一八六七）年三月六日付の龍馬書簡では、印藤聿に竹島のデータを書き送っている[20]。

三吉慎蔵も長府藩士。薩長盟約に関連して上京する龍馬が、慶応元年十二月二十九日付の書簡[21]で印藤聿に随行人を要求し、そして現われたのが三吉慎蔵である。同二年一月一日に初接触。「今ノ事情懇談一夜ニシテ足ラズ翌二日ヨリ同宿シ協議ノ上[22]」とあるので随分と話し込んだようだ。三吉慎蔵は藩から事情探索の命を受けており、上京後は伏見薩摩藩邸に入らず寺田屋に宿を取った[23]。ここで起こったのが伏見奉行所役人による捕縛である。宝蔵院流槍術の免許皆伝であった三吉慎蔵は手槍で、龍馬はピストルで応戦した。「此上ハ拙者必死ニ打チ込ン」「最早逃路アラス此處ニテ割腹シ彼レノ手ニ斃ルヲ免ルニ如カス」と早まる三吉慎蔵を龍馬は制止する[24]。古城春樹氏は三吉慎蔵が長州人らしくない、人の意見に耳を傾ける、組織型で謹厳実直な人物であったことが幸いしたと指摘する[25]。

この後、三吉慎蔵との篤い交流は続き、龍馬は同三年五月八日付の書簡で、自分に万一のことがあったときの妻お龍について、国許から迎えが来るまで「尊家に御養置可被遣候よふ[26]」と頼んでいる。それより半年後の近江屋で龍馬は不帰の客となったが、三吉慎蔵は龍馬の願いに応え、「妾於良（お龍のこと――筆者注）ハ遺言ニ因リ十二月十五日慎蔵宅ニ引受ケ同居ス」[27]と龍馬の死後お龍を引き取り、そして明治元（一八六八）年三月に「坂本姉ノ住處ニ護送ス」[28]と土佐に送り届けた。なお、この時に龍馬の遺物として正宗の刀を貰っている。[29]

パトロン・伊藤助太夫

ところで、前述の印藤聿宛書簡に出てくる**伊藤助太夫**とは、下関阿弥陀町に本陣を構えていた赤間関大年寄である。盛正、別名に九三《きゅうぞう》ともいう。この九三という名前は、助太夫が役者のような名前なので、龍馬が九三に改めさせたという。[30]伊藤家は代々下関の本陣を佐甲家と共に交代で務める家柄で、オランダ人の江戸参府の際に宿泊する定宿の一つでもあった。嘉永三（一八五〇）年の最後の江戸参府の際にも宿泊した記録が残っている。

伊藤家はオランダへの関心が並々ならず、伊藤助太夫の実父盛永は商館長ドゥーフよりヘンドリク・ファン・デン・ベルフの名を貰っているようである。[31]また相当数のオランダの器物を収集しており、宿泊の際にはそのオランダの食器を以て接待を行った。[32]一方で風流文雅に通じた家で、助太夫の養父静斎は吉田松陰と交流し、勤王の志も篤かったという。[33]屋敷は部屋数二〇、畳一一〇〇を数え、その他土間や台所等がある広大なものであった。[34]

古城春樹氏の研究によれば、伊藤助太夫と龍馬が会ったのは慶応元（一八六五）年閏五月一日から二十九日の間。伊藤助太夫が長府藩の馬関在番所に月番勤務のため往還する際、龍馬の風貌に感じ入って自宅に下宿させたとの家伝が残る。[35]同年十月十二日付の書簡では、伊藤助太夫と親しく飲んでいる様子が窺える。[36]

伊藤助太夫に送った書簡は約二年半の間に一四通に及び、個人宛の書簡としては最多である。[37]内容も多岐に渡っており、金関係では、同二年十二月二十日付書簡では、溝渕広之丞の旅費について、最低でも八両二分の支払い代行の依頼。[38]同三年四月六日付書簡では八〇〇両の借金のうちの六〇〇両の返済、二〇〇両の継続。[39]同三年五月七日付書簡では、生活費の支払い方法。[40]他に取引について小曾根家清三郎を紹介・推薦した書簡、[41]いろは丸関係の書簡と龍馬周辺の資本関係について書き送っており、[42]それ以外にも消息文が散見される。さらに、龍馬は同二年二月十日にお龍を伴って下関に来た際に、[43]伊藤家の一室を借りて「自然堂」と号しているのである。[44]伊藤助太夫が、龍馬の重要なパトロンであったことは疑いようがない。

このように龍馬にとって長州は、影響を受けた人物あり、戦友あり、妻女を託す人物あり、資金を頼む人物あり、と非常に大きな存在であったと言える。この他にも、維新の元勲である伊藤博文や最初に龍馬と薩長盟約について意見を交換した長州藩士小田村文助や長府藩士時田少輔、龍馬が何度か宿泊している下関の廻船業白石正一郎や長府大年寄山崎屋など、縁のある人物は多い。さらに、龍馬の妻であるお龍の先祖も長州藩士であったこと(45)を考えると、その因縁の深さを改めて感じる。そうしたことも龍馬が長州に深く関与した要因なのかもしれない。

（なお、史料の旧字等は適宜新字に改めた。）

注

（1）「文久元年十一月六日（望月清平日記抄）」日本史籍協会編『坂本龍馬関係文書』一、東京大学出版会、一九八八年、五七頁。

（2）「文久二年正月廿一日（久坂玄瑞ヨリ龍馬ニ托シ武市瑞山ニ贈レル書）」前掲注（1）書、五八頁。

（3）末松謙澄『修訂防長回天史』三（復刻版）マツノ書店、一九九一年、一八八頁。

（4）池田敬正『坂本龍馬』中公新書、一九六五年、四三―四八頁。松浦玲『坂本龍馬』岩波新書、二〇〇八年、一八―一九頁。飛鳥井雅道『坂本龍馬』講談社学術文庫、二〇〇九年、一三四―一四七頁。

（5）「安政五年十一月十八日廿三日（住谷信順廻国日記）」前掲注（1）書、五四―五五頁。

（6）「文久二年三月二十五日（平井収次郎より妹かほへ）」前掲注（1）書、五九―六〇頁。

（7）福本義亮編『松下村塾偉人久坂玄瑞遺稿』誠文堂、一九三四年、三一一頁。
なお、「松下村塾偉人」とするものもあるが、奥付通りに「佛人」を採用した。

（8）松浦玲『坂本龍馬』岩波新書、二〇〇八年、二〇―二一頁。

（9）「慶応二年十二月四日坂本権平、御一同様あて」宮地佐一郎編『坂本龍馬全集』増補四訂版、光風社、一九八八年、一二六―一三八頁。

（10）「高杉晋作扇面遺墨」前掲注（9）書、九六九頁。

（11）「慶応二年二月六日木戸孝允あて」前掲注（9）書、九五―九六頁。

（12）いずれも「慶応二年十二月四日坂本権平、御一同様あて」前掲注（9）書、一二六―一三八頁。

（13）末松謙澄『修訂防長回天史』八（復刻版）マツノ書店、一九九一年、四九〇頁。

（14）前掲注（13）書、四九四―四九五頁。

（15）一坂太郎『高杉晋作』文春新書、二〇〇一年、二一七―二二二頁。

（16）古城春樹「下関と坂本龍馬」京都国立博物館編年　特別展覧会　坂本龍馬生誕一七〇年記念『龍馬の翔けた時代――その生涯と激動の幕末――』京都新聞社、二〇〇五年、二四〇―二四一頁。

（17）同右。

（18）「慶応元年十月十二日印藤肇あて」前掲注（19）書、七三―七九頁。

(19) 小美濃清明『坂本龍馬と竹島開拓』新人物往来社、二〇〇九年、一三―一一七頁。
(20)「慶応三年三月六日印藤肇あて」前掲注(9)書、一七七―一八八頁。
(21)「慶応元年十二月二十九日印藤肇あて」前掲注(9)書、八四―八七頁。
(22)「三吉慎蔵日記抄」日本史籍協会編『坂本龍馬関係文書』二、北泉社、一九九六年、一〇三頁。
(23) 川田雪山「千里駒後日譚」前掲注(9)書、五三九―五四一頁。
(24)「三吉慎蔵日記抄」前掲注(22)書、一〇六―一〇九頁。
(25) 古城春樹、前掲注(16)論文、二四一―二四二頁。
(26)「慶応三年五月八日三吉慎蔵あて」前掲注(9)書、二一二―二一四頁。
(27)「三吉慎蔵日記抄」前掲注(22)書、一一四頁。
(28) 同右。
(29) 同右。
(30)「慶応三年一月十七日伊藤助太夫あて」前掲注(9)書、一六二頁。
(31) J. H. Levijssohn 著片桐一男訳『レフィスゾーン 江戸参府日記』新異国叢書第Ⅲ輯六、雄松堂、二〇〇三年、一六―一九頁。
清永只夫「明治維新と伊藤家」下関市立博物館編『赤間関本陣伊藤家~海峡人物往来』郷土の歴史を守る会、一九九一年、四九―五二頁。
(32) 片桐一男『江戸のオランダ人』中公新書、二〇〇〇年、二四六―二六一頁。
(33)「長府と坂本龍馬」前掲注(9)書、八七〇―八七一頁。
(34) 新人物往来社編『坂本龍馬大事典コンパクト版』新人物往来社、二〇〇一年、二七頁。
(35) 前掲注(16)論文、二四五―二四七頁。
(36)「慶応元年十月十二日印藤肇あて」前掲注(9)書、七三―七九頁。
(37)「慶応二年十二月二十日伊藤助太夫あて」前掲注(9)書、一五四頁。
(38)「慶応二年十二月二十日伊藤助太夫あて」前掲注(9)書、一五二―一五四頁。
(39)「慶応三年四月六日伊藤助太夫あて」前掲注(9)書、一九五―一九六頁。
(40)「慶応三年五月七日伊藤助太夫あて」前掲注(9)書、二一〇―二一一頁。
(41)「慶応三年五月二十八日伊藤助太夫あて」前掲注(9)書、二三〇―二三三頁。
(42)「慶応三年五月七日伊藤助太夫あて」他二通、前掲注(9)書、二〇八―二一一、二二一頁。
(43) 松浦玲『坂本龍馬』岩波新書、二〇〇八年、二〇九頁。
(44) 前掲注(16)論文、二四五―二四七頁。
(45) 一坂太郎『わが夫 坂本龍馬 おりょう聞書き』朝日新書、二〇〇九年、一八一―一九一頁。

亀山社中・海援隊——近藤長次郎／長岡謙吉／中島作太郎／陸奥宗光

濱口裕介
Hamaguchi Yusuke

さまざまな経験が結集

坂本龍馬とその同志たちが集った亀山社中は、慶応元（一八六五）年に生まれた。きっかけは、勝海舟の肝いりで設置された神戸海軍操練所が閉鎖され、それとともに勝が私的に開いていた海軍塾も閉鎖されてしまったことである。勝の塾に集まっていた龍馬はじめ浪士たちは、彼らの航海術を高く買った薩摩藩の受け入れるところとなった。その後、彼らは長崎に亀山社中という結社をつくり、薩摩藩を助けて運輸・通商に従事することになるのである。もっとも、当時は亀山社中といわず、単に「社中」と称したらしい。

こうして勝の海軍塾から薩摩藩の庇護下に移った者たちが、亀山社中とその後身たる海援隊の中心メンバーとなった。それは龍馬のほか、同じ土佐藩出身の**近藤長次郎**・千屋《ちや》寅之助《とらのすけ》・高松太郎・新宮馬之助《しんぐううまのすけ》・沢村惣《さわむらそう》之丞《のじょう》の六名であった。さらに、白峰駿馬《しらみねしゅんめ》・陸奥源二郎ら社中創設には立ち会わなかった勝塾出身者たちも追って加入し、さらに勝塾出身でない池内蔵太・小谷耕蔵・黒木小太郎・**長岡謙吉**・**中島作太郎**ら数名も加わった[1]。

亀山社中発足の前後、龍馬はすでに薩長両藩の提携に向けて飛び回っていた。そのため、実際に社中の立ち上げに中心的な役割を果たしたのは、近藤長次郎だったと考えられる。彼は高知城下の饅頭屋の子に生まれながら、河田小龍《かわだしょうりょう》や高島秋帆《たかしましゅうはん》など高名な師のもとで研鑽を積み、藩士に取り立てられた苦学の人である。社中の活動でよく知られているのは、龍馬を助けて薩長両藩の提携を促進したことだが、ここでも近藤は顕著な働きをしている。薩摩藩名義で蒸気船ユニオン号を購入し、長州藩に提供するという困難な交渉をまとめ上げ、その功を認められて長州藩主毛利敬親《たかちか》、薩摩藩国父島津久光にも謁見を果たしたのだ。

ところが、のちにユニオン号は薩長両藩の紛争の種となってしまい、さらにその直後、社中の得た資金で密かにイギリス留学を企てたとして、近藤は自刃させられたという。

慶応三年四月には、後藤象二郎や福岡藤次の尽力により龍馬は土佐藩から脱藩の罪を許され、同時に海援隊の隊長に任ぜられる。これにより、薩摩藩の庇護下にあった亀山社中は、そのまま土佐藩の海援隊へと生まれ変わった。海援隊発足時の隊士は社中時代からの一六名。

近藤長次郎（1838-1866）
（個人所蔵）

こののち吉井源馬・佐々木栄ら数名が加入したことが知られ、龍馬生存中に隊士となった人数は、およそ三〇名。他に専属の水主・火夫らも含めると、五〇人（お龍の回想によれば、六、七〇人）ほどの規模だったという。(2)

ところで、彼ら海援隊に集った面々は、どのような経歴の持ち主だったのであろうか。隊則である「海援隊約規」の第一条には、「凡《およそ》嘗《かつ》テ本藩ヲ脱スル者及佗（他）藩ヲ脱スル者、海外ノ志アル者此隊ニ入ル」とある。(3) すなわち脱藩者でかつ「海外ノ志」があれば、どこの出身であろうと受け入れるのである。じじつ土佐藩以外の出身者も少なくない。

また、「約規」は、隊士には「政法、火技（砲術）、航海、瀛機《きき》、語学等」を修得することを求めており、隊について「がくもんじよナリ」と記している龍馬の書簡すらある。(4)「海外ノ志」を資格に掲げるだけあって、彼らは欧米の言語・技術・事情の学習者なのだ。もちろん海援隊の中心となった面々は勝塾で航海術や語学を学んだであろう。さらに、彼ら以上に本格的に洋学を修業したと思われる者もいる。たとえば長崎海軍伝習に参加し咸臨丸での渡米経験も有していた佐柳高次《さなぎこうじ》、緒方洪庵のもとで医学修業を積んだ石田英吉、後述の長岡謙吉など。修業

長岡謙吉（1834-1872）
（個人所蔵）

の経験以上のことはなかなか分からないものの、全体的に知的レベルの高い集団だったことがうかがえる。

蝦夷地の開拓を構想

次に、海援隊の活動内容について見てみよう。「約規」によれば、海援隊の任務は「運輸、射利、開拓（開拓）、投機、本藩（土佐藩）ノ応援」である。[5] 最初に「運輸」とあるのはもちろん海上輸送であり、「射利」すなわち商売や「開拓」も艦船を使えることが前提にある。ところが、彼らが自前の船を自由に運用できる機会はなかなか訪れない。彼らが目指すところを達成するのは、非常な困難をともなったのである。

たとえば、約規のいう「開拓」について見てみよう。龍馬は、勝塾に学んだ神戸時代以来、浪士たちを率いての蝦夷地開発を常に思い描いていた。しかし、はじめ蝦夷地渡航に利用しようとした大極丸は何らかの事情で運用できなくなったらしい。次に、大洲藩から借り受けたいろは丸も蝦夷地行に使おうとしたらしいが、同艦が瀬戸内海に沈没する運命をたどったのは周知のとおりである。それでもあきらめず、龍馬は慶応三年一〇月、大政奉還を実現した直後の多忙な中にあってもなお、薩摩藩海軍に雇われていた林謙三（安保清康）とともに蝦夷地の件について協議している。林は備後国出身の英学者であり、のちに明治新政府の海軍創設に尽力する人物である。彼は海援隊に入って龍馬の語る蝦夷地開発に従事しようとしたものと見えるが、わずか数日後に訪れた龍馬の突然の死により、林の入隊、海援隊の蝦夷地渡航とも幻と消えてしまう。[6] 海援隊は、「開拓」についてはついに結果を残せなかったようだ。あいつぐ艦船の喪失のために活動は基盤が非常に不安定であり、苦難の連続であった。

商業活動の近代化はかる

活動期間が短い事情もあるゆえ、このように海援隊のめざした活動の成果を評価することは難しい。だが一方で、次のような企画や構想があったことにも注目しておきたい。

一つは、「射利」すなわち商業活動である。海援隊は丹後国田辺藩との間で「商法」の契約を結び、長崎で国産品の売買に当たっていた。仙台藩との間にも同様の契約を結ぶ計画があったという。海援隊でこの方面を担当して才を発揮したのは、陸奥源二郎である。

陸奥は、のちの外務大臣陸奥宗光である。紀州藩士の子として生まれたが、藩内の抗争の結果父が失脚し、一家は流浪する。その後、陸奥は江戸の昌平黌に学ぶが、脱藩して勝の海軍塾、ついで亀山社中に入った。慶応二年五月には、帆船の航海術を学ぶために上海に渡航していたともいう（寺島宗則の言）。陸奥は年少ながらありあまる才気ゆえ他の隊士と折り合いが悪く、独自の行動を取っていたようである。

陸奥はさらに隊の商業活動の近代化と拡張をはかるべく、慶応三年九月、龍馬に「商法の愚案」と題する意見書を提出している。その趣旨は、第一に外国人を相手にする機会に備えて商品の海上輸送保険を創設すること。

陸奥宗光
（1844-1897）

第二に西洋の「商社」のごとき組織を長崎に設立して商業専門の隊士を任命し、取引先の拡大に努めること。第三に商売は船長の自由裁量とし、売上から上納金を隊に収めること[7]。陸奥は欧米と日本の商習慣を比較・検討した上でこれらを提言しており、ここには彼の近代資本主義社会への洞察が遺憾なく発揮されている。陸奥を高く買っていた龍馬は、恐らくこの構想を支持したであろう。海援隊がいま少し存続できれば、近代的経営を導入したさきがけとして歴史に名を残したのではあるまいか。

民主的な新国家像

もう一つは、出版事業である。「約規」には出版についてうたわれていないが、『和英通韻伊呂波便覧』という和英辞典と、長岡謙吉が著した宗教論である『閑愁録』の二点の書が海援隊蔵版として知られている。このほか、隊の解散後に出版された政治論である『藩論』も、長岡かまたは彼を中心とする隊士らの作と考えられる。

長岡謙吉は、高知城下の医師長岡孝順の子で、龍馬は遠縁の親戚でかつ同じ河田小龍の門人ゆえ、長年の知己であったと考えられる。脱藩して長崎に赴き、蘭方医二宮敬作に西洋医学を学び、さらに長崎に再度の来航を果たした二宮の師シーボルトにも学ぶ機会があったという。いちどは脱藩の罪で捕らえられるも再び脱藩してまたも長崎に出、さらに上海や箱館、横浜などを遊歴したという。その後亀山社中・海援隊に入るが、ここでは「文司」を務めており、「船中八策」をまとめたのも長岡である。このような経歴から、隊中でも最高の教養人と考えられている。[8]

長岡の『藩論』は藩政改革を論じるかたちをとりながら、「天下ヲ治メ国家を理《おさ》ムルノ権ハ、唯人心ノ向フ処ニ帰スベシ」[9]とする主権在民論、藩主と藩士・領民間で契約関係を結ぶこと、身分を越えた選挙による人材登用など、きわめて民主的な新国家像を説いており、長岡はじめ海援隊士らの西洋事情研究が結実したものとして注目される。[10]これは、浪士という幕藩制から距離を置いた立場にあり、かつ西洋の政治制度を学習できる環境にあった海援隊だからこそ描けた新国家像といえるのではないだろうか。もっとも、残念ながらここに現れた思想が、その後の日本でどのように継承されたかという点は詳らかでない。

海援隊は幕末に多くみられた浪士結社の一つであるが、右に見たごとくその活動内容は独特かつ先進的な試みに満ちている。龍馬という個性的な指導者の死を機にその短い時代を終えたため、種々の活動も具体的な成果を見る前に中断してしまったものの、これらは幕末という転換期の持っていた様々な可能性を提示したものということができるのではないだろうか。

注

(1) 菊地明『坂本龍馬進化論』新人物往来社、二〇〇二年、一〇二～一一三、二〇一～二〇九頁。
(2) 松岡司『定本坂本龍馬伝』新人物往来社、二〇〇三年、五四八～五五一頁。
(3) 宮地佐一郎『龍馬の手紙』講談社学術文庫、二〇〇三年。五八三頁。
(4) 前掲『龍馬の手紙』三五〇、五八五頁。
(5) 前掲『龍馬の手紙』五八三頁。
(6) 松浦玲『坂本龍馬』岩波新書、二〇〇八年、一八一～一八三頁。
(7) 『萩原延壽集』二　陸奥宗光　上巻、朝日新聞社、二〇〇七年、一八〇～一八三頁。
(8) 山田一郎『海援隊遺文』新潮社、一九九一年、二八四頁。
(9) 江村栄一校注『日本近代思想大系九　憲法構想』岩波書店、一九八九年。
(10) 関家新助『近代日本の反権力思想』法律文化社、一九八六年、五～九頁。

いろは丸事件関係者——国島六左衛門／高柳楠之助／岩橋轍輔

濱口裕介
Hamaguchi Yusuke

大洲藩の蒸気船購入

慶応二（一八六六）年八月、大洲《おおず》藩士の国島六左衛門《くにしまろくざえもん》は、同藩士井上将策とともに長崎に赴いた。国島は名を紹徳といい、百石五人扶持の郡中郡奉行である。心極流・正木流・荻野流の砲術を修行した経験から、藩の参政たちの命で小銃を購入しに来たのだった。

ところが、長崎に着いた国島はここで坂本龍馬に出会い、小銃ではなく蒸気船の購入を強く勧められる。国島も意を決し、薩摩藩士五代才助《ごだいさいすけ》の周旋を得て、オランダ領事にしてオランダ貿易会社の代表ボードウァン Albert J. Bauduin から蒸気船を買い求めた。

そもそもこの船は、文久二（一八六二）年に薩摩藩が購入したサラ（Sarah）号という船だった。同藩はこれを安行丸と名付け運用していたが、慶応元年にボードウァンに売却。これをさらに国島が購入することになったわけである。引き渡しに当たって、国島とボードウァンらはこの艦を「いろは丸」と命名。蒸気船購入には藩庁の裁可が必要であり、国島はそれを得ていなかったため、薩摩藩の名義を使わせてもらった(1)。

ただし、通説では右のようにいわれるものの、大洲藩の関係史料には龍馬の名は出てこない。龍馬の関与はなく、また国島の目的はもともと蒸気船の購入だった可能性がある(2)。いずれにせよ大洲藩ははじめて蒸気船を手にした。ところが、いろは丸の代金を支払うための金策が不調だったためであろうか、国島はのちに長崎で遺書も残さず自ら命を絶ってしまう。

さて翌九月、いろは丸ははじめて国元大洲へ向かう

いろは丸（絵画）
（村上恒夫氏寄託）

が、この航海では亀山社中の面々が乗り込んで運用に当たった。一一月には正式に大洲藩の持船と認められ、藩士たちが乗組員に任じられるに至る。船将は松田六郎・玉井俊治郎。国島とともにいろは丸の購入に当たった井上将策《しょうさく》も、二等士官として乗り込むことになった。ところが、その後も亀山社中から橋本久《きゅう》太夫《だゆう》・山本謙吉・柴田八兵衛が運用方・機関方として乗り組んだようだ。大洲藩は、船はあってもそれを運用する人材に欠けていたものと思われる。

いろは丸事件

結局、土佐藩の後藤象二郎が大洲藩側と交渉し、翌三年四月八日、亀山社中をもとに新たに発足した海援隊に対していろは丸は貸し出されることになった。同月一九日、海援隊が借り受けたいろは丸は、大坂までの物資・人員輸送を目的として長崎を出港する。乗組員は隊長の坂本龍馬のほか、船長の小谷耕蔵、文司の長岡謙吉ら。海援隊の初仕事として隊長の龍馬が乗り込んだが、実はこれは龍馬自身が航海を指揮した希有な例である。

ところが、四日後の二三日深夜、讃岐国の三崎半島沖

において、同艦と明光丸とが衝突する事故が起こってしまう。相手の明光丸は紀州藩船で、いろは丸の五倍もある蒸気船である。衝突後いったん明光丸はいろは丸から離れるも、操船の未熟さゆえか再びいろは丸に衝突、大破させてしまう。その後、明光丸はいろは丸を曳航することになったものの、ややあって結局いろは丸は積み荷もろとも海の底へと沈むという最悪の事態となった。

明光丸は翌二四日、いろは丸の乗組員や乗客を乗せて備後国鞆の津に入港し、ここで両者の談判がなされた。明光丸側で交渉に立ったのは、船長の高柳楠之助。紀州藩付家老（田辺城主）安藤家の家臣で、名は致知《むねとも》という。安政二（一八五五）年一一月、蘭方医の大家伊東玄朴に入門し、のちその塾長をつとめたという。さらに箱館（箱館奉行所の諸術調所か）で前島密とともに英学・航海術を修めた。明治以後は、陸軍教導団教官などを長く務めている。

明光丸の事故に対する責任を追及する龍馬らに対し、蒸気船購入をめぐる紛議を抱えており、解決のため一刻も早く長崎に出発したい高柳ら明光丸側。両者の交渉は埒があかず、ついには破談となった。道を急ぐ紀州藩士らは明光丸で二七日に出港。長崎で諸外国での先例をもとに改めて談判をすることとなった。鞆に取り残された龍馬らは、怒りをたぎらせた。

事故の賠償交渉

その長崎において事故をめぐる談判が始まったのは、五月一五日のことだった。土佐藩側は、海援隊から龍馬・小谷・長岡らいろは丸乗組員八名、さらに土佐商会から二人が出席。一方の紀州藩側も、明光丸乗組員が顔をそろえた。船長の高柳のほか長崎製鉄所で「器械術」を学んだ岡本覚十郎、塩飽島の出身で勝海舟の門人長尾元右衛門ら一一名である。

論議はまず、双方の航海日誌を交換し、衝突回避のため両艦がとった動作について確認するところから始まった。しかし、いろは丸側は衝突時に明光丸の甲板に士官がいなかった点、対して明光丸側はいろは丸が舷灯を点けていなかった点を訴え、事実の確認すらままならない。両者の言い分が対立して事故原因の究明は進まなかった。

そこで、二二日には双方の藩重役が出席しての談判となり、藩どうしの直接対決の様相を呈した。土佐藩海援隊側に立ったのは大監察の後藤象二郎であり、紀州藩明光丸側は勘定奉行の茂田一次郎。席上、龍馬や後藤は停泊中の英国軍艦に諸外国の判例を尋ね、それを参考に裁決することを提案し、紀州藩側もこれを了承した。こうして、後日双方から人を出して英艦を訪問することになった。これを受けてのことであろう、明光丸船長の高柳は密かに航海日誌および海援隊との応接筆記とを英訳し、事前に英艦の艦長に過失の如何を問い合わせている。英艦訪問の際、これが明光丸に有利な材料となる可能性もあった。

ところが、このあと茂田は土佐藩側と約した英艦訪問を拒み、薩摩藩士五代才助に調停を依頼する。紀州藩の戦争も辞せずという強硬な態度を崩さぬ土佐藩側を前に、早急に和解する必要を感じたものであろうか。だが、いろは丸を周旋した当事者であった五代が海援隊に不利な裁定をするはずがなく、結果、紀州藩は八万三〇〇〇両もの賠償金を支払うことになってしまった。交渉は茂田の専断ゆえ、高柳の手回しは報われなかったようである。

現代では、そもそもこの衝突事件において、いろは丸側にも過失のあったことが通説となっている(3)。しかも、賠償額の設定に当たり問題となったいろは丸の積み荷について、龍馬は交渉の席上、小銃を積んでいたと主張しているが、これは極めて疑わしい(4)。証拠のないのをよいことに、賠償金の水増しを図ったのではないか。当然、紀州藩側でもこうした点を疑っていたはずである。にもかかわらず、一方的に責任を押し付けられ巨額の賠償金を負うことになった同藩では、この処分について不満の声が上がった。その結果、交渉に当たった茂田は蟄居謹慎を命じられ、土佐藩に対して再度の交渉を申し入れることになった(5)。

再交渉による賠償金の減額

紀州藩が新たに白羽の矢を立てたのは、岩橋轍輔《てつすけ》という人物。紀州藩儒岩橋藤蔵《とうぞう》(柳窓《りゅうそう》)の次男である。龍馬の師である勝海舟と親交があり、文久年間にはたびたび勝を訪れている。また、元治元(一八六四)年には、藩の普請奉行に任じられた。明治期には大蔵省に出仕し、のち銀行家に転身。また失業士族のため北海道の開墾事業も計画している。

再交渉を命じられた岩橋は、まず横浜と江戸に足を運び、駐在の外国人たちや勝海舟に事件についての意見を求めた。その上で、岩橋は談判に臨むべく長崎に赴く。しかしながら、このころ肝心の龍馬や後藤は京都で大政奉還の実現に力を注いでいる最中であったため、代わって対応したのは、海援隊士中島作太郎（信行）である。

こうして一一月から翌月にかけて、中島と岩橋との間で交渉が持たれた。岩橋は前回の談判において理非を糺すことなく賠償を約したことを問題とし、西洋の「法規公法」の如何を「各国海軍提督」に問い合わせた上で賠償について決すべきである、と主張した。前回土佐藩から提案した英艦訪問を、「各国」に広げて持ち出したのである。これに対し中島は、両藩の重役が談合した結果はもう出ているとし、賠償金の額についての論議のみを受け付ける姿勢でこれを突っぱねた。大政奉還の直後という政情の中で、「区々の小事に汲々する時にあらず」という中島の説得もあり、結局のところ岩橋もこれを受諾したようだ。

しかし岩橋は、今度は賠償金を減額させることに知恵を振り絞り、いろは丸の売り主でありまだ船の代金を回収しきれていないボードウァンとの直接交渉に当たったようである。その結果、八万三〇〇〇両の賠償金を七万両へと、一万三〇〇〇両もの減額に成功した。こうして賠償金は土佐藩側に支払われ、さらに同藩から船を失った大洲藩に最終的に四万二五〇〇両が支払われている[6]。

かつてこの事件は、「万国公法」すなわち先行する欧米の法規を駆使したことによる龍馬の勝利と見られがちであった。確かに交渉に「万国公法」を持ち出したのは龍馬であるが、欧米の先例を学ぼうとした高柳や岩橋の動きを見れば分かるとおり、それは交渉の進め方しだいで双方にとって武器となりうるものだった。衝突の原因は双方にあったものの、交渉の巧みさと押しの強さで一枚も二枚も上手だった土佐藩側が勝利した、というのが実態といえそうだ。

注

(1) 森本繁『坂本龍馬　いろは丸事件の謎を解く』新人物往来社、一九九〇年、一五二〜一五三頁。
(2) 澄田恭一『大洲・内子を掘る』アトラス出版、二〇〇七年、二四三〜二六二頁。
(3) 前掲『坂本龍馬　いろは丸事件の謎を解く』一八四〜一八六頁。山田一郎『海援隊遺文』新潮社、一九九一年、三二四〜三三〇頁。
(4) 吉崎伸「いろは丸の水中考古学調査」『坂本龍馬といろは丸事件』福山市鞆の浦歴史民俗資料館ほか、二〇〇八年。
(5) 以下、織田毅「再考・いろは丸事件」新人物往来社編・発行『共同研究・坂本龍馬』一九九七年、二五五〜二八九頁。
(6) 前掲『大洲・内子を掘る』二五八頁。

福 井——小曽根乾堂・英四郎／腰越次郎／小谷耕蔵／山本龍二

塚越俊志
Tsukagoshi Toshiyuki

海援隊と福井藩

主に海援隊に加わった福井藩士と龍馬との関係について見ていくこととする。

まず、海援隊の拠点として使用されていたのが、長州藩取引商人であり、福井藩御用商人を勤めていた小曽根《こそね》乾堂《けんどう》の弟小曽根英四郎の屋敷であった。乾堂は、篆刻《てんこく》家《か》・書家としても有名な長崎の人物である。長崎浪ノ平海岸地域を請け負い、埋め立て、小曽根町を造築・外国人居留地とした。龍馬は海援隊の拠点とした英四郎邸へ妻お龍を月琴修業として預けている。乾堂も、弟英四郎と同様龍馬への援助と協力を惜しまなかった。篆刻家と知られた乾堂は、明治四（一八七一）年五月、天皇御璽《ぎょじ》と日本国璽を篆刻したことでも知られている。

乾堂は「龍馬精神海鶴姿」の書幅を残している。この書幅は「龍」と「馬」の子という架空の動物である「龍馬」に坂本龍馬を重ね、更に「海鶴」と「改革」の音を重ねている[1]ものである。この書幅は、福井藩士で、長崎で航海術を学んだ門野成美に贈られたものと見られている。

弟の英四郎は、龍馬が慶応二（一八六六）年に下関町医者で報国隊員森玄道と下関阿弥陀町の本陣作配役伊藤助太夫に宛てた書簡によると、この頃、下関で拘束されていた。八月頃、英四郎は所用で大坂へ出かけ、帰郷する時大坂町奉行から長崎奉行への手紙を委託されている。これが下関寄港の際、長州藩の検視役に発見され拘束されていた。「悪心これなきことは、これをもって御察し遣はさるべく」[2]と憂慮し、英四郎を解放してもらうために、龍馬はすぐに千屋寅之助を下関へ遣わした。龍馬は千屋で埒があかない場合は薩摩人を遣わすとも書き添えた。

この後、英四郎はプロシア人チョルチーから船を購入する時の請負人となっているから、無事に救助されたことがうかがえる。

続いて海援隊士に加わった福井藩士達の動向を見てみよう。まず、最初に腰越次郎（後の大山董）は、大山壮太郎・渡辺剛八・柴田八兵衛と名乗っていた時もある。龍馬不在の時は、土佐藩士千屋寅之助と共にリーダー格として働いた。

慶応二年七月にいろは丸の乗員として大洲藩に出向しており、いろは丸事件の際には機関員として乗船し、小谷耕蔵と共に水夫らの明光丸移乗を誘導する。鞆の浦での談判では紀州側の態度に怒り、讃岐藩士佐柳高次と共に脱隊を願い出て、斬り込もうとしたが、龍馬に止められている。龍馬の遭難を佐々木高行から知らされた時には激昂し、仇討ちのため単身上洛しようとして佐々木に制止されている。翌年一月には、長崎奉行所の選挙に参加し、四月には千屋寅之助と楢崎君江の仲人を務め、海援隊解散後は、振遠隊幹部として戊辰戦争に参加している。

次に、小谷耕蔵について見てみよう。彼は慶応二年二月まで社中に加わり、引き続き海援隊士となる。佐幕論者だったため、ほとんどが討幕派である同志と激論になることが多く、彼らより除隊させるよう求められた龍馬は、「隊中唯一の佐幕の士を同化するあたわずして、また何をかなさんや」と諭して在隊を許し、その後、小谷は一層龍馬に心服したという。いろは丸事件の際には船長を務め、鞆の浦や長崎での紀州藩との談判にも出席している。

最後に、山本龍二（関義臣）について見てみたい。彼は福井藩家老本多家家臣山本房勝の子で、藩校明道館に学んだ。横井小楠の開国論に傾倒したが、勤皇の趣旨に相違があって対立したという。三岡八郎（後の由利公正）とも生涯敵対している。海援隊士となるが、客員としての立場をとった。主家本多家の華族加列問題に端を発した「武生騒動」に連座している。大政奉還原案進言者の一人でもあり、明治になって、男爵を授かっている。

山本はこの前後、慶応四年一月、三岡に罵倒されて京都福井藩邸を去り、土佐の後藤象二郎方に仮寓した。その後も後藤に版籍奉還の建白を行う等の親交を深めた。明治期に、山本は名字を関と改めて詠んだ歌集『秋聲窓詠草鈔』には、詞書「坂本龍馬・後藤象二郎とかねて密談せし結果のうれしさに」、和歌「いく年かつらき憂き目を忍ひしもやかてうれしき時は来ぬへし」という歌が残っているが、これは龍馬や後藤と出会った喜びと、福井藩での不遇な立場を素直に詠んだものである。(3)

いろは丸事件

ここで、福井藩士も関わった大きな事件、いろは丸事件について触れておきたい。慶応三年四月一九日夜、いろは丸は長崎を出航した。この時の乗組員は船長福井藩士小谷耕蔵、讃岐藩士佐柳高次、土佐藩士石田英吉、福井藩士渡辺剛八、越後藩士橋本久太夫、福井藩士腰越次郎、土佐藩士山本洪堂、土佐藩士中島作太郎、土佐藩士長岡謙吉の九人(内福井藩士は三人)であった。彼等は同二三日午後一一時頃、濃霧の中を讃岐箱ノ崎の沖に達した。その時、長崎に向う途中の紀州藩船明光丸が突如出現し、いろは丸の右舷に衝突した。明光丸の八八〇トンに対して、わずか一六〇トンのいろは丸は浸水し、これを見た明光丸の乗組員は救援のために接舷を試みたが、再び船腹に衝突してしまう。

龍馬は乗組員を明光丸に乗り移させると、船長の高柳楠之助に貨物の保全のため、いろは丸の曳航を依頼して備後鞆ノ浦へ向かったが、途中で風浪のためいろは丸は沈没してしまった。

いろは丸沈没をめぐる談判は長崎では五月一五日から始まった。土佐側は海援隊隊長龍馬、いろは丸船長小谷、文司長岡ら八名である。紀州藩は船長高柳ら一一名。まず双方の航海日誌を交換した。ところが両船の進行方向が食い違っており、衝突回避運動の是非を言うための出発点が一致しないし、舷灯の有無や色についても食い違っている。翌日の会談を経て、龍馬は、当方有利の感覚を得た。二二日は、土佐藩から後藤象二郎、紀州藩からは勘定奉行の茂田一次郎による談判が行われた。事件当事者もこれに加わり、最終的には薩摩藩から五代才助(後の友厚)仲介として事件は土佐藩側勝利で終わり、敗れた紀州藩は茂田の切腹は免れたものの、御役御免逼塞の処分を受けた。

五月二九日、小谷、渡辺宛に事件の経過が報告された。

それによると、「先頃いろは丸が紀州軍艦と衝突し、ついに沈没となったので、薩州の五代才助が紀州の内意によってたびたび後藤に謝罪し、何分薩州に対しやむを得ない理由もありますので、ひとまず五代の言うことに任せたところ、今日紀州の艦長が、後藤のもとへ来て、重々謝罪をしてきたので、許しました。もっとも、船貨公物並びに水夫・旅人手廻りの品にいたるまで、一切償金が相立て定められます。此の条は、官長から申し聞かされますので、掛け合ってください(4)」と報告されている。事件そのものは土佐藩が解決したため、福井藩の小谷らは、間接的に談判の報告を聞く以外に方法はなかったのである。

関義臣による龍馬の評価

ここで、関の海援隊に関する記録を見ていこう。関は海援隊に加わった理由として「今、天下に我々と、志の合する者は坂本龍馬の外にあるまい(5)」と述べ、この想いで龍馬に会いに行ったのである。関の意見書を貰った龍馬は「北国の奇男子、徹頭徹尾、我と同意見なり、爾後、我に一臂《いっぴ》の力を添えよ(6)」と言って、関に協力を求めたという。

関が海援隊の一員となり、龍馬の部下に属したのが、慶応二年であると回想している。この時に、後藤と関は接触したのである。海援隊や陸援隊を組織したことについて、関は「意気ごみは素晴らしいもので、国家を思う熱血は、沸き返って居る(7)」と良い評価を与えている。

海援隊に所属してからの龍馬像を「坂本は、単に志士論客を以て、見るべき人物ではない。又、頗る経済的手腕に富み、百方、金策に従事し、資本を募集して、汽船、帆船を買い求め、航海術を、実地に演習の傍ら、他の商人の荷物を運搬し、其の賃金に依って、ほぼ同志の生活費を産出することができた。全く龍馬は、才物である(8)」と龍馬の商才に驚愕している。

その一方で、龍馬は部下を制することもうまいし、流行歌を歌ったりなど、人を惹きつける魅力がたくさんあることを語っている。

また、岩崎弥太郎についても、「隊の会計を司っていたが、後、三菱会社を興したのも、矢張、此の海援隊が、基になったのである(9)」と語っているが、これは妥当な評価であろう。

慶応三年一一月二二日、関のもとを訪れた渡辺から「坂本が、幕府の刺客の為に僵《や》られた[10]」と龍馬暗殺の情報を同じ福井藩士渡辺剛八から聞き知っている。この時の心情を関は「無念痛恨、遺る方なく、落涙を禁じえなかった。嗚呼、天道は是乎非乎、龍馬の如き、絶代の英傑を、其志業、半ばに亡すとは、如何にも無情ではないか[11]」と語っている。犯人は、「紀藩、三浦久太郎の使嗾《しそう》に出でたるもので、新徴組、近藤勇、土方歳三、近藤門生沖田総二郎だ[12]」という情報を得ている。

　以上、見てきたように龍馬と海援隊に関わった福井藩関係者との関係は極めて良好であっただけでなく、お互いを信頼していた。全員の記録が龍馬側にも福井藩側にもあるわけではないので、福井藩関係者全ての様子をうかがうことはできないが、それでも海援隊の中でそれぞれが重要な役割を担っていたと見られる。

　福井藩は松平春嶽を中心とした藩の中枢部だけではなく、藩を離れた彼等の存在があったからこそ、幕末維新期に一定の影響力を持てたのではなかろうか。

注

（1）福井市立郷土歴史博物館平成十六年展示図録『天下の事成就せり——福井藩と坂本龍馬』四九、九四頁による。
（2）宮地佐一郎『龍馬の手紙』講談社学術文庫、二〇〇三年、二一二—二一三頁。
（3）前掲、『天下の事成就せり——福井藩と坂本龍馬』六六、九八頁。
（4）前掲、『龍馬の手紙』三八一頁。
（5）「海援隊の回顧」（関義臣懐旧録）平尾道雄監修『坂本龍馬全集（増補改訂版全一巻）』光風社、一九八〇年、九一二頁。
（6）前掲、「海援隊の回顧」（関義臣懐旧録）、九一三頁。
（7）前掲、「海援隊の回顧」（関義臣懐旧録）、九一四頁。
（8）前掲、「海援隊の回顧」（関義臣懐旧録）、九一四頁。
（9）前掲、「海援隊の回顧」（関義臣懐旧録）、九一四頁。
（10）前掲、「海援隊の回顧」（関義臣懐旧録）、九一九頁。
（11）前掲、「海援隊の回顧」（関義臣懐旧録）、九二〇頁。
（12）前掲、「海援隊の回顧」（関義臣懐旧録）、九二〇頁。

長崎と外国人――大浦慶／トーマス・グラバー／アーネスト・サトウ／浜田彦蔵

濱口裕介
Hamaguchi Yusuke

亀山社中・海援隊の本拠地

安政六（一八五九）年六月二日、幕府が欧米と結んだ通商条約の規定により、長崎は各国に対して開港された。この港は江戸時代に最も重視された海外との窓口だったが、従来の通商は、幕府の監督のもとでの会所交易に限って行われていた。しかし、この幕末の開港を機に、西南雄藩や民間の商人が西洋諸国との貿易に加わり、長崎は国内外の物流の結節点として発展し始めたのである。

右のような背景のもとで、亀山社中やその後身である海援隊の本拠はここ長崎に置かれた。輸送と通商を任務とする彼らの活動にはまず西洋式の艦船が必要であり、それを外国商人から入手できる地こそ長崎であった。加えて各地の藩士や商人、欧米の商人らが集まり、彼らのもたらす物と情報とが集積されるこの地は、彼らの活動の上でこの上なく都合のよい地だったのであろう。

しかしながら、亀山社中・海援隊の活動は、経済的には常に苦境に立たされていた。その彼らが活動を続けることができたのは、長崎の商人たちの物心両面の支えがあったためといわれる。

亀山社中・海援隊の本拠が置かれたのは、豪商小曽根家の別邸である。当時の当主乾堂《けんどう》は、小曽根家中興の祖となった六左衛門の長男であり、著名な書家・篆刻家でもあった。六左衛門・乾堂の父子は、越前藩主松平春嶽に貿易振興や西洋砲術の導入を説き、また長崎開港に備

長崎・出島（絵画）
シーボルト『日本』所収

えて国内外の物流に介在しようと試みるなど、時勢を見据えた活動のめだつことも注目される。また、小曽根家は龍馬の師勝海舟ともつきあいがあり、勝の子梅太郎の世話もしていた[1]。勝とのつながりをつうじて、社中の創設に協力したものだろうか。

さらに、当主の乾堂以上に龍馬と深いつながりを有していたのが、彼の末弟（四男）英四郎である。龍馬の英四郎への信頼のほどは、慶応二年六月から翌年にかけて龍馬が妻お龍を彼のもとに預けているところからも十分に察せられる。いっぽう、同二年七月には英四郎が下関に拘留されてしまう事件があったが、このとき龍馬たちは英四郎の解放を長州藩に働きかけている。この一件に恩を感じたであろう英四郎は、社中が大極丸を買う際には「請人」（保証人）となり、さらには海援隊が借用していたいろは丸にも「簿《ぼ》籌《ちゅう》官」（会計官）として乗り組んだ。乾堂から家業である質屋を継いだのちも海援隊と行動をともにしており、よほど彼らの活動に共鳴したのであろうことが察せられる。それゆえ、英四郎を海援隊士に数える向きもある[2]。

他に龍馬たちを支えた商人としては、**大浦慶《けい》**という女性の存在も知られている。彼女は、嘉永六（一八五三）年から欧米各国への茶の輸出を始め、これに成功した茶貿易の先駆者であった。慶も海援隊を支援し、特に陸奥源二郎と親しかったとの伝承があるものの、ただし確実な記録はのこっていない[3]。

しかし、慶の遺品を継承した親族宅には、上野彦馬の営業写真館で撮影された龍馬の写真が伝存していることが最近報じられた[4]。史料による裏付けはいまだ乏しいものの、仮に単身外国貿易に乗り出した彼女と接点があったならば、龍馬は大きく感化されたに違いない[5]。

欧米の貿易商たち

さて、通商をおもな活動内容とした亀山社中・海援隊は、長崎で活動する欧米の貿易商とも取引があった。彼らと接触のあった外国商人としては、大極丸を取り引きしたプロイセン人「チョルチー」（S. Howard Church か。ただし記録によればアメリカ人）、洪福丸を取り引きしたオランダ人「アデリアン」（Julius Adrian または Theodore Adrian か）などの名が知られている。[6] しかし、最もよく知られているのは、**トーマス・グラバー**（Thomas Blake Glover）との関係であろう。

トーマス・グラバー
（1838-1911）

グラバーはスコットランドのアバディーン州に生まれる。安政六年に来日し、翌年長崎にジャーディン＝マセソン商会の長崎代理店としてグラバー商会を設立した。当初の経営規模は小さく、茶や生糸などを取り扱っていたが、文久三（一八六三）年の八・一八政変後、艦船・武器などを諸藩に大量に輸入販売し、長崎屈指の貿易商へと成長する。幕府や親藩も取引相手としていた（海援隊と紀州藩との間の紛争の種となった明光丸も、もとはグラバー商会が売却したものである）ものの、彼はやがて最大の取引相手となった薩摩・長州両藩への支持に傾いていった。[7] 亀山社中との間では、薩長連合のかなめとなったユニオン号やワイルウェフ号を売却したことが知られている。

いっぽうで、欧米の外交団との関係はどうだろうか。各国外交団のなかでも、倒幕をめざす薩長両藩と提携を深めたのは、イギリスであった。ところが、同じく薩長と関わりの深かった亀山社中・海援隊と彼らとの接点は、なかなか確認できないのである。

海援隊がイカルス号事件に巻き込まれてしまう背景には、そのような事情もあった。大政奉還の実現に向け龍馬が心血を注いでいた慶応三年七月六日、長崎で英艦イカルス号の水夫と大工が殺害され、海援隊士に嫌疑がかかってしまったのだ。この事件については、九月、イギリス公使館の強硬な督促を受けて長崎奉行所で海援隊士らの審理が行われる。そこへ公使館から派遣されたのが、**アーネスト・サトウ**（Sir Ernest Mason Satow）だった。

サトウはロンドンの生まれ。一八六一年、十八歳の時

浜田彦蔵（1837-1987）
『画報　日本近代の歴史』（三省堂）所収

E・サトウ（1843-1929）
『図録　アーネスト・サトウ――幕末維新のイギリス外交官』（有隣堂）所収

に外務省に入り、望んで日本勤務の通訳生となる。翌年横浜に着任し、のちに通訳官、日本語書記官に昇進している。日本語の上達ぶりは目覚ましく、当時彼ほど日本語ができた外交官はいなかったといわれる。この語学力を武器に、サトウは倒幕勢力から豊富な情報を入手してオールコック、パークス両駐日公使の対日外交を支えた。また、慶応二年、横浜で刊行されていた英字新聞『ジャパン・タイムス』に匿名で「英国策論」を発表、雄藩連合政権の待望論を展開した。これは邦訳されて広く読まれ、幕府の権威失墜に一役買ったといわれる。

　各国の駐日外官のなかでは最も倒幕勢力の事情につうじていたと思われるサトウでも、龍馬のことはよく知らなかったらしい。まともに顔を合わせるのは、このイカルス号事件をめぐる審理が初めてである。この席上、龍馬がイギリス側の言い分をまじめに聞かなかったため、サトウは龍馬を叱りつけたという[8]。大政奉還へと向かう政情も大詰めを迎えていたこの時期に、身に覚えのない事件に振り回され、龍馬としてはじっさい馬鹿馬鹿しいと思っていたのかもしれない。この審理のため龍馬は一か月間もの間長崎に拘束され、京都を中心に展開する情勢に直接関わることができなかったのだから、その影響は甚だ大きかったといえるだろう。

漂流民ジョセフ・ヒコ

　最後に、龍馬の関係者としては忘れられがちな人物だが、漂流民ジョセフ・ヒコについて触れておきたい。ジョセフ・ヒコこと浜田彦蔵は、播磨国加古郡の農家の生まれである。のちに船頭となるも、嘉永三（一八五〇）年、江戸からの帰途遠州灘で遭難し、漂流中にアメリカ船に救助された。その後、サンフランシスコに送られ、洗礼を受けて一八五八年にはアメリカに帰化。しかし帰国の心もだしがたく、翌年、横浜のアメリカ領事館付通訳として「来日」を果たした。文久三（一八六三）年には辞職。その後は、横浜で商館を経営したり、『海外新聞』を発行したりするいっぽう、アメリカ憲法にならった国家体制を採用すべきことを幕府要路にたびたび建言している。このことから、ヒコは日本で最も早期に近代的な国家構想を提起した人物といわれている[9]。

　そのヒコと龍馬が出会ったことが確認できるのは、慶応三（一八六七）年のこと。残念ながらそこに至る経緯は不明であるものの、横浜から長崎のグラバー邸に居を移したヒコと、いろは丸事件の談判のため長崎を訪れた龍馬とが、五月一四日に対面しているのである。この席上、ヒコは幕府に対してたびたび意見を具申したにもかかわらず用いられなかったことや、幕府のフランスへの依存ぶりを批判したという。さらに、同年九月（大政奉還の行われる前月）には、長州藩士木戸孝允が龍馬に対し、対外関係についてヒコと打ちあわせてほしい旨を書簡で求めている[10]。龍馬とヒコとは、国事について密接に談合する関係であったことは間違いないようだ。

　このヒコの国家構想が、龍馬の新国家体制の構想に影響を与えた可能性は重要である。もちろん開港地たる長崎から龍馬が世界のさまざまな知識や情報を吸収したことはいうまでもない。しかし、右のような重要な点について具体的な影響があったならば、龍馬が長崎で得たものの大きさには改めて注目する必要があろう。

注

(1) 神野雄二「日本印人研究――小曽根乾堂の生涯とその系譜――」『熊本大学教育学部紀要（人文科学）』第五五号、二〇〇六年、二三六頁。

(2) 松岡司『定本坂本龍馬伝』新人物往来社、二〇〇三年、五五〇頁など。

(3) 本馬恭子『大浦慶女伝ノート』私家版、一九九〇年、二〜一四頁。

(4)『長崎新聞』二〇〇九年一一月六日。

(5) なお、上野撮影局においてよく知られた龍馬の写真を撮ったのは、彦馬の門人である土佐藩出身の医師井上俊三と考えられている。前掲『定本坂本龍馬伝』一六〜一七頁。

(6) 長崎県立長崎図書館編・発行『幕末・明治期における長崎居留地外国人名簿』Ⅲ、二〇〇四年、三九九、四〇七頁。

(7) 杉山伸也『明治維新とイギリス商人』岩波新書、一九九三年、一二〇、一二一頁。

(8) 萩原延壽『遠い崖』第五巻、朝日新聞社、一九九九年、三二三頁。

(9) 新井勝紘「自由民権運動と民権派の憲法構想」江村栄一編『近代日本の軌跡』二、吉川弘文館、一九九五年、九五〜九八頁。

(10) 田中彰『幕末維新史の研究』吉川弘文館、一九九六年、二二七〜二三三頁。

おわりに

坂本龍馬研究は大正七（一九一八）年四月一日、文部省維新史料編纂官に任命された高知県出身の岩崎英重（鏡川《きょうせん》）によって本格的に始められた。

鏡川は明治二十七（一八九四）年、上京し佐々木高行侯爵の秘書となった。そして、明治二十九（一八九六）年頃から、東京新聞、京華日報、国民新聞、東京日日新聞、やまと新聞などに寄稿を始めた。

鏡川の著書には『後藤象二郎』『武市瑞山関係文書』『坂本龍馬関係文書』などがある。

次に坂本龍馬研究に取り組んだのは平尾道雄である。明治三十三（一九〇〇）年、熊本県天草島に生まれた平尾道雄は六歳の時、父親の故郷高知県へ戻っている。

大正九（一九二〇）年十九歳の時、東京・代々木の侯爵山内家家史編修所に入所し、沼田頼輔、田岡正秋らの指導を受けることになった。一方、徳富蘇峰ら民友社の維新研究会、吉野作造の明治史研究会に参加し研究を積み重ね、幕末維新期の浪人問題に関心を深めていった。

昭和三（一九二八）年、土佐史談会に入会し、自費出版の『新選組史』が子母沢寛に認められ、同四年『坂本龍馬海援隊始末』、同六年『維新暗殺秘録』、同十（一九三五）年『子爵谷干城伝』刊行と研究を発表していった。しかし、昭和二十（一九四五）年、東京大空襲で代々木の山内家が炎上し、膨大な蔵書が焼失して、修史作業が挫折することになる。平尾道雄はそうした困難に加え、妻の病没、復員した子息も病没し孤独の中で研究に没頭していった。

昭和二十七（一九五二）年、山内家家史再編作業を完了し、三十二年間勤務した山内家を辞し、高知新聞社に嘱託として迎えられた。

昭和二十八（一九五三）年、『高知藩財政経済史』、同三十（一九五五）年、『植木枝盛日記』を刊行した。

同三十四（一九五九）年には山内文庫に収蔵される『長宗我部地検帳』三六八冊の解読、筆写を完成させる大きな仕事をしている。

同五十四（一九七九）年七十八歳で死去した。

この平尾道雄に薫陶を受けて坂本龍馬研究を引き継いだのが宮地佐一郎氏である。

大正十三（一九二四）年、高知市に生まれた宮地氏は昭和二十七(一九五二)年、上京し亀井勝一郎に師事した。『闘鶏絵図』『宮地家三代日記』『菊酒』などの小説を書き、直木賞候補となった。この間、大佛《おさらぎ》次郎《じろう》の知遇を得て未完の大作『天皇の世紀』の高知県取材に協力することになった。

このことが、きっかけとなり、宮地氏はノンフィクションの分野へ転向していくことになる。

昭和六十三（一九八八）年、『坂本龍馬全集』、平成三（一九九一）年、『中岡慎太郎全集』を刊行し、龍馬研究の基礎となる資料収集に心血を注いでいる。

筆者はご縁があり宮地氏から二十数年にわたり、坂本龍馬についてご教示いただくことになった。宮地氏と筆者の住いが近いという偶然に恵まれたのである。

また筆者の主宰する幕末史研究会の顧問として、宮地氏からご指導もいただいていた。

今回、藤原良雄社長から本書の企画を提案された時、幕末史研究会の講師陣で執筆することを思いついた。

岩下哲典先生に先ずご相談し、桐原健真氏、佐野真由子氏、塚越俊志氏、岩川拓夫氏、小田倉仁志氏、濱口裕介氏をご紹介いただいた。また冨成博氏には幕末史研究会顧問をお願いしており、特別寄稿をいただいた。また京都国立博物館の宮川禎一氏にも特別寄稿を筆者からお願いし快諾していただいた。

坂本龍馬研究史を俯瞰してみると、新しい龍馬研究の時代に入ったように思われる。

広い視野から坂本龍馬という人物を見つめなおしてみようという風潮が現れて来ている昨今である。

東アジア史、世界史の視点から坂本龍馬を再検討するという課題の中で、本書は当を得た企画と思っている。

二〇〇八年、藤原書店から刊行した『近代日本の万能人　榎本武揚　1836—1908』に小文を執筆したご縁が本書へと結びついた。

本書が坂本龍馬研究史の中に、いくらかでもその成果を残すことができれば幸いである。

本書の制作にあたっては次の方々に大変お世話になりました。ご芳名をあげて深甚なる謝意を表します。

高知県立坂本龍馬記念館　館長　森　健志郎　様
学芸員　三浦夏樹　様
高知県観光振興部長　秋山厚志　様
尚古集成館　松尾千歳　様
横浜龍馬会　飯野晃之　様
株式会社　藤原書店　社長　藤原良雄　様、編集　小枝冬実　様

平成二十二年二月二十二日

小美濃清明

「江戸城（幕末期）」（横浜開港資料館蔵）

附—系図・年譜

坂本家系図

- 太郎五郎（浪人　才谷村住）
  - 〜 八郎兵衛（直益）
    - 八郎兵衛（八平・直海）（郷士坂本家初代）
      - 八蔵（直澄）
        - 長兵衛（八平・直足）（山本覚右衛門次男）＝幸（八蔵女）
          - ＝伊与（継室）（北代平助女　婚家川島家より入る）
          - 権平（直方）── 直寛
          - 千鶴＝高松順三
            - 茂
            - 太郎（直）
            - 習吉（直寛）
          - 栄＝柴田作右衛門（後に離別）
          - 乙女＝岡本樹庵（後に離別）
          - **龍馬**（直柔）＝龍（楢崎将作女）
            - 直
    - 八郎右衛門（直清）（才谷屋）

（習吉（直寛）┈▶ 直寛、太郎（直）┈▶ 直）

（岩下哲典作成）

主要参考文献（年譜）

田中惣五郎『人物叢書　西郷隆盛』吉川弘文館、1956 年。

平尾道雄『人物叢書　山内容堂』吉川弘文館、1961 年。

池田敬正『坂本龍馬』中公新書、1965 年。

奈良本辰也『高杉晋作』中公新書、1965 年。

川端太平『人物叢書　松平春岳』吉川弘文館、1967 年。

圭室諦成『人物叢書　横井小楠』吉川弘文館、1967 年。

大江志乃夫『木戸孝允』中公新書、1968 年。

井上清『西郷隆盛』中公新書、1970 年。

入交好脩『武市半平太』中公新書、1982 年。

大原誠『NHK 大河ドラマの歳月』日本放送出版協会、1985 年。

石井孝『人物叢書　勝海舟』吉川弘文館、1986 年。

日本史籍協会編『坂本龍馬関係文書　一』東京大学出版会、1988 年。

宮地佐一郎編『坂本龍馬全集』増補四訂版、光風社、1988 年。

大橋昭夫『後藤象二郎と近代日本』三一書房、1993 年。

宮地佐一郎『中岡慎太郎』中公新書、1993 年。

日本史籍協会編『坂本龍馬関係文書　二』北泉社、1996 年。

日本歴史大辞典編集委員会編『日本史年表』第 4 版、河出書房新社、1997 年。

一坂太郎『高杉晋作』文春新書、2001 年。

新人物往来社編『坂本龍馬大事典コンパクト版』新人物往来社、2001 年。

歴史学研究会編『世界史年表』第 2 版、岩波書店、2001 年。

飛鳥井雅道『坂本龍馬』講談社学術文庫、2002 年。

宮地佐一郎『龍馬の手紙』講談社学術文庫、2003 年。

京都国立博物館編『特別展覧会　坂本龍馬生誕 170 年記念龍馬の翔けた時代——その生涯と激動の幕末』京都新聞社、2005 年。

『別冊歴史読本 15 号　幕末維新　動乱の長州と人物群像』新人物往来社、2005 年。

土居晴夫『坂本龍馬の系譜』新人物往来社、2006 年。

野口武彦『長州戦争』中公新書、2006 年。

志村有広編『司馬遼太郎事典』勉誠出版、2007 年。

鈴木かほる『史料が語る坂本龍馬の妻お龍』新人物往来社、2007 年。

松尾正人『幕末維新の個性 8　木戸孝允』吉川弘文館、2007 年。

横田達雄『武市半平太と土佐勤王党』横田達雄、2007 年。

松浦玲『坂本龍馬』岩波新書、2008 年。

一坂太郎『わが夫　坂本龍馬　おりょう聞書き』朝日新書、2009 年。

＊その他新聞等多数の資料に依拠した。

年	龍馬とその周辺
1941 （昭和16） （没後74）	坂本直寛長男坂本直道、坂本龍馬家を相続し再興する。
1962 （昭和37） （没後95）	5-3 京都円山公園に坂本龍馬銅像（菊池一雄製作）を再建する。 6-21 司馬遼太郎『竜馬がゆく』連載始まる。（〜1966､5-19）
1968 （昭和43） （没後101）	NHK 大河ドラマ「竜馬がゆく」放映。
1989 （平成1） （没後122）	5-21 長崎県長崎市風頭公園に坂本龍馬銅像、建立される。
1991 （平成3） （没後124）	3-15 高知県立坂本龍馬記念館開館。
2003 （平成15） （没後136）	11-15 高知空港の愛称を「高知龍馬空港」とする。
2004 （平成16） （没後137）	この年、高知市立龍馬の生まれたまち記念館開館。
2008 （平成20） （没後141）	6-5 NHK 大河ドラマ「龍馬伝」2010年より放映開始を発表。
2009 （平成21） （没後142）	8-1 長崎市亀山社中記念館開館。 12-15 高知県で坂本龍馬に関する新出史料（寺田屋遭難事件関係）が発見される。
2010 （平成22） （没後143）	1 NHK 大河ドラマ「龍馬伝」放映開始。

年	龍馬とその周辺
1909 （明治42） （没後42）	12-17 龍馬暗殺に関する今井信郎の答書、発表される。
1911 （明治44） （没後44）	8-19 元見廻組渡辺篤が「渡辺家由緒歴代系図履歴書」で龍馬暗殺を自記。
1912 （大正1） （没後45）	11『維新土佐勤王史』発刊。
1914 （大正3） （没後47）	8-16 横須賀信楽寺門前に「贈正四位阪本龍馬之妻龍子之墓」碑、建立される。
1915 （大正4） （没後48）	7「故坂本龍馬先生彰勲碑」（撰文板垣退助）、高知市柳原に立つ。 8-5「坂本龍馬を殺害した老剣客悔恨の情に責められて逝く」（渡辺一郎懺悔譚）が『大阪朝日新聞』に掲載される。 12-15 高松太郎妻留死去。享年69。
1917 （大正6） （没後50）	3-11 高松太郎子息坂本直衛死去。享年34。子はなく、坂本龍馬家は断絶となる。
1926 （大正15、昭和1） （没後59）	4『坂本龍馬関係文書第一』刊行。 6『坂本龍馬関係文書第二』刊行。
1927 （昭和2） （没後60）	11-15 六十年忌祭。高知県学務部『両先生遭難顛末』を発行配布。
1928 （昭和3） （没後61）	5-27 高知県高知市郊外桂浜に龍馬銅像（本山白雲製作）を建立する。
1934 （昭和9） （没後67）	1-15 京都円山公園で初代坂本龍馬銅像（本山白雲製作）の除幕式。

年	龍馬とその周辺
1890 （明治23） （没後23）	由利公正、龍馬への追悼歌を詠む。 □5 陸奥宗光、山縣内閣の農商務大臣となる。 □6-2 松平春嶽死去。享年63。 □勝海舟『流芳遺墨』『追賛一話』を作成する。
1891 （明治24） （没後24）	この年龍馬・中岡慎太郎へ正四位追贈。
1892 （明治25） （没後25）	3-24 坂本権平後妻仲死去。享年64。
1894 （明治27） （没後27）	□7 陸奥宗光の尽力により、日英通商航海条約調印される。
1897 （明治30） （没後30）	□8-4 後藤象二郎死去。享年60。 □8-24 陸奥宗光死去。享年54。
1898 （明治31） （没後31）	11-7 高松太郎死去。享年57。
1899 （明治32） （没後32）	11-3 川田雪山『千里駒後日譚』を土陽新聞に連載開始。 □1-19 勝海舟死去。享年77。
1900 （明治33） （没後33）	5『近畿評論』5月号（第17号）に今井信郎の龍馬暗殺手記が掲載される。
1904 （明治37） （没後37）	2-6 日露開戦前夜のこの日、葉山御用邸の明治天皇皇后（昭憲皇太后）の夢枕に龍馬が現れた、と都下の新聞に掲載される。 この年、北海道樺戸郡浦臼小学校で龍馬遺品展覧会を催す。
1906 （明治39） （没後39）	1-15 お龍没。享年66。 11-15 龍馬四十周忌を京都霊山招魂場で営む。『坂本中岡両氏遺墨記念帖』を発刊。

年	龍馬とその周辺
1874 (明治7) (没後7)	□1-17 後藤象二郎ら、民選議院設立建白書を左院に提出。-25 木戸孝允、文部卿となる。 □陸奥宗光下野。 □2-12 西郷隆盛挙兵し、西南戦争始まる。
1877 (明治10) (没後10)	□5-26 木戸孝允死去。享年45。 □9-24 西郷隆盛死去。享年51 □勝海舟『亡友帖』を作成。
1879 (明治12) (没後12)	8-31 坂本乙女死去。享年49。
1880 (明治13) (没後13)	この年十三回忌法要。
1881 (明治14) (没後14)	5 龍馬・中岡慎太郎、、靖国神社に合祀される。 11-15 十五周忌法要で勝海舟が悼辞を坂本直宛に送る。
1882 (明治15) (没後15)	1-24 鳴々道人、坂崎紫瀾著『天下無双人傑、海南第一伝奇、汗血千里の駒』が土陽新聞に連載開始。(～9-27)
1884 (明治17) (没後17)	3-3「瑞山会」結成。旧海陸援隊士及び勤王党殉難者のため記念碑建立の協議。
1885 (明治18) (没後18)	この年お龍、神奈川県横須賀に起居し西村つると改名。
1888 (明治21) (没後21)	□勝海舟『海軍歴史』成立。
1889 (明治22) (没後22)	この年高松太郎、文部省非職になり高知に帰郷。 □3-22 後藤象二郎、黒田内閣の逓信大臣として入閣。 □6-3 松平春嶽、勲一等旭日大綬章を賜る。 □勝海舟『陸軍歴史』成立。

年	龍馬とその周辺
1868 (明治1) (没後1)	**3** お龍、土佐坂本家に身を寄せる。数ヵ月後離家し、安芸郡和食村に寄宿。 **閏4**-24 高松太郎（小野淳輔）箱館府権判事に任命される。-29 海援隊解散。 **12**『藩論』巻1刊行される。 □**1**-3 西郷隆盛、鳥羽伏見の戦で薩摩軍を指揮する。-17 勝海舟、海軍奉行並を命じられる。この月、陸奥宗光、新政府外国事務局御用掛となる。 □**2**-14 西郷隆盛、東征大総督府参謀となる。-23 勝海舟、陸軍総裁を命じられる。 □**3**-8 横井小楠、新政府に招聘される。-14 、15勝海舟、西郷隆盛、江戸城開城に付き田町薩摩藩邸で会見する。 □**閏4**-21 横井小楠、新政府参与となる。 □**5**-15 西郷隆盛、薩摩軍を指揮し彰義隊と交戦する。
1869 (明治2) (没後2)	**6** 坂本権平家は階級改革で四等士族上席、家禄五十石五斗三人扶持切米五百石を給せられる。 **夏**頃、お龍、高知を去り京へ向かう。 **12** 高松太郎、高知に帰り脱藩罪で押込三十日。 □**1**-5 横井小楠暗殺。享年61。-20 薩長土肥四藩主、版籍奉還を建言する。 □**2**-25 西郷隆盛、薩摩藩執政となる。 □**6**-4 木戸孝允、新政府参与となる。
1870 (明治3) (没後3)	**1**-6 岩倉具視、東京日比谷の自邸で懐旧談をなし、祭祀料を墓所に贈る。 **2** 刑部省によって箱館降伏で、人元見廻組今井信郎口述書が作成される。 この年権平養子として高松南海男（高松太郎の弟、後、坂本直寛）を迎える。坂本清次郎帰国する。
1871 (明治4) (没後4)	**7**-8 兄権平死去。享年58。 **8**-20 特旨により高松太郎に龍馬の家名を立てさせ永世禄十五人扶持を下賜。高松太郎は坂本直と改名する。 □**2** 薩長土三藩、親兵貢献を命じられる。 □**6**-25 西郷隆盛・木戸孝允、新政府参議となる。 □**11**-12 木戸孝允、全権副使として岩倉使節団に随行しアメリカへ出発。
1872 (明治5) (没後5)	□**5**-10 勝海舟、海軍大輔を命じられる。
1873 (明治6) (没後6)	□**4**-19 後藤象二郎、新政府参議となる。 □**10**-25 勝海舟、参議兼海軍卿となる。後藤象二郎･西郷隆盛、下野する。

年	龍馬とその周辺
1867 （慶応3） 33歳	**6**-23 薩土盟約の修正案を後藤象二郎、土佐藩大監察佐々木高行らと協議。-24 薩摩藩士田中幸介、後藤象二郎、佐々木高行らと薩土盟約の修正案を協議。-25 中岡慎太郎と岩倉具視を訪ね内談。-26「薩土芸三藩約定」成立。大政奉還案を西郷隆盛に送付。 **7**-29 イカルス号事件により山内容堂宛松平春嶽書簡を託され、京都を出発し大坂へ向かう。 **8**-1 薩船三邦丸に乗船していた佐々木高行と共に大坂より高知に向かう。-2 須崎に入港していた土佐藩船夕顔の船中に潜伏する。-3 松平春嶽書簡を佐々木高行に託す。-12 土佐藩船夕顔で佐々木高行、松井周介、土佐藩士岡内重俊、イギリス外交官アーネスト・サトウらと須崎出港。-15 長崎に到着する。佐々木高行、岡内重俊、松井周介、岩崎弥太郎とイカルス号事件対策協議。-20 木戸孝允と佐々木高行を会合させる。この月、佐々木高行にお龍を紹介。この頃より佐々木高行、岩崎弥太郎とたびたび会談。 **9**-10 イカルス号事件決着。-11 土佐商会員の英米水夫傷害事件発生も自首させ収拾。-15 ハットマン商会と小銃1300丁購入約定。-18 芸州藩船震天丸を借用し銃器を積載して長崎出発。千屋寅之助、陸奥宗光、土佐藩士中島作太郎、岡内重俊、三条家衛士尾崎三良（戸田雅楽）、田辺藩士松本ら同乗。-20 下関寄港。伊藤博文と会談。千屋寅之助、陸奥宗光、中島作太郎は別便で大坂へ向かう。-24 高知浦戸に帰港し、土佐藩重役渡辺弥久馬及び本山只一郎に銃器1000丁を引き渡し。尾崎三良と共に坂本家に帰宅。二泊。この間に渡辺弥久馬らの周旋で脱藩罪赦免。 **10**-5 風浪により室戸岬で座乗船破損し須崎で土佐藩船胡蝶丸（空蝉）に乗り換える。-6 大坂着。-9 中島作太郎、岡内重俊、尾崎三良らを伴い入京、近江屋に投宿する。-10 京都土佐藩邸に中岡慎太郎を訪ねる。後藤象二郎を訪う。福岡孝悌の紹介で幕府大目付永井尚志を訪問。-16 尾崎三良「新官制案」を見る。-24 岡本健三郎と共に福井に向かう。-28 福井着。晦日に由利公正と会う。 **11**上旬「八義」（新政府綱領八策）を起草。-10 永井尚志を訪問。-15 近江屋にて、京都見廻役小笠原弥八郎の命を受けた見廻組与頭佐々木唯三郎以下7名に襲撃され闘死。-18 龍馬及び中岡慎太郎の葬儀。東山霊山に埋葬。-26 土佐藩、龍馬暗殺につき永井尚志に迫り新撰組組長近藤勇を糾問。 **12**-15 お龍、長府藩三吉慎蔵家に引き取られ藩より扶助米を受ける。 □**3**-5 勝海舟、海軍伝習掛を命じられる。 □**4**-13 高杉晋作死去。享年29。この月、陸奥宗光、海援隊に入隊。 □**5**-21 西郷隆盛、中岡慎太郎ら出席し薩土倒幕密約成立。 □**10**-3 土佐藩、大政奉還を建白する。 □**11**-17 中岡慎太郎死去。 □**12**-8 松平春嶽この日より翌日にかけて参内し、新政府議定職に任命される。-9 後藤象二郎、新政府参与に任命される。

日本の動き	世界の動き
7-4 徳川茂承が辞表を提出する。-18 幕府軍､浜田城を焼いて撤退する。-20 徳川家茂死去。享年21。-28 芸州口の大野村付近で長州軍と幕府軍主力が戦闘する。 8-1 幕府軍、小倉城を焼いて撤退する。-21 将軍死去のため、征長停止の勅命が下る。 9-2 幕府と長州との休戦協定成る。 12-25 孝明天皇崩御。享年36。 ◇福沢諭吉『西洋事情』初編刊行される。	
1-9 明治天皇践祚。-12 慶応遣欧使節出発する。 8「ええじゃないか」､尾張で発生し拡大。 10-14 幕府、大政奉還を上奏し、翌日勅許される。 12-7 兵庫開港する。-9 王政復古の大号令。総裁、議定、参与の三職を置く。-25 江戸薩摩藩邸焼き討ちされる。	3-12〔墨〕フランス、メキシコから撤退。-30〔米〕ロシアからアラスカを買収。〔英〕この月英領北アメリカ法成立。 5-11〔英〕ロンドン列国会議開催。ルクセンブルグ永世中立国となる。 6-8〔墺〕オーストリア皇帝フランツ･ヨーゼフ1世ハンガリー王に即位。オーストリア・ハンガリー帝国成立。-17 第1回国際貨幣会議。(～7-6) -25〔越〕フランス、コーチシナ総督、西部3省のフランス領併合を宣言。 7-1（加）カナダ自治領成立。〔独〕北ドイツ連邦成立。-15〔越〕フランス､シャム間で新条約締結。 9-11 マルクス『資本論』第1巻刊行。 ◇〔越〕阮忠直、抗仏蜂起。(～1868)〔エチオピア〕イギリス軍が侵攻。(～1868)〔仏〕パリで万国博覧会開催。

年	龍馬とその周辺
1866 （慶応2） 32歳	5-1 ユニオン号が鹿児島に到着し、亀山社中のワイルウェフ号沈没して池内蔵太らが死んだことを聞く。 6-2 ユニオン号でお龍と鹿児島を出発。-4 長崎着。お龍を下ろす。-14 下関着。ユニオン号は高杉晋作指揮下に入る。-17 ユニオン号を率いて高杉晋作の門司攻撃戦に参加し、小倉藩兵を撃破。-20 白石正一郎宅で高杉晋作と九州諸藩対策を議論。-28 薩摩藩士五代才助と会談し、大洲藩船いろは丸借船につき協議。 7 下旬、長崎を経由して鹿児島へ向かう。以後、長崎を本拠として、鹿児島と下関を往復。この月亀山社中経営難となる。 8-15 長崎着。小曾根英四郎邸に投宿。この月長崎にて越前藩士下山尚に大政奉還論を説く。 10 プロシア商人チョルチーより大極丸を購入。-28 大極丸受け取り。 11 下旬、薩長合弁商社を企図し、薩摩藩勘定方五代才助と下関に出て長州藩士広沢真臣（兵助）に諮る。「馬関商社議定書」成る。 12-15 頃、土佐藩探索係溝淵広之丞を木戸孝允に紹介する。 □春頃、後藤象二郎、参政に昇進。 □5-28 勝海舟、軍艦奉行復職。 □10-26 中岡慎太郎「窃に示知己論」で大政奉還を説く。
1867 （慶応3） 33歳	1 下関阿弥陀寺町本陣伊藤助太夫方に居住。-5 中岡慎太郎と対面。下旬から翌月上旬の間に、溝淵広之丞の周旋で、長崎の清風亭にて後藤象二郎と会う。この頃より才谷梅太郎の変名を使う。 2-10 お龍を伴い下関に帰る。2-27病を発する。この月西郷隆盛、福岡孝悌らの尽力により龍馬と中岡慎太郎の脱藩罪赦免が決定する。 3-14 土佐藩船胡蝶丸で長崎に来た土佐藩参政福岡孝悌と後藤象二郎が会談し、海援隊設立が決まる。-20 中岡慎太郎と会う。 4 上旬、福岡孝悌と長崎で会見し、脱藩の罪を赦され、海援隊長に任命される。隊員約50名、「海援隊約規」を定める。-8 いろは丸長崎に来着。-19 龍馬自身が指揮するいろは丸が長崎出港し上坂。-23 備後鞆の浦沖合にていろは丸が紀州藩船明光丸に衝突され沈没。-26 明光丸船長高柳楠之助と交渉するも決裂。-30 鞆津より下関着。 5-13 長崎着。-15 いろは丸賠償談判開始。5-22後藤象二郎、由井畦三郎、土佐藩士松井周介、岩崎弥太郎らと会飲。-29 薩摩藩代表五代才助の調停でいろは丸賠償談判解決する。この月姪春猪の婿養子坂本清次郎（三好賜）脱藩し海援隊入隊。 6-6 岩崎弥太郎と共に大洲藩船将を訪問し談合。-9 土佐藩船夕顔（水蓮）で後藤象二郎、由井畦三郎、松井周介、高橋七右衛門、長岡謙吉と長崎を出発して東上。-14 京に着き、中岡慎太郎、田中光顕と会談。河原町醤油商近江屋井口新助方に投宿。-22 三本木の料亭吉田屋で小松帯刀、西郷隆盛、大久保利通、後藤象二郎、福岡孝悌に、土佐藩家老寺村左膳が出席した薩土盟約を周旋する。

日本の動き	世界の動き
5-28 四国の公使が下関海峡自由通行、日本内乱局外中立を決議。 **閏5**-22 徳川家茂参内。 **11**-7 幕府彦根藩以下31藩に出兵を命じ、紀州藩主徳川茂承を征長先鋒総督とする。	**11**-24〔米〕ミシシッピ州、黒人法制定。 **12**-23 フランス、イタリア、ベルギー、スイス間でラテン貨幣同盟成立。 ◇〔墺〕メンデルが遺伝の法則を発見。〔米〕テネシーでクー・クラックス・クラン結成。
1-14 高島秋帆死去。享年69。-30 アーネスト・サトウ「英国策論」を著す。 **4**-9 第二奇兵隊士が倉敷代官所を襲撃する。 **5**-1 長州藩処分最終案が提示される。 **6**-7 大島口で開戦し、第二次長州征伐始まる。孝明天皇より再征の沙汰書が下される。-14 芸州口で開戦する。-16 石州口で開戦する。-17 小倉口で開戦する。-25 長州藩と英仏公使が接触する。先鋒副総督の宮津藩主本荘宗秀が独断で和平工作を行ったことが露見する。	**5**-6〔印〕英領インド協会がカルカッタで創立。-11〔英〕ロンドンで金融恐慌始まる。 **6**-15〔独〕普墺戦争始まる。（～8-23）-16〔米〕憲法修正第14条可決。（公民権法確立）-20〔伊〕普墺戦争にイタリア参戦。-22〔西〕マドリードで進歩派の軍が反乱。 **7**-3〔独〕ケーニヒグレーツの戦いでプロイセンがオーストリアを破る。 **9**-2〔朝〕アメリカ船シャーマン号平壌攻撃。 **10**-16〔朝〕フランス艦隊が江華島を襲撃。

年	龍馬とその周辺
1865 （慶応1） 31歳	**閏5**-1 小田村文助、五卿従士安芸守衛（元土佐藩士、黒岩直方）と筑前黒崎から下関に渡る。入江和作と会い、腰綿屋弥兵衛方に投宿。-5 白石正一郎宅で土佐藩士土方久元、安芸守衛と会談。-6 時田庄輔の案内で木戸孝允に会う。-21 木戸孝允と共に西郷隆盛の来着を待つも、中岡慎太郎のみ下関に来る。-29 下関から中岡慎太郎と上京する。 **6**-24 頃入京し西郷隆盛と会談。下関の上陸違約を糾弾。薩摩名義での長州のための武器購入を要請。 **8** 長州藩士伊藤博文（俊輔）、同藩士井上馨（聞多）、長崎で土佐人の手により小銃と弾薬を購入。 **9**-6 京都寺町で医師川村盈進と会う。-24 京都を出発。-26 兵庫より薩船胡蝶丸で出港。-29 周防上関に上陸し長州藩家老浦靭負に京都情勢を報告。この月までに亀山社中成立。 **10**-3 三田尻で小田村文助に会い、山口へ同道。西郷隆盛の依頼で兵糧米購入周旋及び薩摩藩が長州再征に従わないという情報を届けた。-21 木戸孝允と下関で会談し上京を促す。継母伊予死去。享年62。この月薩摩がユニオン号（桜島丸・乙丑丸）購入し、亀山社中で運用。 **11** 上旬近藤長次郎とユニオン号を下関で待ち、その後上京。-24 大坂出帆。11下旬亀山社中、長崎でプロシア商人チョルチーよりワイルウェフ号購入。 **12** ユニオン号を長崎に回航。-3 下関着。その後ユニオン号使用権について紛糾するが、長州藩海軍局総管中島四郎と「第一次桜島条約」及び「第二次桜島条約」締結し解決。この月、木戸孝允に上京を説く。 □**2** 高杉晋作ら長州藩政庁を支配。 □**3**-18 神戸海軍操練所廃止となる。 □**閏5**-11 武市半平太切腹。-27 木戸孝允、山口へ帰る。
1866 （慶応2） 32歳	**1**-1 長府藩主の内命により長府藩士印藤聿を介して下関福永専助方で長府藩士三吉慎蔵と対面。-10 三吉慎蔵、土佐藩士池内蔵太、新宮馬之助と下関を出発する。-16 兵庫着。-17 神戸着。-18 大坂薩摩藩邸に入る。三吉慎蔵と大久保忠寛を訪問。-19 伏見寺田屋に入る。-20 池内蔵太、新宮馬之助と京都薩摩藩邸の木戸孝允を訪問の後、小松帯刀、西郷隆盛と対面し痛論。-21 西郷隆盛、小松帯刀、薩摩藩士大久保利通、木戸孝允、龍馬で伏見薩摩藩邸にて会談し薩長盟約を成立させる。-23 伏見寺田屋で伏見奉行所の捕り手に襲撃される（寺田屋事件）。-24 伏見薩摩藩邸に潜伏。この間に中岡慎太郎を仲人としてお龍と結婚披露。-29 京都薩摩藩邸に入る。 **2**-5 薩長同盟の保証裏書。-29 京都出立。 **3**-5 薩船三邦丸で西郷隆盛、小松帯刀、三吉慎蔵、池内蔵太、中岡慎太郎、お龍と大坂を出発し鹿児島へ向かう。-10 鹿児島着。小松帯刀邸、後に吉井幸輔邸に入る。-16 観光に出発。-17 お龍と塩浸温泉で遊ぶ。-29 お龍と霧島に遊ぶ。 **4**-12 鹿児島帰着。-14 薩摩藩に海軍養成を説く。

日本の動き	世界の動き
1-15 徳川家茂上洛する。 3-27 天狗党の乱起こる。 6-5 池田屋騒動起こる。 7-11 佐久間象山暗殺される。享年54。 -19 蛤御門の変。久坂玄瑞ら戦死。享年25。 8-5 四国艦隊下関砲撃事件起こる。-13 幕府征長出陣を命じ、第一次長州征伐始まる。 9-25 長州藩士周布政之助、切腹する。 11-11 蛤御門の変の責任を取り、長州藩の三家老が切腹する。 12-16 高杉晋作らが馬関会所等を襲撃する。	1〔朝〕高宗李太王即位。大院君摂政となる。 2-1〔墺・普〕デンマークに宣戦布告。シュレスヴィヒ・ホルシュタイン戦争始まる。（〜10-30） 4-7〔朝〕東学教祖崔済愚、処刑される。 6-1〔清〕太平天国の指導者洪秀全死去。 7-19〔清〕南京を占領。太平天国滅亡する。 -23 新疆でムスリムが蜂起。 8-22〔瑞〕国際赤十字条約（ジュネーヴ条約）調印、国際赤十字委員会発足。 9-28〔英〕ロンドンで第1インタナショナル（国際労働者協会）の創立集会開催。（10-5創立決定、11-1創立宣言） 10-7〔清〕ロシアとタルバタイ議定書交換。-30〔墺〕ウィーンの和議成立。 12-12〔印〕ブータン戦争始まる。（〜1869） ◇〔独〕この年ライプツィヒで第1回女性会議開催、全ドイツ女性協会設立。
1-6 長州で大田・絵堂戦争始まる。 2-4 武田耕雲斎処刑。享年63。その他天狗党関連人物処刑される。-15 長州藩で保守派12人が脱走する。 3-13 大村益次郎が長州藩の兵学校御用掛となる。-15 長州藩、軍制改革に着手する。 4-12 幕府諸藩に長州再征を発令する。-13 長州藩が幕府の征長に備え部署を決定する。	3-2〔清〕イギリス人貿易商ら、香港に香港上海銀行を設立。 4-9〔米〕南軍総司令官リー将軍、アポマトックスで降伏し、南北戦争終結する。-14〔米〕リンカーン大統領銃撃され、翌朝死亡。ジョンソン、大統領就任。 5-1 ブラジル、アルゼンチン、ウルグアイによる対パラグアイ三国同盟成立。 9-1〔仏〕パリにプランタン百貨店できる。 10〔仏〕ビスマルクとナポレオン3世会見し、ピアリッツの密約を結ぶ。

年	龍馬とその周辺
1864 （元治1） 30歳	1 中旬、金策のため入京する。 2-14 四国連合艦隊の長州攻撃調停の幕命を受けた勝海舟に随行し兵庫発。-20 勝海舟の使者として熊本郊外の横井小楠を訪問。-23 長崎着。 4-4 調停不調により長崎を出発する勝海舟に随行する。-6 勝海舟の使者として熊本郊外の横井小楠を訪ね、小楠の甥二人を預かる。-13 大坂着。 5-29 幕府海軍操練所修行生を公募。二百名。この頃楢崎お龍と内祝言。媒酌は金蔵寺住職知足院。 6-1 七条にお龍を訪ね別盃。-2 京を出発し江戸に向かう。-17 幕艦黒龍丸（又は翔鶴丸）で下田に入る。この頃勝海舟に尊攘派激徒の蝦夷地移住計画を提出するも池田屋騒動により同志が死亡し断念。 7-28 幕艦翔鶴丸で大坂着。 8-5 頃、薩摩藩士吉井幸輔と入京、お龍を寺田屋に預ける。中旬、勝海舟の使者として西郷隆盛に会う。-23 勝海舟日記に最後の登場となる。 9-19 神戸塾生の姓名出自を幕府に詮索される。この頃、薩摩藩に接近する。 10-22 勝海舟に江戸召還命令。勝海舟は塾生を西郷隆盛に依頼し、高松太郎らは大坂薩摩屋敷に潜伏。この頃沢村惣之丞と江戸に潜行、外国船借用工作をするも失敗。 □2-15 松平春嶽、京都守護職となる。 □5-14 勝海舟、軍艦奉行となる。-29 幕府、神戸海軍操練所開設を公布。 □7-27 土佐勤王党員野根山に屯集する。この月、後藤象二郎、大監察となる。 □9-5 野根山屯集の勤王党員、奈半利河原で斬られる。-11 勝海舟、西郷隆盛会談する。 □11-2 西郷隆盛、征長軍参謀として広島に赴く。-10 勝海舟、軍艦奉行を罷免される。 □12-4 中岡慎太郎、小倉で西郷隆盛に会う。-15 高杉晋作、「俗論派」打倒のため下関に挙兵する。
1865 （慶応1） 31歳	3 江戸から上京する。 4 吉井幸輔と同居。-22 京出立。-24 兄権平高知城西之口番勤仕。（5-13 同役用済免職。）-25薩摩藩の胡蝶丸に乗船し、西郷隆盛、薩摩藩士小松帯刀、同藩士大山彦八と大坂を出発、鹿児島に向かう。 5-1 鹿児島着。-16 鹿児島を出発する。-19 熊本郊外の横井小楠を訪ねる。-23 大宰府に到着する。-24 大宰府延寿王院で三条実美に謁見。-25 東久世通禧と会う。-27 五卿（三条実美、三条西季知、東久世道禧、壬生基修、四条隆謌）に謁見し薩長連合策を進言。-28 大宰府出発。この頃亀山社中設立を計画。長州藩士小田村文助（楫取素彦）、五卿従士で長府藩士の時田庄輔と面会。

日本の動き	世界の動き
4-23 幕府、攘夷期限を5月10日として朝廷に返答する。 **5**-10 長州藩外国船砲撃事件起こる。 **6**-10 緒方洪庵死去。享年54。-17 箕作阮甫死去。享年63。 **7**-2 薩英戦争起こる。-14 会沢正志斎死去。享年82。 **8**-17 土佐藩士吉村寅太郎らにより天誅組の変起こる。-18 八月十八日の政変起こる。 **10**-11 生野の変起こる。	**1**-1〔米〕奴隷解放宣言。-22〔波〕1月蜂起勃発。 **3**-4〔清〕雲南のムスリム反乱軍、省都を占領。〔ガーナ〕この月第三次イギリス・アサンテ戦争勃発。 **5**-23〔独〕ラサールを指導者として全ドイツ労働者協会連合成立。 **6**-7〔墨〕フランス、メキシコ・シティを占領。 **7**-1〔米〕ゲティスバーグの戦い。（～-7）北軍が南軍を破る。 **8**-11〔カンボジア〕ウドンでフランス・カンボジア保護条約締結。 **9**-21〔清〕上海にイギリス・アメリカ共同租界成立。 **11**-19〔米〕リンカーン、ゲティスバーグで演説する。 **12**-4〔清〕太平天国から蘇州を奪回。 ◇〔英〕世界最初の地下鉄が開通。

年	龍馬とその周辺
1863 （文久3） 29歳	**1**-1 勝海舟の命により千葉重太郎、近藤長次郎と大坂へ赴き、帰京する。-8 京都にて高松太郎、千屋寅之助（菅野覚兵衛）、望月亀弥太を勝海舟門に入れ、次いで沢村惣之丞、新宮馬之助、土佐藩士安岡金馬、土佐藩士田所壮輔も入門する。さらに土佐藩士岡田以蔵、土佐藩士吉村寅太郎も入門する。-13 高松太郎ら、勝海舟と共に幕艦順動丸で兵庫出港、江戸へ向かう。-15 下田寄港。勝海舟が山内容堂と会見し、龍馬の脱藩の罪の赦免を請う。-23 龍馬江戸で順動丸に乗船し出帆。-28 兵庫着。兄権平臨時御用で京都に出張する。 **2** 京都土佐藩邸で7日間謹慎。-25 脱藩の罪を赦される。 **3** 兄権平と京で会う。-6 安岡金馬と共に航海術修行の藩命を受ける。-23 順動丸で大坂出港、江戸へ向かう。 **4**-2 幕府大目付大久保忠寛を訪問し、松平春嶽宛書簡を託される。-3 順動丸で品川出港し西上。-9 大坂着。-25 兵庫に一泊する。 **5**-2 姉小路公知に勝海舟の使者として蒸気機関縮図、セバストポール戦図、コノーフ氏三兵答古知機訳本を献上。-16 勝海舟の使者として越前に赴き、松平春嶽を訪ねる。横井小楠の周旋もあり海軍塾舎建設援助資金千両の借用を申し出る。横井小楠の紹介で吹く越前藩士由利公正（三岡八郎）と会飲。-27 京都越前藩邸の越前藩士中根雪江を訪ね松平春嶽上洛を促す。 **6**-11 勝海舟より派遣され、新宮馬之助、勝海舟門下の庄内藩士佐藤与之助らと大和浪士乾十郎を救う。-29 京都越前藩邸の越前藩士村田巳三郎を訪い、海軍所援助金謝礼として勝海舟からの騎兵銃1丁を届け、議論する。 **7**-1 近藤長次郎と村田巳三郎を訪ねる。中旬、大坂町奉行松平信敏を佐藤与之助と訪問。-22 陸奥宗光の庇護を越前藩家老に依頼。 **8** 月末から翌月初頭の間に大坂を発ち江戸へ向かう。 **9**-23 大久保忠寛を沢村惣之丞と訪ねる。 **11**-7 京で松平春嶽と面会する。 **12**-6 これより前、勝海舟門下の塾頭となる。上旬、江戸の土佐藩庁より召喚されるも応ぜず脱藩の身となる。龍馬の修行年限延長を求める勝海舟の書簡を龍馬自身が江戸の土佐藩邸に持参したが拒絶された。 □**4**-24 神戸海軍操練所の建設が決定する。この月、後藤象二郎、江戸に赴任し蘭学、洋学、航海術を学ぶ。 □**6**-27 高杉晋作、奇兵隊総督を命じられる。 □**9**-21 武市半平太ら土佐勤王党投獄される。 □**10**-1 高杉晋作、奥番頭役となる。 □**12**-30 松平春嶽、朝議参預を命じられる。

日本の動き	世界の動き
2-3 ロシア艦ポサドニック号対馬に来航する。 5-11 シーボルトを外国事務顧問とする。-28 水戸浪士ら品川東禅寺イギリス公使館を襲う。（東禅寺事件） 7-23 イギリス艦が対馬でポサドニック号に退去要求する。 10-20 和宮東下する。 12-22 遣欧使節出発、福沢諭吉・福地源一郎ら随行する。	1-2〔普〕ヴィルヘルム1世即位。 2-4〔米〕脱退諸州が南部連合をモンゴメリで結成。-9〔米〕南部連合、ジェファーソン・デービスを大統領に選出。〔越〕この月フランス、コーチシナ東部3郡を占領。 3-3〔露〕農奴解放令公布。-17〔伊〕サルディニア国王ヴィットーリオ・エマヌエーレ2世を国王として統一イタリア王国成立。 4-12〔米〕南北戦争勃発。 11-2〔清〕西太后がクーデターを起こす。 12〔墨〕イギリス・フランス・スペイン連合軍、メキシコ内乱に干渉。
1-15 坂下門外の変起こる。 2-1『官版バタビヤ新聞』創刊する。 4-23 島津久光、有馬新七以下数名を寺田屋で斬殺する。（寺田屋騒動） 5-9 ロンドン覚書に調印。 6-10 勅使大原重徳下向する。 7-6 一橋慶喜、将軍後見職となる。 8-21 生麦事件起こる。 9-11 榎本武揚・西周・津田真道らオランダに留学する。この月、アーネスト・サトウが来日する。	2-22〔清〕李鴻章、江蘇巡撫となり淮軍を編制、上海救護に活躍。 3-29〔朝〕壬戌民乱始まる。 4-7〔米〕アメリカ、イギリス間でアフリカ奴隷貿易の抑圧に関する条約調印。-16〔仏〕単独でメキシコに宣戦布告。-17〔清〕イギリス・フランス連合軍、常勝軍等が太平天国軍を破る。-29〔清〕陝西・甘粛地方でムスリムが蜂起。 5-8〔丁〕プロイセンのシュレスヴィヒ及びホルシュタイン問題干渉について各国に覚書を送る。 9-23〔普〕プロイセン議会で軍事改革予算削除、駐仏大使ビスマルクが宰相となる。

年	龍馬とその周辺
1861 （文久1） 27歳	**3**-3 高知城西の井口村で上士対郷士の刃傷事件発生し、龍馬は郷士側の池田虎之進宅に参集し上士に対抗する。 **9**-13 京都の平井加尾宛に書状、変装用の衣装を要求。月末に勤王党に加わる。龍馬は第9番目に加盟。 **10**-1「小栗流和兵法三箇条」1巻伝授される。-11 剣術修行を名目に高知出立。-14 高知芝巻の田中良助より2両を借用。讃岐丸亀で直清流剣術家矢野市之丞を訪問し1カ月滞在する。帰国期限延長許可後、安芸坊ノ砂から中国路に入る。 **12**-25 長姉千鶴死去。享年45。 □**4** 武市半平太、江戸に赴く。 □**8** 武市半平太、薩摩・長州藩士らと提携し江戸にて土佐勤王党を結成する。血盟者192名。 □**9**-25 武市半平太帰国。
1862 （文久2） 28歳	**1**-14 武市半平太の使者として萩に赴き、久坂玄瑞を訪ねる。-21 久坂より武市宛書簡を託される。-23 萩を辞去。 **2**-8 住吉の土佐陣営で土佐藩士安岡寛之助に会う。-29 大坂を廻って高知に帰着。 **3**-1 武市半平太に報告。-24 土佐藩士沢村惣之丞（関雄之助）と共に脱藩し下関に向かう。「肥前忠広」を受け取る。-25 高岡郡檮原村那須信吾宅に一泊後、宮野々関から伊予路を抜け瀬戸内海を渡る。 **4**-1 下関の廻船業清末藩御用商人白石正一郎を訪問し、九州に向かう。 **6**-11 大坂に入り、沢村惣之丞や土佐藩士望月清平、大石弥太郎と会う。 **閏8**-22 桶町千葉家を訪う。-26 土佐藩士間崎滄浪と会飲。この頃江戸常盤橋越前藩邸へ土佐藩士岡本健三郎と松平春嶽を訪ね、勝海舟、横井小楠への添書を受ける。柔道師範信田歌之助と柔術を試みる。 **10** 千葉定吉長男で、鳥取藩士千葉重太郎と勝海舟を訪問、入門する。 **11**-12 久坂玄瑞と会飲。この月、近藤長次郎を勝門下に入れる。 **12**-5 勅使三条実美江戸に下向し、龍馬は武市半平太らと三条実美に扈従する。龍馬、近藤長次郎らと松平春嶽に面会する。-29 兵庫の勝海舟を訪う。 この年陸奥宗光（伊達源次郎、陽之助）と知遇を得る。 □**4**-8 吉田東洋暗殺される。「新おこぜ組」失脚。-25 山内容堂謹慎を解かれる。-29 高杉晋作幕吏随行員として上海に出発。 □**7**-4 勝海舟、軍艦操練所頭取となる。-9 松平春嶽、政治総裁職となる。この月土佐藩入京する。 □**閏8**-17 勝海舟、軍艦奉行並となる。この月武市半平太、他藩応接役となる。 □**秋**頃、横井小楠「国是七条」を幕府に建言する。 □**10**-11 武市半平太、柳川左門と変名して勅使に随行して江戸へ下向する。 □**12**-12 高杉晋作、久坂玄瑞と共に英国公使館焼き討ち。 □陸奥宗光、勝海舟に入門する。

日本の動き	世界の動き
2-11 洋学所、蕃書調所と改称される。 4-22 幕府、洋式帆船を製造する。-25 講武所できる。 7-21 アメリカ駐日総領事ハリス、下田に来航。 11-1 広瀬淡窓死去。享年75。	3-30 パリ条約締結され、クリミア戦争終結する。 10-8〔清〕アロー号事件起こる。-23〔清〕イギリス軍、広州を攻撃しアロー号戦争（第二次アヘン戦争）始まる。（〜1860） 11-4〔米〕ブキャナン大統領選出される。
5-26 下田条約（日米約定）締結。 6-17 阿部正弘死去。享年39。 10-21 ハリス、江戸城で徳川家定に謁見。 12-2 堀田正睦がハリスに通商貿易、公使江戸駐在を認める。-13 朝廷に上奏。-14 アメリカに対し江戸、大坂、兵庫、新潟の開港を約束する。	3-6〔米〕ドレッド・スコット判決行われ、黒人奴隷の市民権が否定される。 5-10〔印〕インド大反乱始まる。（〜1859） 9〔印〕イギリス、デリーを攻撃しムガル皇帝を捕らえる。 ◇欧米諸国経済恐慌。〔埃〕内閣制度成立する。
4-23 井伊直弼大老となる。 5-7 お玉ヶ池に種痘所できる。 6-19 日米修好通商条約調印される。以後各国と条約を結ぶ。 7-4 徳川家定死去。享年35。-5 幕府、徳川斉昭らに急度慎や隠居を命じ、安政の大獄始まる。-6 幕府医官の蘭方採用を許可する。 10 福沢諭吉、蘭学塾を開く。 ◇長崎英語伝習所設立される。	4-16（太陽暦5-28）〔清〕ロシアとアイグン条約を結ぶ。 5-3（太陽暦6-13）〔清〕ロシアと天津条約を締結。（-18アメリカ、-26イギリス、-27フランスと調印。） 8-2〔印〕イギリス政府によるインド支配が導入され、ムガル帝国滅亡する。イギリス東インド会社解散する。 9-1〔越〕フランス・スペイン連合軍侵攻。 12-15〔埃〕スエズ運河会社設立。
2-19 杉田成卿死去。享年43。 5-28 箱館、横浜、長崎を開港する。 9-14 梅田雲浜獄死。享年44。 10-7 橋本左内処刑。享年26。頼三木三郎処刑。享年34。-21 川手文次郎金光教を開く。-27 吉田松陰処刑。享年30。	4-25〔埃〕スエズ運河工事開始。-29〔伊〕サルデーニャがオーストリアと開戦。イタリア統一運動起こる。 ◇〔英〕ダーウィン『種の起源』、ミル『自由論』刊行。
1-13 遣米使節出発する。 3-3 桜田門外の変。 12-5 三田でアメリカ公使通訳ヒュースケン襲撃される。翌日死去。29歳。	10-13〔清〕イギリス・フランス連合軍、北京占領。-24〔清〕イギリス、フランスと北京条約調印。 11-6〔米〕リンカーン、大統領に選出。

年	龍馬とその周辺
1856 (安政3) 22歳	**2**-2 兄権平坂本家家督相続。 **8**-20 剣術修行一ヶ年を許され、江戸遊学に再度出立する。江戸では再び千葉定吉道場で修行。武市半平太、土佐藩郷士大石弥太郎らと同宿。 この年三姉乙女が土佐藩医の岡上樹庵に嫁ぐ。兄権平、徳弘孝蔵から砲術奥義の免許を受ける。 □**1**-18 勝海舟、異国応接掛手附蘭書翻訳和解御用を命じられる。 □**7**-29 勝海舟、海軍伝習重立取扱を命じられる。 □**9**-1 勝海舟、長崎海軍伝習に出発する。
1857 (安政4) 23歳	**8**-4 土佐藩士山本(沢辺)琢磨の時計拾得事件起こり、山本琢磨逃亡する。 **9** 江戸修行期限満期となるが、一年延長を許可される。 **10**-3 江戸で武術大会に出る。 □**2** 山内容堂、藩士を箱館に派遣する。 □**5** 横井小楠、越前藩に招聘される。 □高杉晋作、松下村塾に入門。 □武市半平太、桃井塾塾頭となる。
1858 (安政5) 24歳	**1** 千葉定吉より「北辰一刀流長刀兵法目録」を受ける。 **7**-10 兄権平妻千野死去。享年38。 **9**-4 修行満期により江戸から高知に帰る。 **11**-23 土佐と伊予の国境立川関にて水戸浪士住谷寅之介、同浪士大胡聿蔵と面会する。 □**6**-21 土佐藩、大坂警備を幕府に命ぜられる。 □**7**-5 松平春嶽、隠居。急度慎を命じられる。 □**8**-10 木戸孝允、大検使となる。 □**11**-16 西郷隆盛、自殺未遂。 □中岡慎太郎、救米を藩に要求する。
1859 (安政6) 25歳	**9**-20 徳弘孝蔵に入門し、洋式砲術を学習。 **2**-26 山内容堂、隠居。山内豊範、土佐藩を継ぐ。 **10**-11 山内容堂、謹慎を命ぜられる。 □**1** 勝海舟、軍艦操練所教授方頭取を命じられる。 □**4** 後藤象二郎、幡多郡の郡奉行に任命される。 □土佐藩、岩崎弥太郎らを長崎に派遣する。
1860 (万延1) 26歳	**7** 武市半平太が、長州及び北九州を遍歴するのを見送る。 **8**-25 兄権平妻直死去。享年37。 □**1**-19 勝海舟、遣米使節に随行し咸臨丸で浦賀出帆。 □**7**-22 木戸孝允、水戸藩士と会盟。

日本の動き	世界の動き
10-22 朝廷、外海防御の勅諭を幕府に下す。この月、佐賀藩反射炉を築造する。	7-9〔米〕フィルモア、大統領に就任。 10〔清〕太平天国の乱始まる。(〜1864)
1-3 アメリカ船漂流民中浜万次郎らを護送して琉球に来航する。 ◇川本幸民『気海観瀾広義』できる。	5-1〔英〕ロンドンで第1回万国博覧会。 7-25〔清〕ロシアとイリ条約締結。 12-2〔仏〕ルイ・ナポレオンのクーデター。
8-17 オランダ商館長ドンケル=クルチウス、アメリカ使節来航を別段風説書で予告する（その後、日蘭通商条約草案を伝達するも幕府は反応しなかった）。	4〔緬〕第二次ビルマ戦争開始。 12-2〔仏〕ナポレオン3世即位。
6-3 アメリカ東インド艦隊長官ペリー、浦賀に来航する。-22 徳川家慶死去。享年61。 7-3 徳川斉昭海防参与となる。-18 ロシア使節プチャーチン、長崎に来航する。 □魏源『海国図誌』舶載される。（翌年説あり）	3-20〔清〕太平天国、南京を占領。 9-14〔土〕イギリス・フランス連合艦隊ダーダネルス海峡に侵入。-24〔仏〕ニューカレドニアの領有を宣言。 10-23 クリミア戦争勃発。ロシアがオスマン朝に宣戦布告。(〜1856)
1-16 ペリー、浦賀に再び来航する。 3-3 日米和親条約結ばれる。下田・箱館の2港を開く。-27 吉田松陰密出国を図るが失敗し翌日自訴し、幕吏に捕縛される。 閏7-15 イギリス東インド艦隊司令長官スターリング、長崎に来航する。 8-23 日英和親条約結ばれる。 11-4 安政の大地震起こる。 12-21 日露和親条約結ばれる。	3-28〔英・仏〕両国、ロシアに宣戦布告。 4-20 オーストリア、プロイセン間で対ロシア同盟成立。 5-21〔露〕シベリア総督ムラヴィヨフ、黒竜江を遡航。 7-6〔米〕共和党発足。-31〔西〕エスパルテロ将軍、政権樹立。 10-17〔露〕セヴァストポリ攻防戦。 ◇〔独〕グリム兄弟『ドイツ語辞典』刊行開始。
1 洋学所設立される。 3-4 イギリス・フランス艦隊下田来航。-12 イギリス艦隊箱館来航。 10-2 江戸で大地震。藤田東湖死去。享年50。-24 長崎海軍伝習所発足。 12-23 日蘭和親条約結ばれる。	3-2〔露〕アレクサンドル2世即位。 4-18〔泰〕英タイ友好条約締結。 5-15〔仏〕パリ万国博覧会開催。 8-16〔伊〕サルデーニャ王国、クリミア戦争に参戦。

年	龍馬とその周辺
1850 （嘉永3） 16歳	□5 土佐藩、五ヶ年省略令布告。 □勝海舟蘭学塾を開く。
1851 （嘉永4） 17歳	この年、父八平直足隠居する。兄権平直方、御廟所番代勤となる。
1852 （嘉永5） 18歳	7-19 祖母久死去。享年73。
1853 （嘉永6） 19歳	3 日根野弁治より『小栗流和兵法事目録』1巻伝授される。-17 剣術修行のために15カ月間国暇を許され江戸へ出発する。江戸では京橋桶町北辰一刀流千葉定吉道場に入門（推定）。 6 アメリカ艦浦賀来航の際土佐藩在府臨時雇として、品川海岸警備に当たる。 12-1 松代藩士佐久間象山砲術門人帳に入門と記載される。 □7 勝海舟、アメリカ艦対策の上書を提出する。 □9-8 土佐藩藩政改革始まる。 □11-28 吉田東洋、土佐藩参政となる。
1854 （安政1） 20歳	6-23 剣術修行満期により江戸から帰国する。 閏7 日根野弁治より「小栗流兵法十二箇条・同二十五箇条」各1巻を伝授される。 秋頃、絵師の河田小龍に会う。 □4 西郷隆盛、庭方役に昇進。 □8 土佐藩、砲術指南田所左右次と絵師河田小龍を鹿児島へ反射炉見学のため派遣する。 □9 土佐藩、農兵を採用する。 □11-5 土佐で大地震。 □中岡慎太郎、北川郷大庄屋見習となる。
1855 （安政2） 21歳	9-20 兄権平、土佐藩西洋砲術家徳弘孝蔵に入門。 12-4 父八平直足死去。享年59。 この年河田小龍門下生近藤長次郎（上杉宗次郎）、長岡謙吉（今井純正）、新宮馬之助（寺内新左衛門）らと交友する。中岡慎太郎と知り合う。 □7-1 木戸孝允、造船術を学ぶ。 □7-9 武市半平太、藩より剣技教導を命じられる。 □後藤象二郎、吉田東洋の少林塾で学ぶ。 □木戸孝允、蘭学を学ぶ。 □中岡慎太郎、武市半平太の道場に入門する。

日本の動き	世界の動き
1-30 徳川家斉死去。享年69。 5-15 天保の改革始まる。	1〔清〕清、イギリスに宣戦布告。
7-24 幕府薪水給与令を布告する。	2〔葡〕コスタ・カブラルのクーデター。 7〔清〕清、イギリス間に南京条約締結。
3-28 人返しの法、布告される。 9-14 上知令、布告される。 閏9-13 水野忠邦、老中を罷免される。	4-17〔新〕第一次アングロ・マオリ戦争勃発。（〜1848） 8〔清〕清、イギリス間で虎門条約締結。 11-5〔仏〕タヒチ領有を宣言。
6-30 高野長英脱獄する。 8-22 オランダ国王ウィレム2世の開国勧告の国書を受け取る。	5〔清〕アメリカと望厦条約締結。 9〔清〕フランスと黄埔条約締結。
1 幕府浦賀に砲台を構築する。 6-1 幕府、オランダの開国勧告を拒絶する。	12-29〔米〕テキサス、連邦に加盟する。
5-11 アメリカ船択捉島に漂着する。 閏5-27 アメリカ東インド艦隊司令長官ビッドル浦賀に来航し国交開始を請い、幕府これを却下する。 6-7 フランス軍艦3隻、長崎に渡来する。 7-25 幕府、高島秋帆を処罰する。	5-13〔米〕メキシコに宣戦布告。 6-16〔伊〕ローマ教皇ピウス9世即位。 7-25〔英〕穀物法廃止。
6-26 オランダ船長崎に来航し、イギリス人来航を告知する。	6〔朝〕安東金の勢道政治が確立。〔英〕ロンドンで共産主義者同盟創立。
5-7 アメリカ人松前に漂着する。 6-2 アメリカ人利尻島に漂着する。 ◇幕府、品川に台場を構築する。 ◇佐久間象山、洋式野戦砲を鋳造する。	2-24〔仏〕2月革命。 5（琉球）この月尚泰、即位する。 12-2〔墺〕フランツ・ヨーゼフ1世即位。 -10〔仏〕大統領にルイ・ナポレオン当選。
3-15 幕府医師の蘭方使用を禁ずる。 閏4-9 イギリス船浦賀を測量する。 8-26 蘭書翻訳取締令出る。	8-20〔埃〕ムハンマド・アリー死去。 ◇〔米〕カリフォルニアでゴールド・ラッシュ始まる。

年	龍馬とその周辺
1841 （天保12） 7歳	□横井小楠、長岡監物らと研究会を作る。
1842 （天保13） 8歳	11-1 高松太郎（小野淳輔、坂本直）生まれる。
1843 （天保14） 9歳	□3 山内豊熙土佐藩を継ぐ。 □11 土佐藩改革派「おこぜ組」失脚 12-14 姪 春猪（兄 権平の娘、三好美登）生まれる。 □横井小楠、「肥後藩時務策」を草す。 □横井小楠、私塾を開く。 □勝海舟、直心影流島田虎之助より免許皆伝を受ける。
1844 （弘化1） 10歳	□7-7 陸奥宗光生まれる。 □西郷隆盛、郡方書役助となる。
1845 （弘化2） 11歳	9-13 次姉栄死去か。
1846 （弘化3） 12歳	8-10（6月説あり）母幸死去。享年49。この年、高知城下高坂村楠山庄助私塾に入門するも、間もなく堀内某との口論により退塾。
1847 （弘化4） 13歳	
1848 （嘉永1） 14歳	この年、小栗流宗家日根野弁治の道場に入り、剣を学ぶ。 □7-10 山内豊熙死去。享年34。 □9-6 山内豊淳土佐藩を継ぐ。-18 山内豊淳死去。享年26。 □12-27 山内容堂（豊信）、土佐藩を継ぐ。
1849 （嘉永2） 15歳	この年、才谷屋仕送業をはじめる。 □10-1 木戸孝允、吉田松陰の松下村塾に入門。 □武市半平太（瑞山）家督相続。

日本の動き	世界の動き
1-16 水戸藩主徳川斉昭、藩政改革に着手。 3-26 シーボルト事件の関係者、処罰される。	5-28〔米〕インディアン強制移住法。 7（仏）7月革命。 10-4〔蘭〕ベルギー独立。
2-27 オーストラリア捕鯨船、蝦夷に渡来するが、松前藩撃退。	4〔伊〕「青年イタリア」組織される。 10〔叙〕第一次シリア戦争。
	7〔朝〕イギリスが通商を要求する。 ◇〔リビア〕内戦発生。
◇冬、奥羽飢饉。 ◇『ヅーフハルマ』の翻訳できる。	8-28〔英〕東インド会社の中国貿易独占権廃止。-29〔英〕工場法制定。
◇諸国で飢饉、米価高騰する。	7-22〔仏〕アルジェリア併合。 9-6〔比〕マニラ開港。
12-13 長崎在住の清商人蜂起する。 ◇鈴木牧之『北越雪譜』初編刊行される。	5〔土〕オスマン朝、リビアを再征服。 11〔朝〕憲宗が即位。純祖妃の親政始まる。 ◇〔埃〕第二次アラビア半島出兵。（～1840）〔米〕トクヴィル『アメリカの民主主義』刊行。
7-25 ロシア、択捉島に渡来する。 ◇諸国で飢饉、死者十万人に及ぶ	3-2〔米〕テキサス共和国独立宣言。 12-28〔豪〕南豪、自由移民植民地となる。
2-19 大塩平八郎の乱起こる。 6-28 モリソン号事件起こる。	5-10〔米〕ニューヨークで恐慌起こる。 8〔独〕ゲッティンゲン七教授事件。
10-23 中山みき天理教を開く。このころ高野長英『戊戌夢物語』できる。 ◇緒方洪庵適塾を開く。 ◇渡辺崋山『慎機論』できる。	5-8〔英〕人民憲章公表。 10-1〔アフガニスタン〕第一次イギリス・アフガン戦争。（～1842） 11〔清〕林則徐を欽差大臣に任命。
5-14 蛮社の獄起こり、渡辺崋山と高野長英逮捕される。	1〔清〕林則徐、アヘンの提出を命じる。 6-14〔英〕チャーティストの請願否決。 11-3〔土〕タンジマート改革開始。
9 長崎町年寄高島秋帆、洋式砲術の採用を建議する。	5〔清〕アヘン戦争本格化する。〔西〕初の労働党結成。

年	龍馬とその周辺
1830 （天保1）	
1831 （天保2）	
1832 （天保3）	三姉乙女生まれる。
1833 （天保4）	□**6**-26 木戸孝允（桂小五郎）生まれる。
1834 （天保5）	
1835 （天保6） 1歳	**11**-15 土佐国高知城下上町（現在の高知県高知市本丁筋一丁目）に生まれる。母幸が懐妊中、雲竜奔馬が体内に飛び込む夢を見たため「龍馬」と名づけたという。坂本家は三代前の直海が才谷屋から分家して、明和8年に新規郷士として取り立てられたのを初めとする。禄は百六十一石余。天保6年の11-15は正確には西暦で1836年1-3だが、便宜上ここに記す。
1836 （天保7） 2歳	
1837 （天保8） 3歳	
1838 （天保9） 4歳	□**3**-19 後藤象二郎生まれる。 □**4**-13 中岡慎太郎生まれる。 □**7**-27 勝海舟、家督相続。 □**10**-22 松平春嶽、越前藩主となる。
1839 （天保10） 5歳	□**8**-20 高杉晋作生まれる。
1840 （天保11） 6歳	

坂本龍馬関連詳細年譜
1830-2010

凡　例

- 本年譜は、坂本龍馬誕生前の1800年からその死をへて現在に至るまでの、坂本龍馬に関する出来事を編年的に一覧できるようにしたものである。
- 左ページに「龍馬とその周辺」を、右ページに「日本の動き」、「世界の動き」を配した。「龍馬とその周辺」には、龍馬の直接の行為や事績のみならず、関連する主要な人物たちの動きも取り入れた。「日本の動き」、「世界の動き」では、その背後にある歴史の文脈がみえるようにした。なお、1867（慶応3）年に龍馬が暗殺されて以降は、「日本の動き」、「世界の動き」は作成せず、「龍馬とその周辺」のみとした。
- □で始まる項目は、主要関連人物の動きを示す。
- ◇で始まる項目は、必ずしも特定の日付をもたない出来事を示す。
- 1872（明治5）年の改暦までの日付は、基本的に太陰暦で示した。ただし世界史事項のみは、歴史学研究会編『世界史年表』第2版に従い、1850年以前は現地の暦を、1851年以降は西暦を使用した。
- 龍馬の年齢は数え年で示した。
- **6**-4は6月4日を意味する。
- 姓名が複数ある人物については、一番人口に膾炙していると思われるものを一貫して使用し、初出時に括弧内にその他の主な名前を載せた。
- 没後については、龍馬及び関連する主要な人物に関する国内の主な出来事をまとめるにとどめた。
- 作成に当たっては、歴史学研究会編『世界史年表』第2版（岩波書店、2001年）、日本歴史大辞典編集委員会編『日本史年表』第4版（河出書房新社、1997年）をはじめ、多数の資料に大幅に依拠した。
- 世界史事項について、出来事の起こった地域の国名の略号があるものは、それを掲げて地域を表した。略号がない国については、そのまま表した。国名の略号は以下の通りである。〔米〕アメリカ〔英〕イギリス〔伊〕イタリア〔印〕インド〔埃〕エジプト〔豪〕オーストラリア〔墺〕オーストリア〔蘭〕オランダ〔加〕カナダ〔叙〕シリア〔清〕清朝〔瑞〕スイス〔西〕スペイン〔泰〕タイ〔朝〕朝鮮〔丁〕デンマーク〔独〕ドイツ〔土〕トルコ〔新〕ニュージーランド〔比〕フィリピン〔仏〕フランス〔普〕プロイセン〔越〕ベトナム〔葡〕ポルトガル〔緬〕ミャンマー〔墨〕メキシコ〔露〕ロシア
- 本年譜は小田倉仁志が主に作成し、岩下哲典、小美濃清明が協力した。

や

ら

わ

な

は

ま

た

さ

人名索引

あ

か

執筆者紹介（登場順）

黒鉄ヒロシ（くろがね・ひろし）
1945年高知県生。特に歴史漫画が高い評価を受け、1997年『新選組』で文化庁メディア芸術祭マンガ部門大賞、1998年『坂本龍馬』で第2回文化庁メディア芸術祭マンガ部門で大賞受賞など。2004年紫綬褒章受章。

中田 宏（なかだ・ひろし）
1964年生。横浜市出身。青山学院大学経済学部卒業後、松下政経塾入塾。衆議院議員、横浜市長を経て、現在、よい国をつくろう！　日本志民会議幹事長。

桐原健真（きりはら・けんしん）
1975年茨城県生。2004年東北大学大学院文学研究科博士課程後期修了、博士（文学）。現在、同研究科助教。主著『吉田松陰の思想と行動』（東北大学出版会）『東アジアにおける公益思想の変容』（日本経済評論社・共編著）等。

佐野真由子（さの・まゆこ）
1969年東京都生。1998年ケンブリッジ大学国際関係論専攻修士（MPhil）課程修了。国際交流基金、UNESCO勤務を経て、静岡文化芸術大学准教授・国際日本文化研究センター客員准教授。文化交流史、文化政策。著書に『オールコックの江戸——初代英国公使が見た幕末日本』（中公新書）等。

塚越俊志（つかごし・としゆき）
1982年北海道生。2008年東海大学大学院文学研究科史学専攻博士課程前期修了。同大学大学院文学研究科博士課程後期。幕末維新期の政治・外交史。主要論文に「文久竹内使節団の人選過程について」（東海史学第43号、2009年）

冨成 博（とみなり・ひろし）
1922年山口県生。1945年九州帝国大学工学部卒業。1960年から幕末維新の研究著述。主著に『木戸孝允』（三一書房）『池田屋事変始末記』（新人物往来社）『高杉晋作』（弓立社）など。

宮川禎一（みやかわ・ていいち）
1959年大分県生。1984年京都大学大学院修士課程修了（東アジア考古学）。京都国立博物館学芸部考古室長。主著に『陶質土器と須恵器』（至文堂）『龍馬を読む愉しさ』（臨川書店）等。

小田倉仁志（おだくら・ひとし）
1982年茨城県生。2008年慶應義塾大学大学院文学研究科修士課程修了。洋学史研究会会員。日本近世・近代の学問・思想史。「歴史編纂をめぐる水戸藩学者の思想的対立」（慶應義塾大学大学院修士論文）。

岩川拓夫（いわかわ・たくお）
1985年鹿児島県生。2009年大阪大学大学院文学研究科修了。尚古集成館学芸研究員。南九州政治史。「官有期の『集成館』」（『尚古集成館紀要』第9号）等。

濱口裕介（はまぐち・ゆうすけ）
1980年千葉県生。2007年立教大学大学院文学研究科博士課程前期課程修了。足立学園中学校・高等学校非常勤講師。歴史学。主要論文「レザーノフ来航と若宮丸漂流民に関する文献解題」（『洋学史研究』第23号）。

写真提供

国立国会図書館
7、97、154、174、186、203、204、205、207、212、215（橋本左内）、219、224、225、226、229、230、237頁。

福井市立郷土歴史博物館
155、159、161、163、164頁。

高知県立坂本龍馬記念館
52、96、108、111、181、184、240頁。

編者紹介

岩下哲典（いわした・てつのり）
1962年長野県生まれ。1994年青山学院大学大学院博士後期課程単位取得。2001年歴史学博士。明海大学教授。日本近世・近代史。主著『増補訂正幕末日本の情報活動』『江戸の海外情報ネットワーク』『予告されていたペリー来航と幕末情報戦争』等多数。

小美濃清明（おみの・きよはる）
1943年東京都生まれ。早稲田大学卒業。歴史研究家。幕末史研究会会長、全国龍馬社中副会長。著書『坂本龍馬と刀剣』『坂本龍馬・青春時代』、共著『坂本龍馬大事典』『共同研究・坂本龍馬』『新選組研究最前線』等多数。

龍馬《りょうま》の世界認識《せかいにんしき》

2010年2月28日　初版第1刷発行 ©

編　者　岩下哲典
　　　　小美濃清明
発行者　藤原良雄
発行所　株式会社 藤原書店

〒162-0041　東京都新宿区早稲田鶴巻町523
電　話　03（5272）0301
FAX　03（5272）0450
振　替　00160-4-17013
info@fujiwara-shoten.co.jp

印刷・製本　中央精版印刷

落丁本・乱丁本はお取替えいたします
定価はカバーに表示してあります

Printed in Japan
ISBN978-4-89434-730-4

後藤新平の全仕事に一貫した「思想」とは

後藤新平歿八十周年記念事業実行委員会 編

シリーズ

後藤新平とは何か
——自治・公共・共生・平和

四六変上製・予各 200 ～ 300 頁　各巻予 2200 ～ 2800 円
各巻解説・特別寄稿収録　　2009 年 3 月発刊

■後藤自身のテクストから後藤の思想を読み解くシリーズ。
■後藤の膨大な著作群をキー概念を軸に精選、各テーマに沿って編集。
■いま最もふさわしいと考えられる識者のコメントを収録し、後藤の思想を現代の文脈に位置づける。
■現代語にあらため、ルビや注を付し、重要な言葉はキーフレーズとして抜粋掲載。

後藤の思想の根源「自治」とは何か

自治

〈目次〉
序　シリーズ発刊によせて
　後藤新平の「自治」とは
Ⅰ　後藤新平のことば
Ⅱ　いまなぜ「自治」なのか
　鶴見俊輔／塩川正十郎／片山善博／養老孟司
Ⅲ　「自治」とは何か（後藤新平）
　自治生活の新精神
　　附・自治団綱領草案および釈義
　　　ドイツ・ハンザ同盟大要
　自治制の消長について
　自治三訣　処世の心得
四六変上製　二二四頁　二二〇〇円
第一回配本（二〇〇九年三月刊）
◇978-4-89434-641-3

「官僚制」は悪なのか？

官僚政治

〈目次〉
シリーズ発刊によせて
解説　「官僚政治」による
　「官僚政治」の超克　御厨貴
Ⅰ　後藤新平のことば
Ⅱ　後藤新平「官僚政治」を読む
　五十嵐敬喜／尾崎護／榊原英資／増田寛也
Ⅲ　「官僚政治」（後藤新平）
　官僚政治を論じる
　官僚政治・抄
四六変上製　二九六頁　二八〇〇円
第二回配本（二〇〇九年六月刊）
◇978-4-89434-692-5

●続刊　都市デザイン